MIS 2.0 디지털 비즈니스

New Value Path Platform

&

Digital Renaissance Age

MIS 2.0

Digital Business

Tae H. Kwon, *Ph. D in MIS*

Hyunjong Woo, *Ph. D in MIS*

Outline & Essential Terms, Concepts and Guides

율곡출판사

서 문(Preface)

그 어느 때보다 '**선도 진입-빠른 학습**(first move-fast learning)'이 요구되는, **민첩성**과 **유연성**이 가치를 갖는 시대이다. 경영의 표준화도 중요하지만 더 중요한 것은 예외 상황에 반응할 줄 알고 반응이 창의로움을 만들어낼 줄 아는 '앎'이 필요한 시대이다. 그래서 이노베이션을 추구하는 우리의 사고(thinking)에도 이노베이션이 필요하다고 생각해 왔으며 머신(machine)을 머신으로만 이해하려고 해서도 안 된다는 생각이다. 머신은 머신을 위해 존재하는 것이 아니고 휴먼을 위해 존재하는 것이며, 테크놀로지도 기술적 시스템뿐만 아니라 사회적 시스템으로 이해되어야 한다. 왜냐하면 나무를 나무만이 아니라 숲으로, 그리고 숲을 옆의 강 그리고 들과 함께 바라볼 줄 알아야 한다는 것이 저자들의 오랜 신념이기 때문이다. 오늘날 엔터프라이즈에도 새로운 비즈니스 생태시스템 사고(business ecosystem thinking)가 필요하며, 그래야 우리가 추구하는 창의로움이, 그리고 그 창의로움을 실천할 때 비로소 이노베이션과 지속가능 경쟁이 가능해지리라고 생각한다.

웹 2.0, 소셜 웹 시대에 우리는 새로운 테크놀로지에 기반한 새로운 디지털 비즈니스(digital business)를 수행함으로써 전혀 경험하지 못했던 파워를 본다. 지난 반 세기 동안 테크놀로지의 혁명적 발전은 역시 비즈니스의 혁명적 발전을 이끌어내고 'IT 이노베이션', '비즈니스 트랜스포메이션', '디지털 트랜스포메이션' 등 새로운 개념과 용어들을 쏟아내며 우리를 혼란스럽게 만들고 있다. 50년 전 컴퓨터 시대의 도래는 경영 환경에 **경영정보시스템**(MIS: management information system)이라는 첨단의 분야를 새롭게 도래하게 했으며, 이는 산업혁명 이후 **정보혁명**(information revolution)을 이끌고, 이후 계속된 인터넷 혁명은 다시 한 번 대변혁을 이끌어 디지털 경제(digital economy) 속에 처음에는 자동화, 다음에는 e비즈니스, 그리고 오늘날에는 **스마트-모바일 접근성**을 기반으로 한 비즈니스의 대변혁을 뜻하는 **디지털 트랜스포메이션**(transformation)을 유도하고 있다.

디지털 트랜스포메이션은 더 이상 'man(사람)-machine(컴퓨터)' 단순 조합을 뜻하지 않고, 비즈니스 생태계의 열린 기반구조를 뜻하는 **플랫폼**(platform)을 통하여 자유로운 참여를 가능하게 하고 지속 가능한 이노베이션(innovation)을 추구할 수 있도록 허락한다. 단순한 비즈니스 자동화는 더 이상 경쟁의 원천이 아니며, 닷컴이나 e비즈니스 또한 'me-too' 비즈니스일 뿐이다. 스마트-모바일 테크놀로지를 이용하는 **디지털 비즈니스**의 성공사례를 살펴보면, 사물과 현상에 대한 새로운 정의(definition)를 만들어내기도 하고 전혀 생각하지 못했던 제품과 서비스 전달 경로(channel)를 제시하기도 한다. 오늘날 심지어 '디지털 봉이 김선달' 식 비즈니스인 Airbnb, Uber, eBay, Facebook, Amazon 등을 보면 각각 호텔 방도, 택시도, 물품도, 실체도 없이 초우량 글로벌 비즈니스로 성공하고 있다. 정보혁명 이후의 새로운 3대 생산요소는 물적 자원이 아닌 지적 자원으로 **지식**(knowledge), **프로세스**(process), **관계**(relationship)에 대한 경영과 관리가 경쟁력의 핵심 원천이 된다. 이들 3요소는 또한 **스마트 기기**(smart device), **클라우드**(cloud), **빅데이터**(big data), **애널리틱스**(analytics)로 대표되는 디지털 테크놀로지와 함께 디지털 비즈니스의 핵심이 된다.

새로운 테크놀로지의 발전과 이를 활용할 줄 아는 다양한 통찰력들은 산업계와 비즈니스를 끊임없이 교란하고 있어서 다양한 산업 내 기회와 위협은 지속되고 있다. 어느 날 아침 젊은 스타트-업 창업자나 스마트 경쟁자에게 교란당하지 않으려면 내가 교란할 줄 알아야 한다. 이를 위한 **새로운 가치경로**(value path)란 세 가지 구성요소가 필요하다. 엔터프라이즈는 비즈니스 생태계와 소통해야 하고; 엔터프라이즈 인프라는 플랫폼 기반과 소통해야 하고; 창출되는 가치는 지속 가능성과 소통해야 한다. 새로운 사고로서 강조되는 바는 **비즈니스 생태시스템** 자체가 자유롭게 **플러그-플레이 사고**(thinking)로 소통하는 정보혁명이며 네트워크 효과, 결정적 다수 효과, 그리고 롱테일 효과의 추구이다. 그러므로 정보혁명은 진행 중이며, MIS 분야는 아직도 미국의 저명한 포브스(Forbes) 경영지가 선정한 가장 가치 있는 대학 전공분야(Most Valuable Collage Major)의 Top 10에 올라 있다.

원래, 비즈니스는 가치 창출을 위해 존재해야 하는데 오늘날 세상은 바뀌어 오너십이 아닌 파트너십으로, 즉 가치네트워킹(value networking)을 이용하는 **지식 넷**, **프로세스 넷**, **관계 넷**으로 **콜래보레이트**하는 역량이 디지털 시대에 필수적이다. HP의 피오리나 회장이 표현한 것처럼 오늘날 테크놀로지의 발전은 가히 르네상스적이며, Apple의 스티브 잡스가 언급한 것처럼 에디슨과 달리 자신이 이룩한 것은 아무것도 없으며 단지 다른 사람들이 함께 일할 수 있도록 해준 것밖에 없다고 밝히는 것처럼 말이다. 그런 의미에서 개방, 참여, 공유의 기반은 중요해지며, 이들이 의도했던 대로 목표하는 가치를 향하여 작동되기 위해서는 단순한 네트워크 플레이어가 아닌 **진정성**(authenticity)과 **책무감**(accountability)에 입각한 멤버십이 성공의 필수 조건이 되리라고 본다.

본서 '**MIS 2.0 디지털 비즈니스**—새로운 가치경로 플랫폼과 디지털 르네상스 시대의 MIS 2.0' 은 오늘날 인포메이션 및 소셜 테크놀로지를 기반으로 미래를 진심으로 창출하고자 하는 경영자 그리고 전공자들이 왜, 무엇을 알아야 하는지를, 먼저 **개요**(outline)로 살펴본다. 그리고 이를 위하여 꼭 알아야 할 **핵심용어**(essential term)를 선정하여, 이에 대한 개념, 필요한 지침을 제시하고 있다. 마지막으로, 이러한 목표를 달성하고자 할 때 필요한 **새로운 가치경로**(value path)에 대한 조건을 저자들의 소망과 함께 결어에 담았다. 그리고 토의(discussion)를 부록에 첨부했다. 본서를 전공 인트로 다음 상위 과목으로 사용하는 것이 바람직하지만, 연계서 IT경영 the MIS(2012)나 세미나 2.0(2014)과 함께 사용하면 내용의 이해와 활용에 많은 도움이 되리라고 생각한다.

감사의 글(Acknowledgement)

어느 일요일 오후, 평소처럼 다니는 교회에 앉아 있다가 그날 따라 말씀 내용이 와닿지 않아 잠시 딴 생각에 빠져 있다가 문득 'MIS 2.0 디지털 비즈니스' 집필의 필요성을 인지하는 데는 몇 분 걸리지 않았지만 진행에는 많은 생각정리와 노력이 필요했다.

이제 그 여정을 마치며, 항상 고마움을 느끼면서도 전달하지 못한 분들께 인사를 드리고자 한다. 좋아서 시작한 이 학문의 길에서 달라 보여도 같을 수 있고, 같아 보여도 다를 수 있음을 알도록 영향을 주고 가르침을 준 여러 인접학문 분야의 선구자들에게 이 책을 통해 무한한 감사를 드리지 않을 수 없다. 특히 멘토 Bob Zmud 교수를 만날 수 있었던 것은 배움의 행운이었고 Chapel Hill, Tallahassee, Oklahoma City에서 함께한 시간은 늘 즐거움이었다. 그리고 항상 염려와 격려를 해주신 한국외대 박지혜 교수님, 수많은 의사, 한의사, 치료사 선생님들께 진심으로 고마움을 전한다. 이번 출판과정에서 자료를 찾아주고 참고문헌을 정리해 준 한국외국어대 경영정보학과 대학원의 석사과정 연구원 강민지, 김민선, 김상완, 이슬, 토야의 도움 없이 약속한 기일 내 완성은 불가능했다. 마지막으로, 이 자리에 오기까지, 학생으로서 공부하는 동안에도 그 후에도, 짝퉁 신촌 세브란스 호흡기 내과에서의 의료사고 전에도 그 후에도 항상 옆에서 지켜준 와이프에게, 그리고 나의 부모님, 형제, 딸 영미, 아들 영은 모두에게 마음 깊이 사랑을 전하고 감사의 기도를 드린다.

2015년 8월

반포 가로수길 가비(Ga-B)에서

권태형

사람들의 언어가 그들이 살아가는 세상의 풍경을 말해주듯, 디지털 데이터는 디지털 세계의 이미지를 담고 있다. 그러므로 조직 내 정보격차를 해소하고 구성원의 요구를 시스템 설계에 조금 더 반영할 수 있을 때, 보다 민주적인 디지털 세계를 영위할 수 있다고 생각했다.

몇 건의 시스템 분석 설계 경험 이후 찾아온 이 같은 갈증으로 참여설계(PD)라는 주제에 접근했고, 박사과정에서 공저자의 MIS에 관한 온전하고 주도적인 사유를 접하게 되었다.

그 안에는 기술이나 효율성 위주의 경제논리보다 인간의 행복과 진정성에 초점을 둔 통찰이 충분히 반영되어 있었다. 특히 Mumford, Bostrom, Zmud로 이어지는 사회기술적 사유를 공저자로부터 접하는 시간은 내게 큰 배려와 행운이었고, 더구나 호기심과 식지 않는 열정으로 매일 MIS의 첨단을 해명하는 공저자와 함께 생각을 나누며 집필하는 시간이 무엇보다 즐거웠다.

책을 준비하는 과정에서 여러 가지 출간환경에도 불구하고 일정준비와 교정에 최선을 다해 주신 신재혁 과장님을 비롯한 율곡출판사 직원분들에게 진심으로 감사한 마음을 전합니다. 자료수집을 돕고 함께 고민해 준 석사과정 연구원들에게 한 번 더 즐겁고 고마운 마음을 전합니다. 그리고 나를 있게 한 따듯한 부모님과 가족, 나를 좀 더 성장하게 하는 아내 남수와 첫 아이에게 고맙고 감사한 마음을 전합니다.

2015년 8월

반포 가로수길 가비(Ga-B)에서

우현종

차 례(Contents)

C o n t e n t s

Contents

Contents

C o n t e n t s

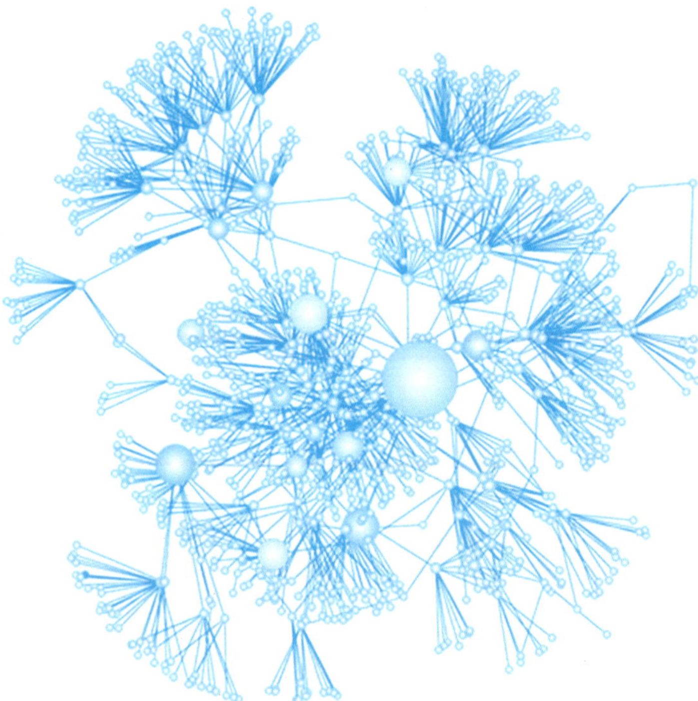

1

이미지 사고
(Image Thinking)

"비밀은 이런 거야, 간단한 거야.
오로지 마음으로 보아야만 정확하게 볼 수 있다는 거야.
가장 중요한 것은 눈에는 보이지 않는 법이야."

— 생텍쥐페리의 '어린 왕자', 1943.

1.1 이미지의 불완전성과 지식의 한계

보이는 사물은 실체인가 아니면 실체의 특별한 속성인가. 나타나는 현상은 사전에 계획되는 것인가 아니면 환경이 선택하는 특별함인가. 어느 것이 본질인가. 1960년대 심리학과 사회학을 중심으로 발전하여 1980~1990년대 경영학 그리고 정보론(information theory)의 근간을 이루게 된 **인식론**(cognition theory)의 입장에서 보면, 우리 사회의 사물(things)과 현상(phenomena)에 대한 첫인상은 먼저 바라보는 시각과 자세에서부터 출발한다. 우리는 안 · 밖, 위 · 아래, 좌 · 우에서 시각과 자세를 어떻게 취하느냐에 따라 그 대상에 대해 다양한 이미지나 형상을 그린다. 즉, 이미지를 통해 생각하고, 생각함으로써 이미지를 본다.

우리의 **인식**에 대한 사고는 철학, 수학, 천문학, 신학과 함께 체계화되었고, 그 후에도 과학, 사회학, 법학, 경제학 등으로 영역을 넓혔다. 이와 함께 인간의 두뇌에 대한 인식도 중세 데카르트의 부품 조립형 사고(part-assembly thinking)부터 현대의 러닝 사고(learning thinking)에 이르기까지 시대에 따라 변천해 왔

• 수면 위와 아래의 실체와 이미지 갈등: 어느 것이 본질일까[1]
사진: Konigssee 빙하호수, 바이에른 알프스. 오스트리아. Copyright 권태형, 2015

다. 인간의 두뇌는 하드웨어인가 소프트웨어인가, 사용하면 닳는가, 사용하지 않으면 녹스는가. 인간이 처리능력의 한계를 느껴 컴퓨터 머신을 만들어 자동화하고 프로그램화하려고 하지만, 컴퓨터 머신도 또 다른 처리능력의 한계를 느껴 인간처럼 소통하고 학습하려고 한다.

이렇듯, 바라보는 시선에 따라 대상으로부터 받아들이는 이미지는 그것이 실체(reality)이든 아니든 우리들 행동의 기반(base)이 되어 왔다. 물론 행동 이전의 의사결정 과정에서도 데이터 수집, 해석, 선택, 실행에 대해 영향을 미쳐 왔다. 즉, 사물이나 현상으로부터 인식하는 신호(signal) 또는 자극은 메시지로 전달되

1. 이 본질에 대한 사고는 영국 케임브리지 대학 장하석 교수의 EBS 특강 '철학, 과학을 만나다' (2014)에서의 사물과 현상의 복잡성과 인식 능력의 한계점 논쟁을 원용.

어 각자의 해석 과정을 거치며 적절히 변형되어 구체적 행동을 야기시킨다. 나아가 만약 그 결과가 긍정적으로 나타나 기여도에 따라 상황을 좀 더 이해할 수 있게 해주면, 우리는 그 신호와 자극을 **정보**(contextual information)라 불러도 좋게 된다. 다시 말해, **정보** 또는 **인포메이션**은 불확실(uncertain)하거나 혼란(chaos)스럽거나 무분별(random)해 보이는 상태를 정돈하여 벗어나게 하는데 그 정도를 가치로 환산시키려 한다. 그리고 그 상황적 가치가 반복적이고, 그 패턴을 인정받으면, 우리는 이제 **지식**(knowledge)이라는 새로운 이름을 붙인다.

그렇다고 치자. 그럼, 사회적 상황에서 테스트를 거치고 검증받기까지 새로운 이름의 지식은 실체(reality)에 얼마나 근접한 것이며, 그 판단은 누가할 것인가? 이런 질문을 하는 이유는 지식에 대한 정체성이 사물이나 현상에 관심을 가진 시각과 자세에 처음부터 의존하여 출발했기 때문이다. 한걸음 더 들어가 같은 시각이라도 누구의 감각이나 해석이 더 적절하고 덜 적절하다고 말할 수 있는가? 누가 그러한 판단을 내릴 수 있을까? 질문이 끝이 없다. 이것은 과학의 문제인가 철학의 문제인가. 말하고 싶은 것은 실체에 대한 이미지 현상을 자의든 타의든 어떻게 받아들일 것인가이다.

오늘날 우리는 과거에는 전혀 경험하지 못한 복잡하고 변화하는 **복잡계** 속에서 산다. 그래서 우리는 더욱 이 새로운 실체적 모습에 좀 더 접근하기 위해, 즉 유레카(eureka)처럼 다가오는 합당한 이미지를 원하지만 불행히도 쉽지 않다. 하지만 우리는 각자의 인식 방법에 의존한 채 이미지를 기초로 가치창출과 나아가 지속 가능성을 추구하게 된다. 이때 우리가 실체로부터 받는 메시지를 필터링하고 해석하는 메커니즘을 만드는데, 이것을 연구자들은 **준거의 틀**

(frame of reference)이라고 부른다. 이러한 준거의 틀은 선천적이든 후천적이든 그동안 각자가 배워 쌓아온 철학이든 과학이든 자신만의 생활 양식이라고 할 수 있다.

사실, 지난 역사를 보면, 위와 같은 방법으로 우리의 지식이나 앎이 좀 더 완전해지리라는 보장은 없다. 그러나 조금 더 실체에 가까워질 수 있다는 용기와 사회적 포용력이 있다면, 우리는 발전할 수 있는 과정에 즐겁게 참여할 수 있지 않겠는가. 오늘의 세상을 이끈 르네상스 문화의 종결자로 불리는 미켈란젤로의 조각, 회화, 건축의 찬란한 업적도 고대 아테네 학당의 초월주의 플라톤 사상과 현상주의 아리스토텔레스 사상의 충돌에 대한 포용력을 가짐으로써 꽃을 피우게 된 것이 아닐까. 과학과 철학을 넘나든 석학 **토마스 쿤**(Thomas Kuhn)이 그의 기념비적 저서 '**과학적 혁명의 구조**'(*The structure of scientific revolution*)에서 패러다임의 형성과 변화과정을 주장하는데 이러한 사고(thinking)도 말하자면 관련 사회의 구성 멤버들이 서로 공유하는 이미지, 즉 퍼블릭 이미지(public image) 사고로서 그 불완전성에 대한 탈피 노력으로 해석된다. 즉, 진실은 알 수 없으며(아이러니하게 알수록 모르는 것이 증가한다면) 그 시대, 그 사회에 통용되는 지식체계는 여전히 범주와 한계가 존재할 것이며, 이 자체도 정상(normal) 및 비정상(anomaly) 변이의 선택(selection)과 전파(transfer)의 과정을 따른다. 이 같은 이미지 불완전성과 지식의 한계라는 결과적 인식도 중요하지만, 사실 더 중요한 것은 새로운 가치를 만들어가는 경로인 그 과정의 **진정성**(authenticity)과 **책무성**(accountability)에 있다고 본다. 이러한 내용을 대략 정리하면 다음과 같다:

실체(reality) ➜ 메시지 신호(message in signal) ➜ 이미지 해석(image in interpretation) ➜ 모델, 가정, 가치, 행동(model, assumption, value, action) ➜ 결과(result) ➜ 정보로 강화된 지식(information-reinforced knowledge) ➜ 정상과학 (normal science)/비정상과학 (anomaly) ➜ 패러다임(paradigm)

1.2 다양성의 가치와 개방, 참여, 공유 기반의 필요

원래, **정보론**(information theory)에서 인포메이션이란 이미지와 실체와의 격차와 불확실성을 해소하는 정도를 말하며, 그러한 기대에 부응할 때 지식형성에 기여할 수 있다. 하지만 실체로부터의 메시지 수집도 일반 사회적 인식의 영향을 받지 않을 수 없고(예: 시대, 장소, 대상에 따라 낙관론, 비관론, 보수, 진보), 또한 사회적 인식도 '지식의 사회' 라고 하는 또 다른 사회의 영향을 받지 않을 수 없다. 왜냐하면 인간은 그나마 수렴된 **어법적 정형화**(syntax)에는 강해도 **어의적 비정형화**(semantics)에는 취약하고 길들여지기 때문이다.

이는 지식도 80%가 암묵적인 형태로 존재한다는 것을 인정한다면, 인식의 차이 해소나 검증 강화를 위하여 다양한 참여자들의 연결과 소통을 활성화할 수 있는 기반이 더욱 필요해진다. 오늘날 이런 연결과 소통 네트워크를 가능하게 해주는 테크놀로지와 우리가 함께하고 있다는 현실이 언뜻 보기에 혼란스럽고 무질서하게 보일 수 있지만, 때로는 새로이 하고 때로는 확인하는 문을 열어 다양한 이미지를 수렴하고 실체에 가까운 접근을 시도해 봄은 그렇게 안 할 이유보다는 그렇게 해 볼 이유가 훨씬 많다.

그러므로 인프라적 기반을 준비하여 테크놀로지이든 휴먼이든, 생산자이든 소비자이든, 개인이든 기업이든 관련 생태계 전반을 이루는 이들의 적극적인 참여를 유도하여 크라우드 소싱(crowd sourcing)과 집단 통찰력(collective insight)의 힘으로 급격한 변화와 예측하지 못한 상황에까지도 창의적인 방법으로 대응을 시도할 수 있다면 좋겠다. 100년 전의 인적자원이란 90～95%가 육체 근로자였지만 지금은 대략 50%가 그들이고 나머지는 지식 근로자들이다. 이제 다양한 지적 능력을 소유하는 그들은 연결망의 기반에서 접속과 결속을 촉진시킬 수만 있다면 **네트워크 수준의 집단 통찰력**(network level collective-insight)으로 새로운 가치경로를 열 수 있다. 이처럼 사회경제적 다양한 생태계 구성원들이 능력, 신뢰, 책임을 다하는 노력[2]을 어떻게 도모하느냐 하는 것이 향후 비즈니스 존립과 혁신을 가르는 분기점이 되리라 생각한다. 이렇게 함으로써 연구자는 이미지 수렴과 실체 접근에 그리고 경영자는 지속 가능한 미래경영에 성공할 수 있게 되리라고 본다.

마지막으로, 이러한 생각은 지식을 단지 과학(예: 자원과 분석)의 영역에서만 바라보지 않고 철학(예: 형평과 자유)의 영역에서도 바라볼 줄 아는, 즉 앞에서 강조한 다양한 이미지 사고와 새로운 가치 사고를 가능하게 해주는 의미가 있다고 본다. 지금과 같은 글로벌 경쟁사회에서 답을 구하기 만만치 않는 복잡한 문제를 온갖 **가정**(assumption)을 두어 답이 별로 궁금하지도 않는 단순한 문제로 변환하는 것보다 차라리 있는 실체를 다양한 시각에서 생각하며 집단적인 해결(collectivism)을 **진정성**(authenticity)과 **책무성**(accountability)으로 구하는 것이 훨씬 사회경제적으로 창의롭고 민주적으로 정의롭기 때문이다. 더 이상 천재는 존재하지도 않고 존재하더라도 홀로 일하지 않는다는 세상에서, 일부 특정

2. Drucker P., *The Essential Drucker on Individuals—To perform, to contribute and to achieve*, 2001.

'man' 이나 'machine' 에 갇혀 있다는 것은 창의로움과 정의로움으로 가는 길을 굳이 훼손까지는 아니라 할지라도 편협하며 결국에는 위험하다고 할 수 있기 때문이다.

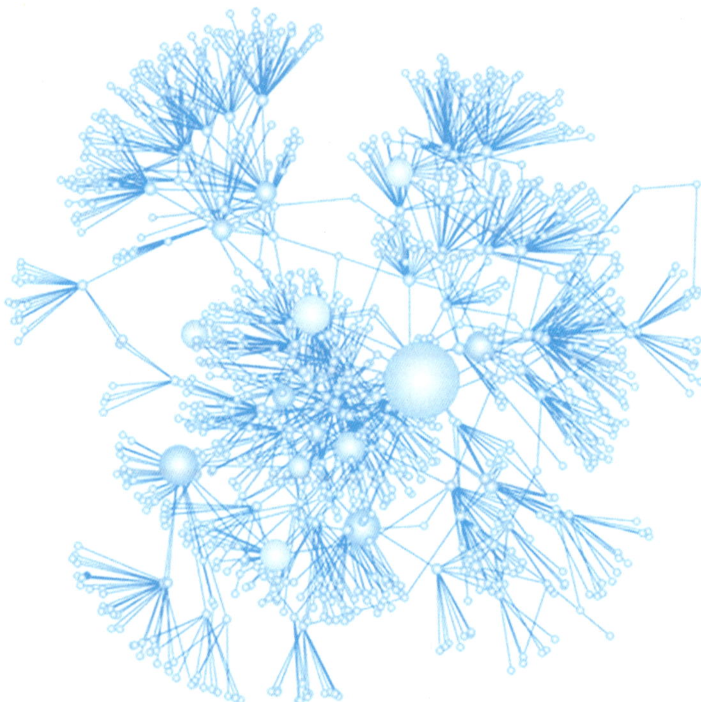

2

개요 : 디지털 비즈니스 파워와 전개 (Outline : Digital Business Power and Deployment)

2.1 멘탈 모델과 비즈니스 모델

일반적으로 우리는 개인이든 엔터프라이즈이든 지식과 경험으로 구성된 자신의 사고의 틀에 의존하여 사물이나 현상을 인식한다. 이는 보는 시각, 그리고 보이는 시야에 따라 사물이나 현상이 다르게 이해될 수 있음을 뜻한다. 비즈니스 아이디어와 통찰력도 **의사결정자**(decision maker)의 사고의 틀에 의존하여 인식된 후 구체적 사고의 모델, 즉 멘탈 모델을 형성한다.

멘탈 모델(mental model)이란 "특별히 관심을 갖는 대상에 대한 지식과 경험을 어떻게 생각하고 전달하고 행동할 것인가를 구체적으로 표현하여 목표를 달성하고자 하는 방법론" 이다.[3]

이러한 멘탈 모델에 따라 개인이나 엔터프라이즈의 성공 여부가 판가름될 것이다. 성공적 멘탈 모델을 형성하기 위해서는 멘탈 모델의 구성체계인 멘탈 맵(mental map)을 향상시켜야 할 것이다. 이러한 멘탈 맵을 제고하기 위해서는 다음의 세 가지 방안이 있다.

1. **멘탈 모델의 명시화**(explicitating): 비즈니스 아이디어와 통찰력(ideas & insights) 그리고 관련된 가정(assumptions)에 대한 인식체계를 뚜렷하게 함.
2. **멘탈 모델의 통합화**(integrating): 이해 당사자들의 멘탈 모델과 관련된

---

3. Dawson, R. *Developing knowledge-based client relationships: the future of professional services*, Routledge, 2012.

여러 가정에 대한 차이와 다양성을 통합함.

3. **멘탈 모델의 풍부화**(enriching): 비즈니스 아이디어와 통찰력에 관련된 가정을 둔다는 것은 잘 이해되지 않는 부분이 있음을 의미하므로 이를 재조명하여 밝힘.

즉, 경영자와 연구자들은 이러한 방법론 구축에 어떠한 노력을 통하여 궁극적인 비즈니스 목표가치를 추구해 왔는가를 살펴보자.

2.1.1 전통적 생산의 3요소

산업혁명 전후의 물질적 빈곤기의 비즈니스 모델은 굳이 공급과 수요의 균형 관계로 설계될 필요 없이 생산 중심의 설계로 충분했고, 과잉 생산의 문제는 마케팅의 노력으로 충분히 해결되었다. 이 시기에 비즈니스 모델이란 굳이 전략적 계획이나 설계에 의하지 않았다. 비즈니스 실험의 끝에 도출된 결과로써 모델을 인식하고 판단하는 수준이었다고 말할 수 있다.

전통적인 경제학에 뒤이은 경영학 연구자들은 비즈니스의 목표를 단순히 **생산의 3요소**, 즉 토지, 자본, 노동을 이용한 '돈 벌기(making money)'로 인식했다. 하지만 독일에서 법학, 정치학, 철학을 수학하고 나중에 미국 경영학의 아버지가 된 **피터 드러커**(Peter Drucker)[4]나 학문적으로나 실제적으로 IT 경영의 선

4. 1909년 오스트리아 빈에서 태어나 독일 프랑크푸르트에서 법학 박사학위 후 영국에서 잠시 일한 후 1937년 미국으로 건너간 후 교수, 컨설턴트, 정부와 기업에서 고문으로 활동했으며 정치학, 철

구자적 연구자 및 '파라다이스에서 온 컨설턴트'라 불리운 **피터 킨**(Peter Keen)[5]은 돈보다는 고객을 둘러싼 시장의 가정(assumption)과 가치체계(value system)에 의미를 두었다. 비즈니스 가치체계를 어떻게 정의하고 그 실천경로를 설정할 것인가는 일찍이 유럽 경영학의 어머니 **어니드 멈포드**(Enid Mumford)의 사회기술적(the socio-technical) 이중 최적화(dual optimization)나 미국의 전통적 경영자와 연구자들의 인식 변화 그리고 테크놀로지 발전에서 보듯이 장소와 때에 따라 다르게 추구되고 변화되어 왔다.

2.1.2 새로운 생산 3요소

인포메이션 테크놀로지의 발전과 경험의 축적은 엔터프라이즈로 하여금 시장에 대한 통찰을 예상치에 진지하게 묶어 생각하게 하고 미래를 계획할 수 있도록 했다. 즉, 사람들이 어떻게 행동하리라고 하는 가정(assumption)을 추정 손익계산서에 연계시킴으로써 비즈니스로 출범시키기 전 구상하는 모델의 명료화를 통해 실체를 짐작할 수 있도록 했다(예: 스프레드시트, 확률 그리고 데이터베이스를 이용한 의사결정나무(decision tree) 모형의 감도분석(sensitivity analysis) 실시로 결정된 대안이 얼마만큼 견고한지를 분석함).

학을 넘나들며 2004년 타계할 때까지 셀 수 없이 많은 저서와 업적을 남겼다.

5. 영문학을 전공한 후 하버드대에서 경영학 박사학위 후 하버드대, 스탠포드대, MIT, 런던 비즈니스 스쿨에서 교수를 하며 IT 컨설턴트로도 활약했으며 Forbes, Information Week로부터 'Consultant from Paradise'로 불리며 수많은 저서와 업적을 남겼다.

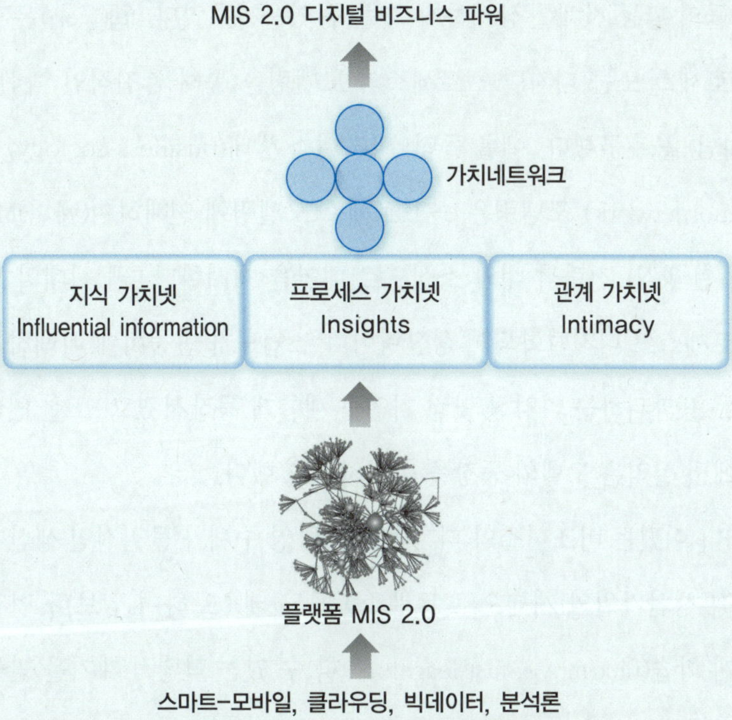

그림 1. MIS 2.0 디지털 비즈니스 파워

1990년대 이후 비즈니스 모델의 중심은 **새로운 생산의 3요소**[6]로 일컬어지는 **지식**, **프로세스**, **관계**로 옮겨간다. 디지털 경제 하에 지적 자산(intellectual property)의 중요성[7]을 강조하는 이 사고는 "어떻게 제품과 서비스의 이해관계

6. P. Keen, 2000; P. Drucker, 2001; V. Samba & R. Zmud, 2012; 권태형, 2012, 2014.
7. Wartzman, R., "What Peter Drucker Knew About 2020," *Harvard Business Review*, October 2014.
"And shortly thereafter (and not long before he died in 2005), Drucker declared that increasing the productivity of knowledge workers was 'the most important contribution' management needs to make in the 21st century." https://hbr.org/2014/10/what-peter-drucker-knew-about-2020/

자 및 그들의 활동 전체를 상세하게 그릴 수 있을까?" 였다. **웹**(web)은 등장과 함께 e-프로세스 또는 디지털 프로세스의 모델링을 통해 급진적인 혁신(점진적인 개선이 아님)을 추구했다. 예를 들면, 비즈니스 생태(business ecology) **가치네트워크**(value network) 모델링은 e-프로세스 모델링에 연계하여(예: UML의 Use-case 디자인 방식) 전략적 내외 소싱으로 대안을 제시한다. 웹 시대의 도래는 제품도 프로세스도 디지털화되어 생산량이나 조업도가 변동비에 비례하지 않도록 하여 전통을 파괴하는 다양한 닷컴 기업을 새롭게 등장시켰고, 또한 인터넷 붐과 버블 속에서 설익은 모델의 등장을 미화하기도 했다.

그러나 어쨌든 비즈니스의 디지털화는 경영 주체가 물질적인 생산자원의 개념을 지적 생산자원의 개념으로 트랜스폼하고 테스트하여 남보다 먼저 진입하고 빠르게 학습(first move, fast learning[8])할 수 있는 혁명적 계기를 만들어 주었다. 예를 들면, 프랑스 르노 자동차는 사이버 온라인상에서 제품의 라이프사이클 전체를 가치사슬 전반에 연계시켜 디자인부터 판매까지 출시 전에 흐름과 반응을 테스트해 보는 디지털 공장(digital factory)을 구축한다. 이러한 시도는 'any time, any place, any person, any information' 에서 한걸음 더 들어가 'just-in time, just-in place, just-in person, just-in information' 을 사전에 통찰해 내려고 한다.

이제, 여기서 지금까지의 생각을 정리하면 **비즈니스 모델**이란:

'비즈니스 아이디어나 통찰력에 대한 일련의 이미지 사고를 정교화함으로

8. IT 경영 the MIS, 권태형, 2012; IT 경영 MIS 세미나 2.0, 권태형, 2014.

써 목표하는 가치를 추구하는 가정(assumptions)과 전략(strategies)' 정도로 말할 수 있는데, 디지털 시대의 비즈니스 모델은 과거 모델에 비해 무엇이 달라지고, 모델 속 데이터와 프로세스를 어떻게 달리 처리해야 하는지가 주요 이슈가 되지 않을 수 없다. 과거 비즈니스 모델 특성은 **오너십** 기반으로 자기가 가진 물적 자원(physical resource)을 **가치사슬** 전반에 파이프라인 방식으로 흐르게 충당하여 **인소싱**(in-sourcing) 또는 기껏해야 **아웃소싱**(out-sourcing)을 어떻게 하여야 할까 하는 전략적 플래너(strategic planner)로서 역할을 했다. 반대로, 오늘의 새로운 비즈니스 모델 특성은 목표를 함께 추구하는 **Biz 생태계 플레이어**들이 필요 자원을 수평적 가치사슬뿐만 아니라 수직적 가치 스트림 전체에 역동적 **플러그-플레이** 방식으로 **아웃태스킹**(out-tasking)[9] 그리고 **크라우드 소싱**(crowd sourcing)함으로써 그 전에는 생각하지도 가능하지도 않았던 제품과 서비스를 어떻게 창출하고 지속 가능하게 할까 하는 데 있다.

2.1.3 새로운 엔터프라이즈 2.0: 디지털 엔터프라이즈 등장

디지털 엔터프라이즈란 단순히 모바일 테크놀로지나 스마트 기기의 소유를 말하는 것이 아니라, "새로운 제품(product)과 서비스(service)뿐만 아니라 지식(knowledge)을 소싱해 역량을 강화하고(empowerment) 비즈니스 프로세스(process)를 재디자인(transformation)하고 비즈니스 관계(relationship)에서 경

9. 가치사슬의 특정 프로세스에 필요한 물적, 인적 자원을 외부에서 조달한다는 것은 아웃소싱과 같지만 조달 후 운영까지 외부에서 완수한다는 측면에서 소싱 내용과 책임의 범위가 넓다.

험과 인상(experience and impression)을 남기고 강하게 결속(engagement)함으로써 경쟁할 줄 아는 엔터프라이즈 2.0"을 말한다. 이러한 현상은 발명(invention)과 필요(needs)의 전통적 균형 관계인 **'Push-Pull'** 사고(thinking)와 달리 이젠 테크놀로지의 공급 Push가 시장의 필요 Pull보다 점차 더 큰 파워를 나타내는 듯하기도 한다.[10] 테크놀로지는 전통적인 의사결정을 주로 주어진 모델과 내부 데이터로 분석하고 설계하여 지원하는 것뿐만 아니라 범위를 엔터프라이즈 외부 Biz 생태계 전반에까지 확장하여 미래 상황과 돌발상황(예: 예외(exception), 긴급(emergence))을 새롭게 탐색하고 대처하게 한다.

소셜 미디어(오디오/비디오 디지털 디바이스) 및 **스마트 모바일**(빅데이터, 애널리틱스, 클라우딩, 가상현실), **SNS**의 급격한 발전은 분석의 범위, 정교함 그리고 민첩성을 더하고 있다. 테크놀로지 파워는 새로운 역량을, 새로운 역량은 네트워크 연결을, 새로운 연결은 유연한 대응력과 지속 가능성을 제공한다. 이러한 변화 흐름과 인식이 사회적 그리고 기술적 모든 측면에서 새로운 차원의 디지털 비즈니스(digital business) 주체인 네트워크화된 엔터프라이즈 2.0 출현을[11] 도래하게 하고, 사회경제적으로 좀 더 민첩하고 유연한 **새로운 가치경로**(value path) 출현을 유도하고 있다.

---

10. 인포메이션 테크놀로지 발전 초기에는 의사결정에 간접적으로 기여하는 조회와 보고('WHAT-IS') 형식 시스템으로, 그 후에는 의사결정에 직접적으로 기여하는 분석과 설계('WHAT-IF') 형식 시스템으로 옮겨갔다.

11. 엔터프라이즈 2.0이란 Andrew McAfee의 개념으로, 인터넷 기반에서 한걸음 더 들어가 조직 내 또한 조직 간 동반자적 생태 플랫폼 기반을 이용해 파트너십으로 가치를 창출하는 새로운 엔터프라이즈 형태로 결속(engagement), 엠파워먼트(empowerment), 탐색(exploration) 개념을 강조한다.

2.2 디지털 비즈니스란?

인터넷 혁명은 제품과 서비스뿐만 아니라 프로세스의 세계를 비트-바이트의 세계로 만들어 버렸고, 이를 기반으로 지식, 프로세스, 관계에 대한 사고는 이후 다양한 인터넷 아키텍처를 기반으로 사이트 검색, 셀프서비스, 자동화, 커뮤니티 활동이 가능해졌다. 아날로그가 아닌 디지털 경제에서 제품의 변동비는 고정비로 흡수되고, 따라서 요소별 원가제도(component based costing)(예: 재료비, 노무비, 경비)에서 **프로세스별 원가제도**(activity based costing)(예: 프로세스, 서브프로세스)로의 전환이 더 큰 의미를 더 가진다.[12] 우리가 알다시피, 약 15년 전 인터넷 닷컴 기업들의 도전이 있었을 때 전통 기업들은 경쟁에 심각하게 직면하기도 하고 효과적으로 잘 대응하기도 했으며, 휴먼의 간섭은 배제되거나 최소한으로 축소되었다. 이는 비즈니스 환경이 유니버설 플랫폼으로서의 트랜스포메이션을 의미하지만 다음에서 보다시피, 개방, 참여, 공유의 측면에서 제한적이라고 아니할 수 없다.

오늘날 디지털 혁명의 도전은 예전과 다르다. 그들은 진격의 거인처럼 놀라운 민첩성과 파워로 기존 고객을 빼어가기도 하고, 기존 **가치사슬**의 핵심 부문에 들이닥치기도 한다. 이 도전의 바탕에 깔려 있는 테크놀로지는 때로는 대단한 것은 아니지만 새로운 디지털 기기와 함께 새로운 방법으로 막강한 영향력을 발휘하고 있다. 기존의 자체 데이터뿐 만 아니라 개방된 소셜 데이터에 이르기

12. 디지털화된 제품 및 서비스의 경우, 전통적 제품 생산원가요소인 재료비, 인건비, 경비의 대부분은 축소된 상태인 반면, 판매소비 원가요소인 금융, 교육, 광고 등은 확대되고 있다.

까지 엄청난 양의 빅데이터에 접근이 가능하게 되었고, 흔히 **클라우드**와 **네트워크**에 산재되어 있는 프로그램과 애널리틱스도 파워를 만들어내고 있다. 스마트 모바일 디바이스는 그런 파워를 전 세계 사용자에게 때와 장소를 가리지 않고 전달해 주고 있다. 이러한 테크놀로지 발전의 의미는 실체에 합당한 접근이 용이하지 않은 상황에서, 복잡한 실체는 복잡함으로 그것도 자유로움이 허용되어 다양한 참여와 다채로운 공유가 개방된 상태에서 이루어지게 함으로써 적응, 진화, 자기조직화, 이머징 등의 작용으로 실현되게 하는 것이다.

디지털 테크놀로지의 발전은 눈부시다. Cisco 네트웍스를 20년 이끈 **존 체임버스** 회장은 성공한 기업 40%가 향후 10년 내에 사라질 것이라고 말하고, HP의 **칼리 피오리나** 전 CEO는 르네상스의 출현과 디지털 기기의 출현을 동일한 시각으로 보았고, 애플의 **스티브 잡스**는 애플 신제품 디자인들이 테크놀로지를 인간의 본질적인 행동 패턴과 욕구의 시각으로 바라보고 이해한 결과라고 했다. 디지털화가 가속화되고 있는 지금 새로운 엔터프라이즈는 운영과 결속(engagement)의 자유로움을 향하여 가치 위치 및 활동 범위설정을 어떠한 방식으로 풀 것인가를 고민하게 한다. 디지털화는 확장성과 함께 민첩성으로 비즈니스 생태계에 자유로움을 가져다 주고 있다. 바람직하다고 생각하는 비즈니스의 모습을 모델로 구체화하고, 필요 자원을 물적 · 지적 자원으로 **소싱**(sourcing)하고, 비즈니스 **생태계**(biz ecosystem)에 함께할 **플레이어**들의 기반(platform)과 의사소통 수단(communication channel)을 스스로 구축하는 것은 필요 역량, 협력 그리고 관계강화의 필수조건이 된다.

2.2.1 디지털 비즈니스의 개념

디지털 비즈니스는 "개방된 디지털 기반의 **플랫폼** 위에서 플러그-플레이(plug-play thinking) 방식으로 엔터프라이즈가 새로운 가치를 만들어내는 경로"를 의미한다. 이때 플랫폼의 역할과 기능은 비즈니스의 **다양성**, **유연성** 그리고 **민첩성**을 사회기술적(the socio-technical) 네트워크 기반으로 제공함으로써 새로운 가치경로의 핵심이 된다.

따라서 이러한 개념은 생태커뮤니티기반(ecological community foundation) 구축을 통하여 합의된 가치창출에 따른 물적 · 지적 자원을 플러그-플레이 형태로 획득하고 시공간을 넘어 협력하는 비즈니스 모델과 통합 활동을 뒷받침하여 [그림 2]와 같은 다양한 통합을 가능하게 했다.

디지털 비즈니스의 통합 =

Organizational + Environmental + Social + Technological +
One way + Two way + Head + Tail +
Ownership + Partnership + Machine + Human +
Communication + Collaboration + Static + Dynamic +
Exploitation + Exploration + Tacit + Explicit +
Pipeline + Plug-play + Internal + External +
Planning + Emerging + Participant + Platform

그림 2. 디지털 비즈니스의 통합

결과적으로, 통합의 모습으로 새롭게 부상하는 **엔터프라이즈 2.0**은 비즈니스 환경이라는 실체에 보다 그럴듯하게 접근하기를 희망했고, 그러다 보니 다양한 구성요소 간 상호소통을 위한 **연결망의 필요성**을 인지하게 되었다. 이러한 연결망은 당연히 기술적 링크 구축을 기본으로 하지만 진정한 소통을 위한 **사회적 링크** 구축도 또한 필수적이다.

다음 [표 1]은 테크놀로지의 발전과 비즈니스의 발전을 통하여 디지털 IT 경영이 진화를 계속하여 왔음을 보여준다:

표 1. 테크놀로지와 IT 비즈니스의 진화

연대	아이디어	요점
1940	Operation research(계량경영)	최적 자원과 입지 배분
1940	Systems thinking(시스템 사고)	피드백과 통제를 포함한 프로세스와 환경 간의 상호작용에 관한 전체적 관점
1950	Quality management(품질관리)	산출물 변동 축소와 결점 제거
1950	Socio-technical work design (사회기술적 작업설계)	프로세스 변경을 초래하는 기술에 있어서 작업 환경과 프로세스 산출물의 동시 개선
1960	Data processing(자료처리)	일상적인 거래처리의 프로세스 디지털화
1970	Office automation(사무자동화)	오피스 업무의 컴퓨터 지원
1980	Information systems(정보시스템)	비일상적 활동과 프로세스의 컴퓨터 지원
1990	Process re-engineering (프로세스 재설계)	프로세스 절차에 대한 집약적 재고를 통한 생산주기 단축
1990	e-commerce(전자상거래), e-business(e-비즈니스)	다양한 채널을 통한 중간단계 없고, 유연한 고객프로세스 상호작용, 상거래 영역 이상으로 경영기능의 전자적 확장

1990	CRM(고객관계관리), SCM(공급망관리)	고객과의 관계 확보와 유지, 강화를 위한 전사적 관리체계 구축과 고객으로부터 초기 공급자에게로 확장한 공급사슬을 따라 조직 간 공급 조정
2000	Process sourcing(프로세스 소싱)	조직 내외의 플레이어에게 합리적으로 선택된 비즈니스 프로세스의 실행을 의뢰
2000	Service-Oriented Architectures(서비스지향 아키텍처)	가상 단일 프로세스에 분할된 프로세스 실행 절차를 상호 연계
2000	Business-Technology Management (BTM, 비즈니스 테크놀로지 융합)	IT와 비즈니스의 정합, 동기화, 융합
2010	Smart mobile(스마트 모바일) Social networking(소셜 네트워킹)	연결성, 이동성을 갖춘 개인화 기기의 보편화, 고도화, 인터넷 기반 커뮤니케이션 연결과 협업으로 네트워크 효과 극대화
2015	Big data analytics(빅데이터 분석론)	비정형 비구조적 데이터를 포함한 분석으로 통찰력 확보

지금까지의 기술과 경험 축적은 결국 '머신 중심의 인포메이션 테크놀로지(IT) + 휴먼 중심의 소셜 테크놀로지(ST)'로 인하여 **man/machine 패러다임**이 **participant/platform 패러다임**으로 전환하게 했다.

그렇지만 아무리 이렇게 진화한 디지털 비즈니스에 테크놀로지가 중심이라고 하지만 새롭게 디자인된 비즈니스 방식에 첨단 스마트 모바일 장비나 엠베디드(embeded) 기기를 프로세스에 올린다고 성공이 바로 이루어지는 것은 아니다. 앞의 비즈니스 모델링에서처럼 지금까지 해온 비즈니스 방식에서 내세웠던 여러 가정(assumptions)을 되짚어서 유효성을 재점검해야 하고, 새로운 방식의 비용-편리성-유용성이 어떻게 달라졌는지 아니면 안 달라졌는지를 재평가해서 기술적, 경제적, 운영적 타당성을 관련 부서와 IT 그룹 및 필요하면 관련 정부 부서와 사전에 점검해야 한다. 여러 번의 반복적인 빠른 피드백으로 학습이 필요할 것이며 그럼으로써 초기의 **프로토타입**(prototype) 시스템은 비로소 극대화한, 즉 **인스티튜션화**(institutionalization) 단계(유동적이나 표류하지 않고 조직 목표뿐만 아니라 생태환경에 반응하고 적응하는 단계)에 진입하게 될 것이라고 생각한다.

2.2.2 디지털 비즈니스의 새로운 가치경로

종합하면, 오늘의 디지털 비즈니스는 **산업혁명** 후 단계별로 발전해 왔으며, 물질적 빈곤 상태를 기계화로 인한 대량생산으로 해결하려 했으며, 그 후 유휴 생산의 문제는 마케팅을 통한 수요 창출 시도로 해결하도록 했다. 따라서 물질적 자원 중심의 시각은 산업공학, 생산 그리고 마케팅을 중심으로 한 서비스경영 시각으로 경영자의 역할을 강조했다. 이후의 경쟁은 Deming과 Juran으로 대표되는 **품질경영**(TQC/TQM)으로 옮겨가게 되었다.

이후, **정보혁명**은 물질 흐름과 더불어 정보 흐름을 생각하게 하고 또 다른 사고의 이미지를 접하게 했다. IT와 멀티미디어의 급속한 발전은 시장에서의 생산과 수요를 최적화하기 위한 시각으로 시도되어 자동화와 정보 활용을 시도했으며, 따라서 DB, 컴퓨터 알고리즘, 그리고 정보의 의사결정 지원은 정보의 불확실성 감소 역할을 강조했다.

현재는, 인터넷과 소셜 모바일의 급속한 발전으로 글로벌 시장에서 **선도 진입**과 **빠른 학습**(first move, fast learning)의 민첩성이 요구되는 시대에 들어옴에 따라 인소싱이나 아웃소싱을 넘어 아웃태스킹 또는 크라우드소싱이 지속 가능한 경쟁력의 원천이 된다. 따라서 생태시스템(ecosystem)을 통한 이노베이션과 트랜스포메이션의 역할이 강조되고 있다.

이러한 현실에서, 향후 디지털 플랫폼 구축은 가치네트워크, 즉 연결망으로 외부 참여자를 유도해서 추구하는 목표 가치를 창출하는 데 필요조건이 된다. 왜냐하면 가치사슬과 가치시스템 내에서 워크 플로우(work flow)상의 물질 교환도 정보 교환도 전체의 흐름을 역동적으로 빠르게 함으로써 **역량강화**와 결속(engagement) 또는 엠파워먼트(empowerment)를 가능하게 할 수 있기 때문이다. 디지털 비즈니스는 특히 다양한 플랫폼을 형성하는 각종 테크놀로지와 Biz 노하우로 갖추어진 인프라 파워가 필수 역량이 되며, 공유 기반(platform) 구축과 플레이어를 연결하는 소통 수단(communication channel)의 구축은 그들의 역량, 역할, 관계 강화에 필수 조건이 되지 않을 수 없다. 다음 [그림 3]은 인포메이션 그리고 소셜 테크놀로지로 구성된 플랫폼 인프라 위에서 엔터프라이즈가 Biz 생태계에서 새롭게 가치를 창출하는 디지털 비즈니스 모습을 보여준다.

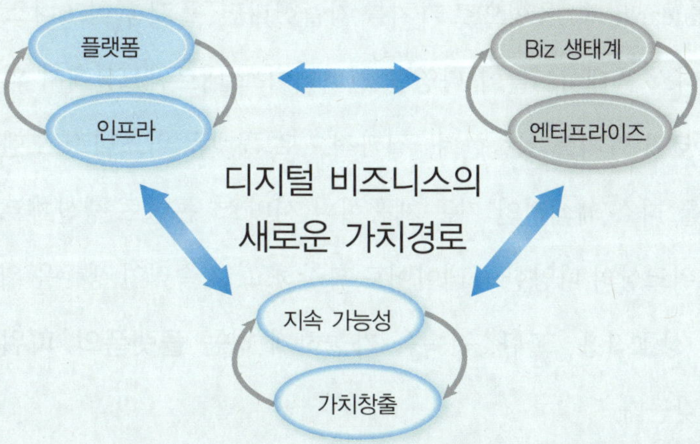

그림 3. 디지털 비즈니스의 새로운 가치경로

2.3 플랫폼 파워

"Technology is not for machine but for human.
Software is no longer about human-computer interaction.
It's about human-human interaction using computers."

플랫폼에 관한 기본적 사고(platform thinking)는 주로 비즈니스 생태계(business ecology)를 구성하는 휴먼, 조직, 테크놀로지, 즉 **인류의 정보처리 삼위일체**(the trinity of information processing)가 네트워크 기반의 모든 메시지와 이미지를 처리하기 위해 자유롭게 '플러그-플레이(plug-play)' 역할로 생태계를 조성하고, 구성원 스스로 상호작용(interaction)을 통해 가치를 창출(value creation)한다는 발상에서 시작되었다.

전통적인 비즈니스 모델이 제공자 위주 혹은 제공자 간의 가치사슬처럼 파이프라인(linear flow) 유형으로 가치를 창출했다면, 플랫폼 비즈니스 모델은 다양한 비즈니스 플레이어들이 다양한 인터페이스 네트워크상에서 역할을 수행(play)함으로써 가치를 창출한다. 결과적으로 플랫폼 비즈니스 모델은 가치창출의 주체를 다소 폐쇄적인 기존 제품이나 서비스, 콘텐츠 생산자로 한정하지 않고, 네트워크상의 다양한 플레이어로 확장하고, 지속적인 생존을 위해 플레이어들 간의 상호작용, 교환, 결속을 가능하게 하는 **플랫폼의 파워**(platform power)를 갖는다.

구체적인 사례로 Facebook, Airbnb, Youtube 등의 네트워크 기반 '플랫폼'은 개발자들에 의한 다양한 인터페이스(API: application programming interface)의 확장을 가능하게 하고, 다양한 사용자들 간의 공동가치창출(co-creation)을 지속적으로 가능하게 하는 생태계를 형성하고 있다. 이들은 소싱 방법으로 플러그-플레이와 더불어 전통적 파이프라인 방식을 취하는데 비즈니스 모델에 따라 다르게 된다. 플랫폼 기반 비즈니스 모델의 특징과 구체적인 역할을 살펴보면, 다음과 같이 '플랫폼'을 정의 내릴 수 있다.

2.3.1 플랫폼이란

플랫폼이란 "비즈니스 네트워크에 내부 및 외부로부터 플레이어들이 플러그-플레이 방식으로 참여, 상호작용하여 가치를 생성, 교환, 결속(engagement)할 수 있도록 하는 유연하고 자유로운 공유 기반"이다. **웹** 또는 **인터넷**이 프로토콜을 이용하여 누구나 언제나 어디서나 접근 가능한 서버가 제공하는 서비스 제공자 주도의 웹 서비스(web service)라면, 이에 반해 **플랫폼**은 비즈니스나 콘텐츠 공유 등의 특정의 목적을 달성하기 위해 역할이나 기능을 수행하는 다양한 웹 애플리케이션(web application)이나 API들을 플러그-플레이로 수용하여 제공자와 수요자 상호작용을 지속적으로 보장하는 모델이다. **플랫폼 구축의 목적**은 네트워크상의 다양한 플레이어들이 다양한 가치의 생산과 소비에 참여(participation)하고 서로 상호작용(interaction)하도록 환경(인터페이스)을 제공하는 것이다.

플랫폼의 존재만으로 처음부터 참여와 상호작용이 가능하지는 않으며, 보통 수요자의 요구나 공급자의 동인의 선후 관계를 닭과 계란의 순서처럼 따지기는 힘들지만, 보통 다음과 같이 플랫폼을 실행한다. 그래서 플랫폼 생각의 전도사 상지트 폴(Sangeet Paul)은 "플랫폼이 드디어 닭과 달걀의 문제를 해결했다"라고도 묘사한다. 이들이 구체적으로 실현되는 방법은 다음과 같다.

- 동기를 부여할 수 있는 (비즈니스)모델로써 참여자(participant)들을 플랫폼으로 유인한다.
- 참여 플레이어들이 플랫폼 위에서 가치를 창출하고 교환할 수 있도록 하는, 즉 인터페이스가 되는 API 인프라를 제공한다.
- 참여 플레이어들이 지속적으로 플랫폼으로 다가오도록 하는 효용가치를 마련하여 **네트워크 효과**(network effect) 또는 눈덩이 효과(snow ball effect)를 촉발한다.
- 플랫폼 인프라 위에서 참여자 상호 간 그리고 콘텐츠/상품/서비스와 적절히 일치시킨다.

가치창출 규모(scale)와 상관없이 플레이어들의 상호작용에 의한 네트워크 효과(network effect)가 플랫폼을 자생적이고 지속 가능한 생태 플랫폼으로 진화시킨다. 따라서 단기적인 가치실현이나 전통적인 경제적 부가가치 실현에 치중하기보다 참여자들의 능력과 상호 신뢰를 기반으로 진정성(authenticity)과 책무성(accountability)을 갖추어야 플랫폼 역할이 지속 가능하게 된다.

2.3.2 플랫폼의 구성 체계

디지털 비즈니스를 위한 플랫폼이 네트워크 인프라, 애플리케이션/솔루션, 서비스 그리고 구조적/비구조적 데이터를 연계시키는 모델로서 역할을 다하기 위하여 어떻게 플러그-플레이를 구성하는지 살펴보면 다음과 같다. 이들은 API(application programming interface)라는 연결과 통제 기능을 포괄하는 내외부 통합 운영모듈을 구성한다. 플랫폼 체계를 구성하는 계층적 요소와 설명을 [그림 4], [표 2]로 정리했다.

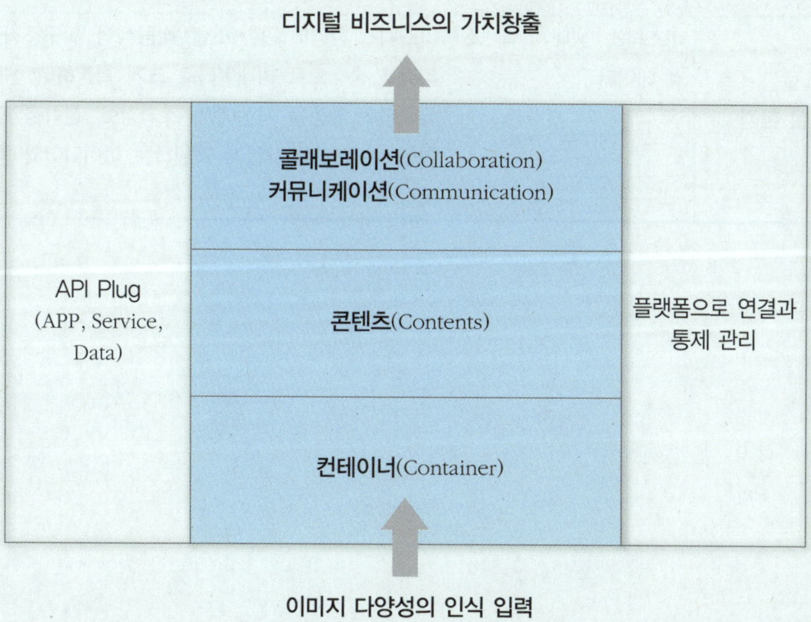

그림 4. 플랫폼의 가치창출 구조

표 2. 플랫폼 구성 체계

플랫폼 체계 요소	설명	예
콜래보레이션	가치네트워크상의 플레이어 간 제휴	가치사슬에서 다양한 소싱으로 파트너십을 만들어 업무를 통합하여 생태시스템을 구축함으로써 이노베이션과 트랜스포메이션을 실현
커뮤니케이션	커뮤니케이션 디바이스와 메시징	do-it-yourself(DIY) 멀티미디어 기기 및 스마트 모바일 기기를 통해 디지털 Biz 파트너 플레이어와 소통하고 결속 또는 결속력을 강화
컨테이너	하드웨어 및 디지털 기기와 운영소프트웨어(OS)	다양한 스마트 모바일 테크놀로지, 케이블링, 클라우딩을 활용하여 빠르고 싸고 유용한 테크놀로지 능력 확보
콘텐츠	플레이어의 공유 지식베이스	디지털 테크놀로지와 기기를 이용하여 지식정보, 문서, 아이디어, 노하우 등의 베이스를 구축하여 공유
레거시 DB	데이터베이스 및 데이터웨어하우스(DB & DW)	조직적, 공식적, 구조화된 데이터를 중심으로 자동화된 거래처리, 보고서, 의사결정을 지원하는 정보제공
소셜 환경	비즈니스 생태계 내 소셜 데이터	비즈니스 환경에 관한 소셜, 비공식적, 비구조화된 데이터를 중심으로 빅데이터로 크게 확장하여 생태 커뮤니티의 활동을 사전예방, 조기경보, 전략경영을 실현할 수 있도록 새롭게 지원하는 아이디어와 통찰력 제공

2.3.3 플랫폼 속성과 파워

연결성(connection), **매력성**(gravity) 그리고 **유속성**(flow)의 3가지 플랫폼 속성이 가치창출을 위해 결집된 자원의 기반 위에서 적절히 혼합(mix)되어야 디지털 비즈니스는 유연(flexible)하고 민첩(agile)하게 된다.

왜냐하면 플랫폼에서는 참여(participation)가 어렵지 않게 네트워크로 연결될 수 있어야 하며, 그 네트워크는 충분한 참여자를 끌어들일 수 있도록 매력적이어야 하며, 지속적인 네트워크 내 활동이 유지되어야 존재의 이유가 있기 때문이다.

각각의 속성을 구체화하면 다음과 같다.

- **연결성**(connection): 참여자가 공유와 상호작용을 위해 플랫폼에 얼마나 쉽게(ease-of-use) 플러그인할 수 있는가?
- **매력성**(gravity): 플랫폼이 생산자나 소비자 모두를 참여자로서 얼마나 유용(usefulness)하다고 느끼게 유인할 수 있는가?
- **유속성**(flow): 플랫폼이 가치의 교환이나 공동창출을 얼마나 잘 증폭시킬 수 있는가?

이와 같은 네트워크를 기반으로 하는 플랫폼의 속성은 지속 가능한 생태 플랫폼 구축의 성공 요인이며, 용이한 이해를 위해 네트워크상 플레이어 간에 이루어지는 속성을 단순화하여 그리면 [그림 5], [그림 6], [그림 7]과 같다.

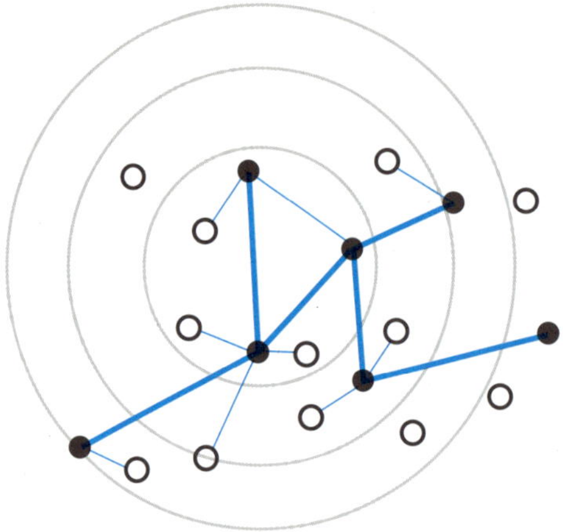

그림 5. 연결성의 형성—멤버 노드의 연결과 집중

그림을 차례로 분석하면, 제공자-사용자 역할은 상시 바뀔 수 있지만, 플랫폼 참여자 네트워크 범위가 넓은 형태의 연결성(connectivity)을 가질수록 참여자들이 보다 쉽게 연결망에 접근 가능한 플랫폼이 된다(예: 참여자의 소통

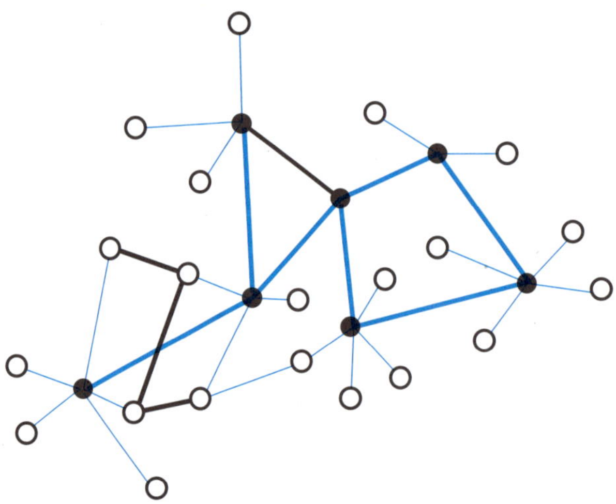

그림 6. 매력성의 강화—멤버 노드의 증가

(interaction)과 엔게이지먼트 또는 결속(engagement)이 용이).

[그림 6]에 나타난 대로 멤버 노드를 표시하는 둥근 점(●)의 생산자(제공자) 네트워크뿐만 아니라 굵은 노드의 생성으로 동그라미(○) 소비자(사용자)까지 상호 소통을 통해 가치창출에 참여할 때(즉, 링크 방향이 쌍방향이 될 때), 모든 플레이어에게 매력(gravity)있고 유용한, 즉 밀도 높은 플랫폼이 될 수 있다(예: 참여자의 좋은 인상(impression) 및 경험(experience)).

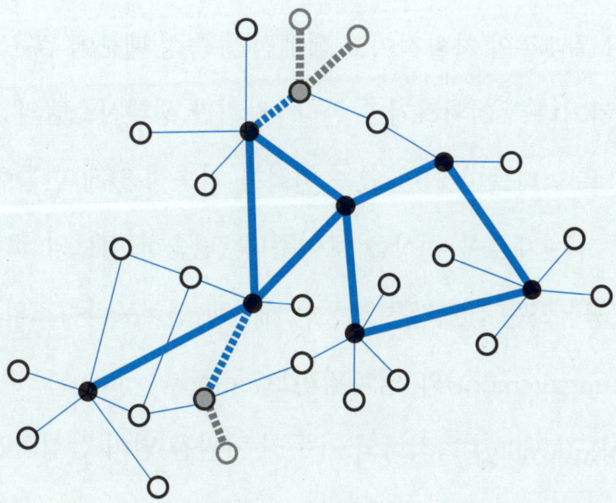

그림 7. 유속성의 촉진—핵심 노드 간 트래픽 증가

[그림 7]에서 각 플레이어 간의 검색 요구나 제공 요구를 링크로써 잘 연결시키고, 새롭게 등장하는 멤버 노드를 의미하는 회색 동그라미(○)와 두꺼운 점선처럼 새로운 영향자(●)의 네트워크 효과로 확장되는 플랫폼 자기조직화가 활성화될 때(예: 참여자의 수는 증폭(amplification)하고 활동량(traffic)은 증가하는) 가치창출이 지속 가능해진다고 할 수 있다.

플랫폼 참여자들의 네트워크의 분석 결과로 나타난 것처럼 기존 조직 내 순차적으로 작동하는 파이프(pipe) 행태의 가치창출과 달리 소셜 네트워크상의 플러그-플레이(plug-play) 행태는 참여자(player)들의 자기조직화로 플랫폼이 자연적인 생태적 성격을 띠며 멤버 노드를 확장하고 밀도를 높이고 흐름을 강화한다. 이 과정에서 중앙 리더가 부상하는 집중화 현상이 나타나게 되지만, 이는 미리 계획되거나 구상한다고 되지 않으며 서로 관심을 가지는 행동(예: 정보 공유의 방향, 빈도, 내용)이 어느 기간 동안 패턴의 형태로 수면 위로 나타나게 된 모습들이다. 이런 플랫폼의 자발적이고 생태적인 속성 때문에 많은 엔터프라이즈는 혼란스러워하거나 두려워하기도 한다. 하지만 생태시스템의 자발적 역동성은 기업의 안팎을 넘나들며 의미 있는 변화를 지속성 있게 만들어내 새로운 플랫폼 파워라고 하는 새로운 현상을 보여준다. 단순한 정보의 교환이나 의사소통보다 경험을 공유하는 상호작용을 통한 개인과 엔터프라이즈의 자기조직화로 엔게이지먼트(engagement)와 엠파워먼트(empowerment)로 비용효과(cost-benefit)와 충성도(loyalty) 최적화의 가두리 차원을 넘어 감성적인 결속과 자유로움이 중요한 플랫폼 파워의 모습이다.

플랫폼 기반의 궁극적 역할은 **유연성**(예: 비정상 처리 휴먼화)과 **민첩성**(예: 정상 처리 머신화)에 의한 세 가지 관리(3S)를 요구하는데, 3S란 인프라가 탄탄하고(strong), 신축성이 있고(scalable), 구조적(structured)이어야 함을 뜻한다. 이 3S를 통해서 앞에서 설명한 플랫폼 구성요소들의 통합이 이루어질 수 있다. 통합 후에는 실행(implementation)이 성공적으로 이루어져야 하는데, 이노베이션 문헌에서 패러다임으로서 강조하는 **채택과 확산 네트워크 효과**(innovation's adoption and diffusion network effect), **결정적 다수 효과**(critical mass effect), **영향력자 효과**(influencer effect), **롱테일 효과**(long tail effect)를 이해하고 이용할 줄 알아야 플랫폼에 잠재하고 있는 파워는 엔터프라이즈 전반에 보편화 및 고도화된다. 단 바람직하지 않는 내용이 확산되는 리버스-네트워크 효과(reverse network effect)는 모니터링되고 관리되어야 미연에 방지될 수 있다.

2.3.4 플랫폼 파워가 디지털 비즈니스 성공에 주는 4가지 특성

디지털 시대 플랫폼 파워는 비즈니스의 다양한 트랜스포메이션을 통하여 엔터프라이즈의 환경, 제품과 서비스뿐만 아니라 비즈니스하는 방법과 경쟁하는 방법을 다음과 같이 완전히 바꾸어 놓고 있다.

- **전략적 플래닝 vs. 생태적 이머징**: 잭 웰치의 아날로그 시대의 비즈니스 모델은 디지털 르네상스를 맞이하며 새로운 비즈니스 모델링을 시작한다. 즉, 전략적 플래닝 ➜ 생태적 이머징; 최적화 ➜ 자율화 중심으로 트랜스포메이션하려고 한다. 산업혁명 직후의 경영이란 생산과 판매의 완충 물량(buffer)이나 수요와 공급의 최적화를 그런 대로 가치로 인정하고 자본을 축적하고 유지할 수 있었지만, 지식의 보편화와 고도화가 이루어진 지금은 가정(assumption)이 아닌 상황을 있는 그대로 각자의 시각에서 다양하게 인식(redefinition)하는 것이 창의성을 만들고 민첩한 행동을 실현할 수 있다고 생각한다. 이렇게 함으로써 인간이 갖는 불완전성과 한계점을

완화하는(극복이 아니라면) 동시에 인프라 기반 위에서 스스로 공존과 번영을 추구함은 비즈니스 생태계에서 이중의 가치를 가진다고 본다.

- **파이프라인**(pipeline) **vs. 플러그-플레이**(plug-play): 파이프라인 방식이란 파이프라인 같이 지정된 채널을 통하지 않으면 안 되는, 즉 특별한 관계에 있는 외부 파트너가 접근하고자 하는 소유 주체의 허락을 받아야만 패쇄적으로 닫혀 있는 타 시스템에 접속하여 새로운 가치창출이라기보다는 단순 활용 또는 가치교환이 가능하다. 반면에, 플러그-플레이 방식이란 외부 파트너가 별도 허락이 필요 없이 공개된 플랫폼 접속 프로그램을 이용하여 타 시스템 기반 위에서 가치창출과 가치교환이 가능하다. 이들은 묵시적으로 동반 참여자의 자격을 가진다. 예를 들면, 제공자는 플랫폼에 접속하여 콘텐츠를 올려 놓을 수 있으며, 소비자는 플랫폼에 접속하여 원하는 것을 찾아볼 수 있다. 응용프로그램 개발자는 안드로이드, IOS 운영체제 위에 앱을 올려 놓을 수도 있으며, 작가라면 디지털 미디어 위에 논문이나 글을 올려 놓을 수 있다. 여유의 방이나 자동차를 공유할 수 있는 사람은 Airbnb 간이 호텔이나 Uber 택시에 각각 게재할 수 있다. 팔 물건이 있으면 옥션, Ebay, Taobao (Alibaba), Amazon 등에 올려 놓으면 원하는 소비자가 자유로이 구매할 수 있게 됨으로써 플랫폼은 마켓플레이스, 즉 시장의 역할을 하게 된다.
- **일방소통**(one-way) **vs. 상호소통**(interaction): 플랫폼 비즈니스의 핵심적 역할은 플랫폼에서 연결되는 참여자 간의 일방소통이 아닌 상호소통이다. 결국 플랫폼이 실행하게 하는 것은 참여 플레이어들이 참여해서 가치

를 창출하고 그리고 교환하는 것이다. 이 상호소통이 플랫폼에서 이루어지는 분석 수준의 기본이 된다. 어떤 플랫폼은 거기에 연결된 많은 당사자들이 있을 것이고 어떤 플랫폼은 다양한 소통의 유형을 보여줄 것이다. 그러나 모든 플랫폼은 핵심이 되는 소통과 패턴을 나타낼 것이며, 이 소통과 패턴이 비즈니스 성공을 위한 아이디어와 통찰력의 원천이 된다.

- **헤드**(head) **vs. 롱테일**(long-tail): 많은 투자와 시설이 요구되는 비즈니스는 많은 이윤을 얻을 수 있으나 규모가 작거나 이제 막 시작한 초기 창업 기업(start-up)의 진입이 용이하지 않다. 여기에 대한 대안으로 등장하는 것이 전통적인 산업구조에 대한 이미지 사고를 다른 각도에서 하여 큰 고객의 머리 부분이 아닌 긴 꼬리 부문(long tail)에 집중하는 것이다. 플랫폼 기반이 형성해 주는 네트워크는 자원의 크라우드(crowd) 소싱 형태의 투자나 공유(sharing) 형태의 소비를 콜래보레이트할 수 있게 해준다. 특수 계층의 머리에 대항하는 긴 꼬리의 집단적 힘을 플랫폼 연결망으로 표출하게 한다.

2.4 디지털 비즈니스의 전개

오늘날 디지털 경제 속의 엔터프라이즈 2.0이 추구하는 디지털 비즈니스는 먼저 비즈니스 모델을 창출하는 방법에서 과거와는 차이를 가진다. 그 방법은 정적에서 역동적으로, 점진적에서 급진적으로, 우연 아니면 플래닝 중심에서 생태적 중심으로 변화하고 있으며 파괴적이다. 이런 파괴적 변화는 우리가 그동안 자본주의 사회에서 대두된 4가지 격차로 지적하는 '① 소셜의 갭, ② 시간의 갭, ③ 공간의 갭, ④ 경험의 갭' 의 어려움을 극복하고 혜택을 공유할 수 있게 할지도 모른다는 면에서 가히 르네상스적이라고 아니 할 수 없다. 흥미로운 것은 이러한 격차도 테크놀로지의 발전으로 더욱 상호 연계되어 보완할 수 있게 될 것이라는 점이다.

예를 들면, 디지털화는 물질 중심의 제품과 서비스 경쟁을 엔게이지먼트와 경험의 경쟁으로 바꾸어 놓았다. 테크놀로지는 지리적 거리를 두고도 시간적 동기화를 할 수 있고, SNS 소통으로도 감동을 만들어낼 수 있고, 멀티미디어 융합으로 더 생생한 경험을 경쟁력으로 만들어낸다. 이제 다양한 디지털 테크놀로지는 다양한 비즈니스 모델을 통하여 다양한 비즈니스 전략을 창출한다. 이러한 다양성이 편의품화에서 차별화로 가는 경로가 될 것이며, 다양성에 대한 판단은 사물과 현상에 대한 인식에서 출발한다. 서문에서 이야기한 것처럼 우리가 실체인 것처럼 받아들이는 각자 준거의 틀(frame of reference) 내에서 다툼하는 것보다는 다름을 공유함이 다양성 인식과 판단과 활용에 더 긍정적이고 생산적일 수 있다. 그래서 플랫폼 사고는(애플의 아이튠스 플랫폼, 마이크로소프트

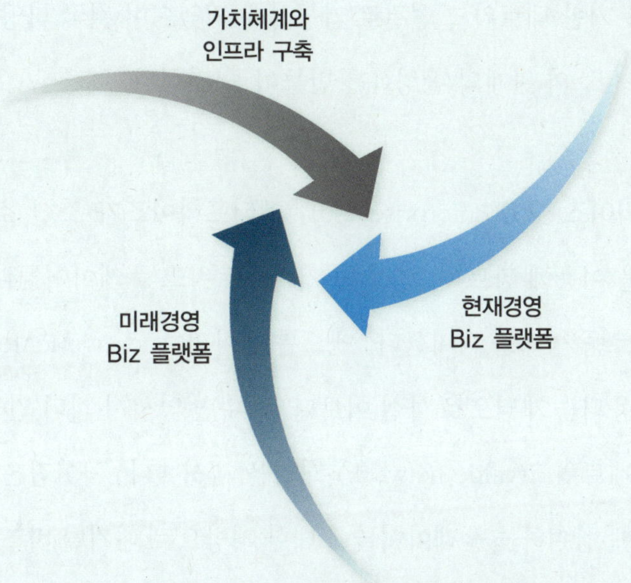

그림 8. 디지털 비즈니스의 전개

의 토탈 플랫폼, 구글의 API 플랫폼, 아마존의 마켓 플랫폼, 페이스북 메신저의 SDK 개발 플랫폼 등) 실제로, 공개된 OS와 API 기반을 이용함으로써 수천만 개의 앱, 수천만 명의 사용자, 천문학적인 구조적 · 비구조적 데이터에 접근할 수 있고 무한한 창의성을 이용한 디지털 비즈니스 모델링 등 그 활용이 무한하다.

2.4.1 소통과 혁신 효과

디지털 비즈니스의 대변화의 특성은 소통의 혁신을 통하여 진정한 디지털 경제와 디지털 경영의 도래를 가져다 주는 것이다. 엔터프라이즈가 외부 생태 환경과 소통하고, 머신과 머신이 소통하고, 고객과 데이터가 소통한다. 이러한 소통은 플랫폼 기반 네트워크 연결로 가능하게 되었으며 결국 다양한 커뮤니케이션으로 비즈니스와 관계의 활성화를 만들어 줄 것이다.

- **엔터프라이즈 2.0**(Enterprise 2.0): 엔터프라이즈가 소셜 소프트웨어와 플랫폼을 이용해 파트너, 고객 등 가치네트워크 플레이어들과 협업, 공유하는 새로운 형태를 의미한다. 앤드류 맥아피(Andrew McAfee)가 제안해 널리 사용되는 개념으로 사실 이보다 10여 년 앞서서 피터 킨(Peter Keen)은 가치네트워크(value network) 개념을 제시했다. 차이점은 가치네트워크 구성에 참여하는 플레이어들에 대한 개방으로 디지털 비즈니스 이전의 표준화, 통제, 결합 중심이 역동적인 엠파워먼트와 엔게이지먼트로 될 수 있도록 전환을 촉발하는 것이다.
- **웨어러블**(wearables): 스마트 피트니스(smart fitness) 기기, 애플 워치, 구글 글래스, 오큘러스 등의 출현으로 다양한 신체 부착 디지털 기기가 확산될 것이다. 이미 피트니스 앱을 설치한 아이폰, 갤럭시, 핏빗(Fitbit)과 조본(Jawbone), 나이키(Nike) 제품이 나와 있고, 나이키의 퓨얼밴드(fuelband)는 지속적으로 사용자가 경험하는 데이터를 플랫폼으로 보낸다. 결국 이들 제품은 데이터 생산자 같은 역할을 하는 것이며 플랫폼은 많은 다른 사람의 체험 데이터를 분석하여 각 사용자에게 네트워크-수준 벤치마킹 인사이트를 피드백해 준다. 또한 몸에 부착하여 가상현실(virtual reality)을 경험할 수 있는 다양한 시제품들이 나와 있다.
- **사물인터넷**(internet of things): 사물인터넷이란 기존의 유선통신을 기반

으로 하는 인터넷이나 모바일보다 진화된 단계로 인터넷에 연결된 기기가 사람의 개입 없이 상호 정보를 주고받아 처리한다. 기존의 센서, 통신장비, 사람과의 통신 개념을 인터넷으로 확장하여 사물이 인간에 의존하지 않고 통신을 주고받음은 물론이고 현실과 가상세계의 모든 정보와 상호작용하는 개념으로 진화한 단계라고 할 수 있다. 예를 들어 Nest Thermostat 디바이스는 가정에서 사용하는 자동 온도 조절기의 데이터를 인터넷으로 받아 집계 후 종합 분석하는데 플랫폼 기반을 이용한다. 애플 출신의 엔지니어가 Nest Lab(지금은 구글이 인수한 상태)을 설립하여 만든 홈 오토메이션 분야의 자체 학습하는 자동온도조절기(learning automatic thermostat)로서 자동조절, 일정조정, 학습조정 기능이 있다. 일기예보와 사용자의 난방 온도 패턴을 연계하여 최적의 온도를 wi-fi와 스마트폰으로 조정할 수 있게 한다.

- **산업인터넷**(industrial internet): GE가 추진하는 산업인터넷은 데이터 플랫폼의 예가 된다. 센서가 부착된 기기는 기기들이 서로 소통할 수 있도록 하고 네트워크-수준의 통찰력을 제공해 주는 플랫폼으로 지속적으로 현황 데이터를 보낼 수 있도록 한다.[13] 사물과 사물이, 기기와 시스템이, 또 사물이나 기기와 사람이 연결됨으로써 새로운 정보가 만들어지고, 소통의 속도가 빨라지면서 효율이 극대화될 것이라고 기대하며, 예로서는 각종 추진엔진, 스마트 병원침대부터 샌디애고의 날씨와 소통하는 가로등 등이

---

13. http://geblog.kr/220219099232, GE Korea 공식블로그, 2014. 12. 24.

있다.

- **옴니채널 추적**(omni-channel tracking): 옴니채널은 라틴어의 모든 것을 뜻하는 옴니(omni)와 제품의 유통경로를 의미하는 채널(channel)의 합성어로 멀티채널의 진화된 형태로서 PC, 모바일 기기, 오프라인 매장, TV, 다이렉트 메일(DM), 카탈로그 등의 모든 이용 가능한 쇼핑 채널을 통하여 고객경험을 끊기지 않고 집중화하는 것을 옴니채널로 정의하고 있다.[14] 버버리나 타겟 유통 매장은 데이터 플랫폼을 이용하여 고객의 모든 관련 매장에서의 이동선을 통합해 기억한다. 매장 내에서의 앱이 추적하는 기록은 새로운 동선을 리드하기도 하는데, 이 말은 데이터 플랫폼이 고객과 매장 간의 움직임을 관장할 수 있다는 뜻이다. 이러한 내용이 축적되면 비슷한 패턴의 고객들을 하나의 커뮤니티로 연결할 수 있게 된다. 기존의 유통채널 운영 방식은 기업이 주도적으로 운영의 효율성 및 수익성 개선 측면에서 각 유통채널을 독립적으로 운영하지만, 옴니채널 방식은 고객이 중심이 되어 고객경험 강화에 중심을 두고 각 채널 간에 유기적인 연결을

표 3. 멀티채널과 옴니채널

구분	멀티채널	옴니채널
주체	기업	고객
운영	독립적	통합적
채널	분리	유기적 연계
전략	채널운영 효율성 및 수익성	고객경험 강화

14. http://en.wikipedia.org/wiki/Omni-channel_Retailing

통한 시너지를 발생시키는 것이 핵심이다.

2.4.2 디지털 Biz 전개 패턴과 사례

플랫폼 기반의 디지털 비즈니스는 엔터프라이즈 자동화를 넘어 Biz 생태 환경으로 확장된 역동적 가치사슬, 가치경로, 데이터 분석으로 이노베이션과 트랜스포메이션의 폭발로 이어지는 변화를 예고하고 있다. 초우량적 스마트 엔터프라이즈가 디지털 Biz 이전의 모습에서 이후의 어떤 모습으로 어떻게 변화하고 있는가를 살펴봄은 그렇지 못한 엔터프라이즈가 미래경영을 위한 태도와 자세를 어떻게 취할 것인가를 보여준다. 이들은 산업수준 및 엔터프라이즈 수준에서 여러 가지 패턴의 체계적 유형을 나타내는데 공통점은 지난 수십 년 동안 이노베이션, IT 경영, 마케팅, 조직생태 연구가 패러다임으로 강조해 온 특이한 현상의 네트워크 분석과 효과(network analysis effect) 이론이 사회기술적(socio-technical) 디지털 시대에 더욱 중요해짐을 일찍 인지해 왔다는 사실이다.

디지털 비즈니스가 강조하는 플랫폼은 플레이어들이 상호 연결되어 네트워크를 형성하는 데 기여하여야 존재 의미가 있다. 따라서 엔터프라이즈는 새로운 네트워크를 만들어내든지, 기존의 네트워크를 이용하는 새로운 방법을 만들어내든지 하여야 성공할 수 있다. 왜냐하면 디지털 시대란 마켓, 제품, 프로세스, 데이터, 콘텐츠, 고객, 파트너들이 모두 각기 디지털화(digitization)되어 디지털 네트워크를 형성하고 또다시 그들이 다른 네트워크와 다면(multiple)의 디지털 네트워크를 구성하여 연결, 소통, 거래가 이어가는 것을 말하기 때문이다.

따라서 제시하고자 하는 다음의 **5가지 전형적인 전개 유형**[15]은 궁극적으로 모든 디지털 네트워크 내의 활동이 디지털 데이터로 측정되어 디지털 애널리틱스 툴(오픈소스이든 개발한 것이든)로 분석되어 디지털 통찰력이 제공되면 이를 디지털 마켓에서 경영 전체 또는 일부에 실행함으로써 비즈니스에 초우량적 기여를 할 수 있었음을 보여준다. 이들은 새로운 비전, 창의성, 플래닝, 실험 그리고 투자를 면밀하게 준비했고 기회와 위험이 공존했다. 결국, 다음처럼 새로운 디지털 테크놀로지와 활용이 등장할 때마다 항상 인지하고 잠재적 타당성을 고려하여 전환 시기를 따져보아야 한다는 것은 미래경영을 위한 심각하고도 꼭 필요한 의사결정이라고 아니 할 수 없다.

- **산업구조 트랜스포메이션: 새로운 마켓, 고객, 전달 방법** … 애플의 경우 아이팟, 아이튠즈를 플랫폼으로 이용하여 새로운 고객을 이끌어내는 방법을 통해 플랫폼을 활용할 줄 아는 혁신가적 모습을 보여준다. 하지만 대규모 자원과 투자를 할 수 없는 소규모나 신생 엔터프라이즈는 대안으로 가치사슬의 허점을 발견하여 파고든다. 이들은 자원 투자(providing)나 자원 소비(consumption)를 공유하도록 연결해 주기도 하고 실소비자의 라이프스타일과 공급자의 비즈니스 모델의 갭을 비즈니스화하기도 하는데 네트워크 기반이 없다면 상상할 수가 없다. 2008년 Airbnb는 모바일 폰에 기반한 등록된 여행지 룸[16] 사업을 시작했는데, 2013년 기준 192개국

15. Westerman, G., Bonnet, D., McAfee, A., *Leading Digital–Turning Technology into Business Transformation*, Harvard Business Press, 2014.

의 33,000개 도시에서 매일 15만 명이 투숙하고 있다. Car-sharing의 콜택시 Uber는 등록된 차를, Zipcar는 시간 또는 하루 단위로 등록된 일반인들의 차를 시내 요소요소에서 렌트 연결을 해주고 있으며, Daimler Mercedes Benz는 분 단위로 차를 렌트해 주고 있다. Amazon, eBay, Paypal, 마이크로소프트 Xbox, Sony Playstation, Square, Huffington Post도 공급자와 사용자 혹은 개발자와 사용자를 직접 연결해 주는 플랫폼을 매개자 기반으로 사용함으로써 전통적인 사업 방식을 교란시키고 있다.

- **디지털 대체재 트랜스포메이션: 새로운 제품이 기존의 제품을 대체하고 추가 시장 창출** … 약 20년 전 우편이 이메일과 전자문서로 바뀌고, 이메일이 다시 소셜 미디어로 바뀔 때 개인과 조직은 즐거워했지만 모든 것이 긍정이지만은 않다. 호주는 2012년 3년 만에 우편물의 양은 17%, 매출은 20% 삭감되었고, 결국 30년 만에 점유율은 100%에서 1%로 축소되었다. 디지털의 사진기가 출현했을 때 Kodak 필름은 대체되고 말았다. 하지만 Fuji 필름은 LCD 평면 필름으로 이동하고 성공적인 변신을 이루어냈다. 또 일부 국가들은 흥미로운 E2E(electronic-electronic) 커뮤니케이션을 생각해 내기도 했다. 북유럽 국가들은 1990년대에 온라인 뱅킹 형태의 eBoks(eBox) 문서사서함을 만들어냈다. 이는 원래 정부의 G2C나 조직의 B2C 형태의 공문서나 비즈니스 거래 관련 문서를 가정에 보안 메일로

---

16. Airbnb는 숙박비 3%를 투숙자로부터 그리고 6~12%를 호스트 가정으로부터 수수료로 받는 대신 100만 달러 파손보험을 제공한다.

전달하여 저장하는 데 쓰고자 했던 패쇄적, 일방통행적 시스템이었고 보내는 자(sender)에게는 경제적이고, 받는 자(receiver)에게는 주요문서를 평생 보관할 수 있도록 하는 시스템이다.

- **디지털 제품 이노베이션: 대형 엔터프라이즈도 테크놀로지 융합으로 혁신 단행** … 스타트-업을 하는 벤처사가 새로운 환경 변화에 적합한 수익모델을 창출하는 것은 종종 접하지만 대형 엔터프라이즈에게는 쉽지 않은 일이다. 그러나 꼭 그렇지만은 않다. Nike＋는 운동화, 센서, 아이팟, 스마트폰, GPS, FuelBand를 결합하여 운동량, 소모량, 하루 발걸음 수 등을 측정·분석하여 제공하는 서비스를 테크놀로지와 인포메이션을 결합해 만들어내었다. 그러나 사실 빅데이터 축적 및 활용은 개인에게만 유용한 것이 아니었고 Nike도 고객의 라이프스타일과 활동 데이터를 축적함으로써 자체적으로 필요한 R&D에 중요한 정보를 덤으로 확보할 수 있게 되었다. 간단한 예를 들면, '겨울철에 미국인은 유럽인이나 아프리카인보다 더 자주 달리기를 하지만 더 짧은 거리를 달리며, 전 세계적 평균은 35분이다' 와 같은 통찰력이다. 나이키에게 더 중요한 점은 이러한 성공에 안주하고 싶어 할지도 모르는 엔터프라이즈에게 많은 파트너사들이 Nike＋의 플랫폼에 더 많은 사양과 기능을 올림으로써 끊임없이 창의성과 가치창출을 가능하게 하는 점이다.
- **가치 전달경로 트랜스포메이션**(Biz 룰)**: 제품 아닌 가치를 전달하는 방법으로의 변환** … 지금까지의 예가 산업 내의 전통적인 비즈니스 룰, 대체재 발견, 새로운 제품 혁신에 관한 것들이었다면, 이번에는 고객에게 필요한

가치를 어떻게 전달할 것인가에 대한 생각의 트랜스포메이션이다. 자동차는 전통적으로 딜러 유통망(대리점 회사)을 통하여 판매되며 판매 시 작성하는 계약서를 통해 고객 데이터베이스를 그들이 독점하게 된다. 세계에서 가장 안전한 차라는 명성을 가진 유럽의 Volvo사는 딜러들과의 교섭을 통해 딜러들이 가지고 있는 고객정보 및 거래정보 데이터를 넘겨받아 전략적으로 분석 · 활용하는 상생의 방법을 얻어냈다. 자동차 판매 유통 채널은 B2B 형태로 그대로 유지하지만, 고객 데이터베이스를 넘겨받아 인포메이션 서비스를 각 고객에게 맞춤형으로 제공함으로써 B2B 채널 → B2B2C로 변경했다. 즉, 볼보는 소셜 미디어, 소셜 데이터, 애널리틱스, 스마트 모바일 테크놀로지를 결합했고, 페이스북, 트위터, 유튜브를 판매가 아닌 고객서비스를 위해 사용했으며, 'Volvo-on Call' 버튼을 개발해 차내에 부착하여 운전 중 모바일 상담 콜과 긴급상황에서 GPS로 대처할 수 있게 했다. 이러한 가치 전달경로 트랜스포메이션은 고객에게는 엔게이지먼트와 서비스를 강화하고 딜러에게는 브랜드 이미지 제고를 통한 매출을 증대시키도록 해주고 있다.

- **가치 창안 이노베이션: 테크놀로지와 라이프스타일 데이터의 융합** … 어떤 경우는 기존의 두 다른 산업의 목표가치를 각자가 소유하는 데이터로 통합함으로써, 어떤 경우는 이미 파트너사로서 공유하고 있는 데이터를 활용함으로써 추가적 통찰력을 만들어낸다.

전자로는 일본의 도쿄해상보험(Tokyo Marine Holdings)이 있는데, 전통적인 캘린더식 보험계약기간 대신 개인 라이프스타일에 적용되는 단기 계약을 생각해 냈다. Docomo 텔레콤사의 LBT(Listen-Before-Talk) 기능과 보험 상품을 융합하여 골프장, 스키장 등 여행지에서 'One-time-Insurance' 모바일 앱으로 라이프스타일에 필요한 맞춤형 보험 선택을 할 수 있게 했다.

후자로는 1996년에 설립된 Entravision Communication이 있는데, 미국 라틴계 라디오와 TV의 지역방송사 100개를 운영하고 있다. 이 엔터프라이즈는 자체 가지고 있는 내부 고객 데이터와 프로그램 파트너사가 가지고 있는 외부 데이터를 결합하여, 즉 인터넷 방송 가입신청서 및 파트너사가 가지고 있는 프로그램 선택계약서 정보를 빅데이터로 분석하여 마케팅에 활용하는 애널리틱스 분석 능력을 보유하게 되었다. 이후 이런 능력과 경험을 대외 비즈니스화하는 Luminar사를 설립하고 Lestle, General Mills, Target 등의 대형회사들을 고객으로 삼을 수 있었다.

결국 단순한 보험사와 방송사로 출발한 엔터프라이즈들이 새로운 비즈니스 가치를 남보다 먼저 인지하고 필요한 내부/외부 빅데이터 통합과 애널리틱스 분석을 통해 때로는 새로운 상품을 출시하고 때로는 인포메이션 테크놀로지사로 확장되는 가치를 창안하는 다양한 모습을 보여준다.

2.4.3 빅데이터-애널리틱스 트렌드

포브스(Forbes)지에 의하면 빅데이터 트렌드는 현재 2,000억 개에 달하는 모든 기기에 장착될 **사물인터넷 파워**의 영향으로 계속 확장할 것이라고 본다.

엄청난 양의 데이터가 축적될 것이며, 따라서 그들을 어떻게 수집하여 어떻게 분석할 것인가가 중요한 이슈가 되지 않을 수 없다. 어느 산업 분야에 있든지 빅데이터 분석을 통해 설득력 있는 의사결정을 시도할 것이며 그 중요성을 무시하는 엔터프라이즈는 도태될 수밖에 없을 것이다.

이와 더불어 **클라우드 컴퓨팅**(cloud computing)은 또 다른 주요 기술표준이 될 것이며 그 이유는 정보 집약 프로세스를 싸게 디지털화함으로써 비용의 90%까지 절감할 수 있기 때문이다.[17] 점차 인포메이션과 애플리케이션이 일부는 클라우드에 또 일부는 사내에 존재하는 하이브리드형의 세상이 될 것이며 클라우드의 유연한 파워를 활용할 줄 안다는 것은 데이터 보안부터 콜래보레이션에 이르기까지 모바일 민첩성을 향상시키는 것을 의미한다.

빅데이터 테크놀로지와 데이터 속성 도메인[18]

독일 빅데이터 솔루션 업체 SAP가 개발한 앱은 경기와 관련된 각종 뉴스와 정보 그리고 선수별 정보와 통계를 제공한다. 관객들은 경기별로 티켓을 구매할 수 있고 실시간 여론조사 결과도 확인 가능하다. 무엇보다 방금 지나간 공의 움직임을 컴퓨터 그래픽으로 표시해서 속도와 방향을 추적할 수 있다. '버추얼 리플레이(virtual replay)' 기능 덕분이며 공을 받아친 위치도 실시간으로 일일이 표시해 준다. TV 중계에서는 필드의 상황이 전광판이나 화면에 전달될 때까

17. http://www.inc.com/aaron-skonnard/the-top-6-tech-skills-you-need-in-2015.html #ixzz3RGl3s0dW
18. 동아사이언스, 2015. 3. 6. http://www.dongascience.com/sctech/view/726

지 시간차가 있지만 여기서는 잠깐의 지연도 없이 각종 정보가 관중석의 스마트폰으로 전달된다.

이를 가능하게 해주는 빅데이터의 확장이란 [표 4]처럼 데이터 도메인이 전통적인 DB부터 최근의 소셜 데이터에 이르기까지, 즉 레거시, DW, ERP, 소셜 데이터의 통합으로 양적-질적 도메인이 4V 특성과 소셜 분석으로 확장됨으로써 실현 가능해진다.[19]

표 4. 디지털 Biz와 빅데이터의 4가지 데이터 속성 도메인

분석수준 / 데이터 속성	조직 수준 (계획성) **조직의 안정성**	개인 및 사회적 수준 (비계획적) **환경의 역동성**
비구조적 **암묵성** (Qualitative)	ERP 가치혁신 유용성, 편리성, 대표성, 혁신성	DB, 소셜 데이터 사회적 영향 집단성, 개별성, 가치공유, 편향성
구조적 **형식성** (Quantative)	DB 형식적 무결성 무결성, 정확성	데이터웨어하우스 형식적 온전성 완전성, 접근성

4V 빅데이터의 조건[20]

빅데이터 분석 기술이 효과를 발휘할 수 있는 빅데이터 핵심 속성에 대한 조건으로서 다음의 4가지 V를 설명한다. 다시 말하자면 이들이 갖추어질 때 빅데이터로서의 정체성이 형성됨을 의미한다.

19. 우현종, 빅데이터의 정체성 규명과 의사결정 만족도에 관한 연구와 함의, 경영정보학 박사학위 논문, 2014.
20. 동아사이언스, 2015. 3. 6. http://www.dongascience.com/sctech/view/726

첫째는 규모(volume)이다. 현재 빅데이터 분야에서 사용되는 데이터의 양은 평균 1테라바이트에서 1페타바이트 사이이다. 그러나 앞으로 시간이 흐를수록 처리해야 하는 데이터도 비계획적/비구조적 도메인 그리고 사물인터넷/산업인터넷의 영향으로 그만큼 빠르게 성장할 것으로 예측된다.

둘째는 다양성(variety)이다. 빅데이터 분석에 사용되는 데이터의 종류가 그만큼 많다는 의미이다. 글자로 이루어진 텍스트 데이터뿐만 아니라 소리, 음악 등의 사운드 데이터 그리고 그래픽, 사진, 동영상 등의 영상 데이터가 추가된다. 각종 센서에서 수집된 위치와 움직임도 빼놓을 수 없다. 데이터의 형태는 이제 단순한 계산법으로는 다룰 수 없을 정도로 다각화되고 있다.

셋째는 속도(velocity)이다. 빠르게 분석할 수 없다면 빅데이터라는 이름도 소용이 없다. 결과값이 산출되지 않아 마냥 기다려야 한다면 그만큼 결정이 늦어지고 대처능력도 떨어지게 된다. 기존의 데이터를 분석하는 동안에도 새로운 데이터가 끝없이 밀려드는 세상이다. 트위터를 통해 하루에 오가는 단문의 수만 해도 5억 건에 달한다. 다량의 데이터를 신속하게 분석하는 것은 빅데이터 기술의 필수조건이다.

넷째는 정결성(veracity)이다. 분석 결과가 정확하지 않다면 아무리 노력해봐야 별 의미가 없다. 어느 상황에서든 불확실성을 완전히 제거하는 것은 어렵지만 데이터를 만들어낸 휴먼과 머신의 상황을 정확히 반영할수록 신뢰도가 높아지고 기술이 유용해지는 것은 당연하다. 앞의 3가지 조건은 지속적으로 충족되고 있지만 정결성만큼은 획기적으로 높이기가 힘들어 데이터 내용(contents)보다 원천(source)에 대한 타당성(validity)과 신뢰성(reliability)을 판단함이 대안이 된다.

소셜 효과분석(Measuring the benefits of social analysis)[21]

디지털 트랜스포메이션의 역할은 고객이나 클라이언트를 직접 접하는 프로세스에서 거래처리와 운영이 잘 이루어지게 하는 것이며, 엔게이지먼트 또는 결속 또한 잘 이루어지게 해야 한다. 이들은 엔터프라이즈에 대한 좋은 경험과 첫인상을 만들어내며 이때 소셜 테크놀로지 툴이 미치는 영향은 막대하다. 하지만 서비스를 통한 비계량적, 무형의 엔터프라이즈 혜택을 측정하는 것은 쉬운 일이 아니다. 맥킨지는 Forrester Research사가[22] 사용하는 팬(fan)을 발견하고, 이를 3단계(증폭-강화-팬(megaphone[amplify]-magnet[empower]-monitor[fan]))로 증폭하여 스타벅스(Starbucks)의 소셜 미디어 활용 사례[23]에서 측정과 분석 및 전략적 연계 방안을 제시하고 있다. 이러한 방안은 1회성 비즈니스가 아닌 반복과 지속되는 비즈니스로 증폭하고자 하는 시도이다.

---

21. McKinsey (survey), "Transforming the business through social tools," January 2015. http://www.mckinsey.com/Insights/High_Tech_Telecoms_Internet/Transforming_the_business_through_social_tools?cid=other-eml-altmip-mck-oth-1501
22. Josh, B., Ted, S., "Empowered," *Harvard Business Review*, Jul/Aug 2010, Vol. 88 Issue 7/8, pp.94-101.
23. Gallagher, J. and Ramsbothan, S,. "Social Media and Customer Dialog Management at Starbucks," *MIS Quarterly Executive*, December 2010, pp.197-211.

표 5. 스타벅스의 소셜 미디어 활용

	증폭 방안(amplification)	강화 방안(empowerment)	팬 확보 방안(fan making)
페이스북	• 뉴스피드로 판촉, 마케팅 • 토론 및 포럼	• 피드백	• 고객이 올리는 포스팅과 팬 활동을 상시 추적하고 모니터링 • 전담 팀이 팬과 소통
트위터	• 매장 내 판촉 알림 • 영양과 사회적 책임에 대한 홍보	• 칭찬과 고충 처리의 통로 • 회사 서포트 요청의 통로	• 고객이 올리는 포스팅과 팔로워 활동을 추적하고 모니터링 • 전담 팀이 팬과 소통
유튜브	• 사회적 활동을 통한 노력을 다큐로 만들어 홍보 • 광고 영상과 판촉 영상을 원하면 볼 수 있도록 함	• 고객이 만들어 올리는 영상을 확보하고 퍼트림	• 뷰 통계치를 표시 • 댓글 모니터링
포스퀘어	• 가까운 매장 알림 • 가까운 매장에 입장 시 판촉 알림 • 고객-고객 대화 유도	• 매장 방문과 상품 구매 시 선물	• 매장 입장 패턴을 모니터링해 추적하고 가까운 매장에 링크해 줌 • 충성 고객, 보통 고객 분류
마이스타벅스 아이디어	• 고객 참여 혁신 아이디어 유도 • 고객이 창안하는 혁신을 공유 • 신제품 출시를 예상하도록 만들어냄	• 고객이 아이디어를 내는 통로 • 아이디어에 대한 고객의 투표를 실시 • 고객 간 대화의 장소 마련	• 고객창안 활동과 유명세를 모니터링해 추적 • 고객 간 대화를 모니터링해 적극적으로 활성화

2.4.4 디지털 Biz의 성공 이슈와 데이터 과학자의 역할 트렌드

디지털 엔터프라이즈는 애널리틱스 툴의 채택과 활용을 통하여 일하는 방식, 즉 워크 플로우를 스마트 모바일 환경으로 트랜스포메이션하고 또한 고객의 첫 경험과 첫 인상을 위한 엔게이지먼트 환경을 트랜스포메이션하고 필요한 R&D적 마인드 셋과 문화를 구축하고 있다 이때 경영층은 빅데이터 환경에서 전통적 프레임 하의 통계분석을 탈피하여 새로운 프레임 하의 다양한 분석을 통하여 얻는 비즈니스 통찰력을 유용하게 심층적 의사결정에 활용할 수 있어야 차별화와 경쟁력이 가능해진다. 경영층은 증폭되는 데이터로부터 빅 임팩트를 얻기 위하여는 다음과 같은 주요 이슈가 관리되어야 한다.

1. 새롭게 부상하는 **데이터 과학자**의 진정한 역할 수행
2. **애널리틱스**를 위한 탤런트 분석
3. 이노베이션과 트랜스포메이션을 위한 **의사결정 이슈 선정**
4. **이노베이션**과 **트랜스포메이션** DNA 구축

디지털 엔터프라이즈의 최고경영자는 데이터와 정보의 홍수 속에서 인사이트를 창출하여 가치경영을 추구한다. 다양한 소스로부터 올라오는 빅데이터를 이해하고 변화하는 생태계에 대응하기 위해서 많은 리포팅과 탐색이 필요하며 오늘날 그 핵심에 떠오르는 인적 및 지적 자산이 이름하여 데이터 과학자(data scientist) 또는 데이터 과학팀(data science team)이다. 그들은 과거의 데이터

분석가와 무엇이 다르고 어떻게 관리되어야 할까? 단순히 채용한다는 것은 충분치 않으며 최고경영자는 그들의 역할과 필요 능력이 과거와 무엇이 다른지를 이해하고 값 비싼 실수를 반복하지 않도록 방안을 수립하여야 한다.

데이터 과학자 vs. 데이터 분석가

실제로 디지털 시대의 빅데이터 애널리틱스를 담당하는 데이터 과학자(data scientist)와 데이터 분석가(data analyst)는 다음 [표 6]과 같은 큰 차이점을 나타내고 있다.[24] 이 표가 강조하고자 하는 것은 그들은 역할과 필요한 탤런트가 크

표 6. 데이터 분석가와 데이터 과학자

	데이터 분석가	데이터 과학자
데이터 유형	구조적 반구조적, 대부분 양적 자료	비구조적이고 양적 질적 데이터(이미지, 소리, 텍스트 등)를 포함한 모든 유형
선호 도구	데이터 저장소에 포함된 통계나 모델링 도구	R과 Python 같은 수학용 프로그래밍 언어, 기계학습, 자연어 처리와 하둡(Hadoop) 같은 멀티서버에 기반한 데이터 접근과 조작하는 오픈소스 도구
업무 성격	보고, 예측, 처방, 최적화	탐색, 발견, 조사, 시각화
배경 지식	계량경영, 통계학, 응용수학, 예측분석	컴퓨터 사이언스, 데이터과학, 의식변화연구(symbolic systems), 인지과학
마인드 셋	사업가: 69% 새로운 아이디어 탐색자: 58% 전형적 프로젝트 외부에서 통찰: 54%	사업가: 96% 새로운 아이디어 탐색자: 85% 전형적 프로젝트 외부에서 통찰: 89%

24. Harris, J., Mehrotra, V., "Getting Value From Your Data Scientists," *MIT Sloan Management Review*, Sep. 16, 2014.

게 다르다는 것이며, 분석은 분석을 위한 것이 아니며 전략적 행동을 위한 것이라는 점이다.

종합하면, 데이터 과학 전문가는 틀에 박힌 사고와 마인드 셋에서 벗어나기 위하여 존재한다. 그들은 OR(operation research)/MS(management science)나 통계적 공식이 아닌 새로운 인지적, 사회적, 문화적 융합된 탐구정신을 통하여 탐색, 발견, 조사, 설득력을 제시하기 위하여 존재함을 결코 잊지 말아야 한다.

2.4.5 데이터 과학자 엠파워먼트를 통한 최고경영자의 가치경영

엔터프라이즈 내에서 기회와 위기를 미리 발견하여 대처한다는 것은 알다시피 말처럼 쉬운 일은 아니다. 더 넓은 시야, 다양한 시각이 요구되며 혼자서 할 수 있는 일도 아니다. 정보론이나 정보시스템의 발전 역사가 보여주다시피 비즈니스와 테크놀로지의 융합은 청구서 자동화나 주기적 리포팅 자동화 구축 후 계속 추구되어 왔으나 적지 않은 실패를 경험(예: 지식경영, BPR)했다. 분석은 종합되어야 하며, 인포메이션은 영향력과 설득력이 부가되어야 하며, 그 의사결정은 잘 이루어져야 할 가치가 있어야 한다. 데이터 애널리틱스 도입 목표와 도메인 설정, 데이터 과학자와 관련 대상 경영관리자의 상호 언어소통 그리고 콜래보레이션을 통하여 데이터 통찰력을 확보하지 않으면 과거의 실패를 되풀이함으로써 데이터 과학자 인건비 증가, 툴 비용 증가 그리고 분석의 성과미달을 여전히 경험할 것이다.

1. **데이터 애널리틱스 책임 중심점**(예, CDAO: chief data and analytics officer)을 설정하고 맡긴다.

   책임 중심점인 리더의 미래경영을 향한 탐색 태도와 열린 자세 그리고 문제와 기회에 대한 우선순위 설정은 엔터프라이즈 내부 데이터 과학자와 가치네트워크 외부 플레이어들에 대한 파트너링에 중대한 영향을 미친다. 왜냐하면 이에 대한 인식이 통찰력 탐색 발굴의 범위를 플래닝에서 이머징으로 그리고 인사이드에서 아웃사이드로 비로소 확장 가능하게 할 수 있기 때문이다.

2. **데이터 과학자로서 지식과 스킬**을 갖춘 인력을 선정함으로써 핵심 문제를 다양한 스킬과 툴로 탐색하여 설득력 있게 가시화한다.

   데이터 과학자에게 주어지는 문제의 속성은 대부분 복잡하고 전에 경험하지 못한 것들이기 때문에 해결의 성공은 데이터 크기가 관건이라기보다 역량 있는 인적 자원의 확보와 도전과 자율성에 달려 있다고 볼 수 있다.

3. **데이터 과학자와 경영의사결정자**는 같은 언어로 의사소통할 줄 알아야 한다.

   이들은 각각 테크놀로지 관련 전문용어나 경영 관련 전문용어를 사용하여 소통이 되지 못하는 경우가 종종 있다(예: IT, 재무회계). 엔터프라이즈는 각 테크놀로지, 경영 그리고 커뮤니케이션에 대한 전문 교육과 훈련을 통해 소통할 수 있도록 해야 한다. 쉽게 예를 들면, 데이터 과학자는 분석가보다 통계학을 더 잘할 줄 알아야 하며, 프로그래머보다 통계학을 더 잘 다룰 줄 알 정도가 되어야 한다.

4. **데이터 과학자의 위치**는 물리적 조직이든 가상의 조직이든 경영의사결정자 가까이에 설정해야 한다.

   상호 접점을 넓힘으로써 빠른 의사소통을 갖는다. 비즈니스 관계 모형에서 보는 바와 같이 관계란 플레이어 간의 지식정보 공유 및 파트너십 구축이 매우 중요하다. 하지만 여기에는 플랫폼 기반 위 공식적 기술적 링크와 더불어 비공식적 소셜 링크가 전제조건이 된다. 전자는 네트워크 멤버 플레이어 간, 즉 가치네트워크 내 조직구조나 팀 구성을 의미하지만, 후자는 멤버 플레이어 간 신뢰 구축(예: 진정성(authenticity), 책무성(accountability))을 의미함으로써 실질적인 의사소통의 성공을 결정한다.

5. **데이터 과학자로 하여금 현장과 세상에** 나가서 보고 체험해 보도록 해야 한다.

   엔터프라이즈 내 거래 관련 구조적/반구조적 데이터뿐만 아니라 멀티미디어를 통한 비구조적 데이터 분석이 내부 및 외부 채널을 통하여 분석 과정에 전달된다. 그 과정에서 빅데이터의 4V 특성은 앞에서 설명한 바와 같이, 데이터의 양적 특성(volume, variety, velocity) 이외에 질적 특성인 정결성(veracity)은 분석 결과의 신뢰성을 좌우하므로 현장에서의 비즈니스 프로세스를 직접 이해함으로써 데이터 소스 및 데이터의 타당성 신뢰도 정도를 판단할 수 있게 된다.

6. **데이터 과학자**는 전문성을 가진 인력이며 목표에 따라 적절히 **콜래보레이트**할 줄 알아야 한다.

누구도 모든 것을 다 잘할 수는 없다. 복잡한 문제는 복잡한 현상에 대한 어려운 판단력을 요구하여 이에 대처하기 위하여 인접분야인 데이터 통계학, 인지학, 컴퓨터공학, 심볼 시스템학, 머신 러닝 등 다양한 전문지식과 경험으로부터 새로운 시각과 해석의 분석과 종합을 요구한다.

7. **데이터 과학자에게 적절한 환경과 투명하고 적절한 보상**을 실시한다.

엔터프라이즈는 데이터 과학자에게 세심하고 부족함 없는 근무 환경을 만들어 주어야 한다. 그들은 값 비싼 지적 자산을 소유하는 전문가 집단이며, 그렇다고 경제적 보상에만 집착하는 것은 아니다. 엔터프라이즈는 그들이 슈퍼맨이 아님을 인정해야 하는 한편 이상적인 기술적 사회적 콜래보레이션 환경을 제공해 줌으로써 빅데이터에서 핵심 통찰력을 발굴하여 비즈니스 가치창출에 기여하도록 해야 한다.

2.4.6 교란적 이노베이션 모델링 방법론[25]: 엔터프라이즈 내의 기존 믿음과 신념을 뒤집어야 함

교란적 혁신의 시대는 기존 비즈니스 모델을 위협하고 있다. 다음은 기존 기업들이 비즈니스 모델을 재구성할 수 있는 방법이다. 교란적 혁신의 사례는 매우 많지만 어떻게 그들만의 교란적 역량을 달성했는지 잘 알려져 있지 않다. 어떻게 그들이 진입장벽을 걷어내고 보이지 않았던 가능성을 달성할 수 있었을

---

25. Jong, M. D., Dijk, M. V., "Disrupting beliefs: A new approach to business-model innovation," *Mckinsey Insights & Communications*, July 2015.

까, 간단히 말해, **교란적 혁신 모델링**은 어떤 과정을 통해 만드는가에 대한 주요 다섯 단계이다.

1. 동종 산업에서 **가장 지배적인 비즈니스 모델의 윤곽**을 그려보라. 동종산업에서 오랫동안 지속되어 온 가장 핵심적인 가치창출 방법은 무엇인가?
2. 가장 중요하고 오랫동안 간직해 온 **믿음이나 가정들을 개념적으로 낱낱이 해부**하라. 고객의 요구와 상호작용, 기술, 규제, 비즈니스 경제, 그리고 운영방식들에 대한 개념들이 어떻게 핵심적인 믿음과 가정을 보강하는가?
3. 근본적인 믿음과 가정들을 **완전히 뒤집어서 생각**하라. 적어도 현재 엔터프라이즈가 속한 산업에서 어느 누구도 생각할 수 없는 급진적이고 새로운 가설을 설정하라.
4. 재구성된 믿음이나 가정의 **비즈니스 타당성을 시험**하라. 이미 다른 업종 내에서 검증된 재설계 모델을 응용하면 비즈니스의 타당성을 개선할 수 있다. 제품과 서비스의 혁신과 달리 비즈니스 모델 혁신은 산업 간에 전이된다.
5. 재구성된 믿음과 가정을 엔터프라이즈의 **새로운 비즈니스 모델에 적용**하라. 일단 엔터프라이즈 구성원이 갖는 믿음과 가정이 재구성 단계에 이르면, 가치창출을 위한 이노베이션과 트랜스포메이션 메커니즘이 작동할 것이다. 물론 엔터프라이즈는 현존하는 비즈니스 모델에서 새로운 비즈니스 모델로의 전환이 필요하며, 이때 심혈을 기울여야 하고 정교한

타이밍도 필요하다.

교란적 비즈니스 모델 재구성 요소

경영자들은 고객 관계, 핵심 활동, 전략적 자원, 그리고 경제적 모델의 비용 구조와 수입흐름 등을 구성하는 비즈니스 모델의 핵심 요소들 각각을 체계적으로 점검할 수 있다. 각각의 요소들로도 비즈니스 모델의 다양한 혁신이 가능하다. 이와 같은 비즈니스 모델 혁신은 공통된 분모를 가지고 있는데, 바로 비즈니스의 디지털화이다.

1. **고객관계의 혁신: 고객충성도 중심에서 엠파워먼트 중심으로** … 고객충성도가 재구매와 장기구매를 이끌어내니 고객을 충성도로 가두려 함은 전통적으로 맞지만, 디지털로 무장된 고객은 제품 교체비용이 들지도 않고 엔터프라이즈는 그들을 가두어 놓을 방법도 없으니, 엔터프라이즈는 그들이 자유롭게 활동할 공간을 제공하고, 디지털 고객은 스스로 즐겁게 할 수 있는 방안을 찾는다.
2. **경영활동의 혁신: 효율적 활동으로부터 인텔리전트 활동으로** … 효율성 증가가 더 많은 이익을 가져다 줌은 전통적으로 맞지만, 급변하는 시대에 고객의 선호하는 사양이나 디지털 환경 변화는 갑자기 기존 제품이나 서비스를 쓸모 없게 만들어 다이어팅 전략을 쓸 틈도 주지 않는다.
3. **자원확보의 혁신: 오너십으로부터 파트너십으로** … 자원이 있어야 생산이 가능함은 전통적으로 맞지만, 자주 사용하지 않을 일시적인 자원이라

면 아웃소싱이나 아웃태스킹, 나아가 파트너십 관계를 구축한다.

4. **비용의 혁신: 저비용에서 비용제로로** … 고객이 많아지면 상품을 더 준비해야 함은 전통적으로 맞지만, 디지털 상품은 추가 생산비용(한계생산비)이 들지 않아 고객이 많을수록 제로에 근접한다. 특히 계획된 투자비용이 회수되는 시점부터는, 예를 들면 비싼 통신 요금제를 무제한 음성과 문자 요금제로 바꾸어 경쟁력을 강화하고 만족도를 높이고 할 수 있는 것도 이러한 예이다.

다음 장에서는 먼저, 이미지 사고(image thinking)에서부터 생태 플랫폼 이론을 거쳐 디지털 비즈니스의 E 2.0에 이르기까지 강조된 주요 개념, 도메인 그리고 속성을 하나의 틀로 정리한 후 이들을 열거하며 각각 간단히 설명해 이해와 활용을 넓혀 나가는 데 도움이 되고자 한다.

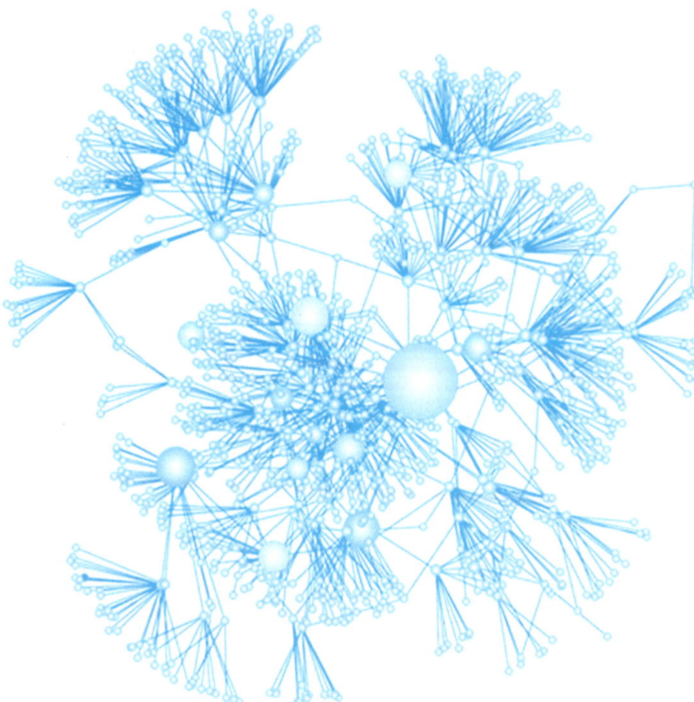

디지털 비즈니스의 용어 에센셜 : 개념, 정의, 도메인, 속성 (Essential Terms of Digital Business : Concepts, definitions, domains and characteristics)

3

여기에 포함된 핵심용어들은 앞의 이미지 사고와 개요에서 강조되었던 내용과 관련 개념을 중심으로 작성되었다. 다음 분류 표에 없더라도 본서의 전체 목차에 나와 있듯이 긴밀히 관련된다고 생각되는 개념, 실천 단계, 도메인 분류, 행동 지침을 고려하여 추가 용어들을 내용 설명에 포함하여 수록했다. 분류 표의 주요 대비용어는 특히, 개념이 유사하나 구분을 요하는 용어들이다. 정확한 이해와 조심스러운 활용이 요구되는 용어들을 묶은 것이니 교차하여 참조하기 바란다.

A. 이미지 사고	B. 멘탈 모델/ Biz 모델	C. 디지털 Biz	D. 플러그-플레이 플랫폼	E. 디지털 엔터프라이즈	F. 엔터프라이즈 2.0
실체 이미지 메시지 복잡계 **이미지 연계** 인식론 자유로움 유연성 창의성 민주화 **지식정보 연계** 정보의 역할 지식의 한계	**비즈니스 생태시스템의 가치네트워크** 사회-기술적 디자인 플레이어 **소싱** 인소싱 아웃소싱 아웃 태스킹 **가치사슬** 프로세스 늪 프로세스 분류 틀 **채택-확산 효과 도메인** 네트워크 효과 결정적 다수 효과 롱테일 효과 **연결망 속성** 연결 매력 유속 **Biz 라이프사이클 도메인** 시스템개발 라이프사이클 고객 라이프사이클 제품 라이프사이클 파트너 라이프사이클	**Biz 혁명** 산업혁명 소셜혁명 디지털 가상혁명 **비즈니스 Pull** 탐색(exploration, rich)과 탐구(exploitation, reach) **머신-휴먼** 비즈니스 룰 예외 룰 **트랜스포메이션 도메인** 로컬자동화/ 표준화 프로세스 디자인 Biz 시프트 **디지털 링크** 테크니컬 링크 소셜 링크	**플랫폼사고** 테크니컬 플랫폼 Biz 플랫폼 **플랫폼 파워 도메인** 콜래보레이션 파워 애플리케이션 파워 데이터 파워 **IT 인프라 자원** HW SW DB NW 휴먼 **테크놀로지 PUSH** 빅데이터 애널리틱스 클라우드 **데이터 도메인** 레거시 DB ERP DB/DW 소셜 데이터	**가치창출** 이노베이션 트랜스포메이션 지속가능경영 **IT 경영 시스템 도메인** TPS IRS DSS ADS CSS **Biz 관계성숙단계**(4RMM) 단순계약 인프라 형성 지식 공유 파트너십 **소셜 웹 2.0 속성** 개방 참여 공유 **인포메이션-소셜테크놀로지 전략적 역할** 엠파워먼트 엔게이지먼트	**플랫폼 기반 디지털 Biz 속성** 생태적 이머징 플랫폼의 플러그-플레이 상호소통 롱테일 P2P(peer to peer) **전략적 경영 2.0** 증폭 강화 팬 **애널리틱스 도메인** Biz 인텔리전스 Biz 애널리틱스 **새로운 디지털 황금의 시대 엔터프라이즈 2.0의 5S 모습** 과학적 실질적 스토리텔링 신속적 단순적

H. 유사 대비어

가치사슬–가치네트워크
구조적–비구조적
데이터, 정보, 지식
리더십–스폰서십
어의적–어법적
데이터 분석가–데이터 과학자
소셜 링크–테크니컬 링크
수용–채택
암묵적–명시적
오너십–파트너십
이미지–메시지
인사이드아웃–아웃사이드인
인소싱–아웃소싱–아웃테스킹
인식론–실재론
책무–책임
파이프라인–플러그–플레이
프로세스 재설계–전사적 품질경영
하향식–상향식
혁신–변신

APP–API

G. 주요 용어

가치경로
과학적 혁명
다양성의 가치
디지털 비즈니스
멘탈 모델
모델/모형
민첩성
비즈니스 모델
비즈니스 모델 혁신 접근법
사물인터넷
소통의 기본원칙
스마트 모바일
엔터프라이즈 2.0
영향자
이노베이션, 전파와 확산
인스티튜션화
재설계–골든 룰 9
적응
준거의 틀
지식경영
지식시스템 구성요소와 성장단계 (3P6C)
참여자
채택 후 수용
콘테이너
콘텐츠
파트너 라이프사이클
파트너십
프로세스
프로세스 분류체계
프로토타입/프로토타이핑
프로페셔널리즘
플랫폼
플러그–플레이
혁신 개발모형과 혁신 의사결정 모형

NIH
4V

K. 관련 이론

가치네트워크론
경영과학론
계량연구론
공급사슬관리론
비즈니스 테크놀로지 융합론
사무자동화론
시스템 이론
아웃소싱론
의사결정론
자료처리론
전자상거래론
정보론
프로세스 재설계론

I. 기술 이슈

가상현실
오큘러스
웨어러블
임베디드 기기
증강현실
클라우드 시스템
클라우드 컴퓨팅
3D 프린터

J. 주요 인물

데밍과 쥬란 (Deming W. E. & Juran J. M.)
로버트 즈머드(Robert W. Zmud)
앤드류 맥아피 (Andrew McAffee P.)
어니드 멈퍼드(Enid Mumford)
에버렛 로저스(Everett Rogers)
상지트 폴(Sangeet Paul C.)
토마스 쿤(Thomas S. Kuhn)
피터 드러커(Peter Drucker. F)
피터 킨(Peter G. W. Keen)
하워드 올드리치(Howard Aldrich)

가치경로(Value Path) (G)

기업들이 산업 간 혹은 조직 간의 파트너링으로 공동체 가치를 공유하고 통합하는 것은 일련의 가치네트워크를 형성하는 활동이다. 이를 위해 먼저, 가치 플래닝으로 타겟이 되는 가치를 설정하고, 엔진 설계로 플레이어를 선정하고, 플랫폼 구축으로 커뮤니케이션 기반을 만든다. 생태적인 플랫폼 참여자들의 책임감 있는 운영으로 가치가 완성되는 경로를 가치경로(value path)라 할 수 있다.

이와 같이 엔터프라이즈는 비즈니스 복잡성에 대응하기 위해 가치네트워크상에서 협력과 학습을 목적으로 다양한 파트너링(예: 아웃소싱, 얼라이언스)을 수행한다. 아마존의 경우, 획기적인 온라인의 디지털 공급사슬을 실시하고, e-reading을 위한 저렴한 장비인 Kindle을 확산하여 다량의 콘텐츠 판매로 매출을 올리고, 나아가 웹 클라우딩 서비스를 실현했다. 이러한 비즈니스 능력은 기업의 대외연계성을 넓혀주며, 환경과의 인터액션 네트워크를 통해 그 관계를 강화하고, 프로세스를 혁신하고, 지식을 창출 · 공유할 수 있도록 해준다.

가치네트워크(Value Network, Value Net) (B)

하버드, MIT, 스탠포드 대학의 교수였으며 미국 최고의 컨설턴트로 꼽히는 피터 킨(P. Keen)의 모델(*e-Process Edge*, 2000)로부터 유명해진 개념으로 다수의 팀 플레이어들이 파트너십으로 관계망을 구축하여 비즈니스 가치를 지속적으로 만들어내고자 하는 네트워크형 시스템 관계구축 개념과 방법론(Nobody can do everything well)이다.

가치네트워크(value network)는 기업 내부 및 기업 간의 사회적 · 기술적 자원을 기술하는 비즈니스 분석 관점이기도 하다. 가치네트워크 내의 노드는 사람이나 기업 그리고 특정의 역할들을 의미하며, 노드들은 유무형 가치의 상호교환에 의해 연결된다. 이러한 가치 교환물이 지식의 형태를 가질 수도 있고, 다른 무형의 가치 혹은 재무적 가치가 될 수도 있다.

특히 가치네트워크들은 기업 간의 상호 의존성을 나타냄으로써 제품이나 서비스의 전체적인 가치를 설명해 주고, 이를 통해 기업들은 내부 및 외부의 네트워크를 모두 가지고 있음을 알 수 있게 된다.

산업마다 또는 엔터프라이즈마다의 독특한 가치창출 모형이 인터넷이라는 네트워크 연계를 통해 하나의 사슬처럼 관계를 형성하는데, 초기에는 주로 기업 내의 가치사슬(value chain)을 최적화하기 위해 노력했다. 하지만 e-비즈니스 시대에는 각 기업 간에 연결되는 가치망(value network)을 통하여 자원을 주고받는(소싱 또는 협력) 방법으로 비즈니스를 최적화하기 위해 노력하고 있다. 오늘날 폐쇄된 개념의 가치사슬을 넘어 생태계에서 어떤 자원을 어떤 업무 프로세스를 통해 누구에게, 즉 어떤 플레이어에게 협력하여 콜라보(협업)할지를 결정하는 것은 성과를 달성하기 위한 핵심이다.

가치사슬(Value Chain) (B)

경영활동을 세부적으로 분류한 것으로 서로 연동되어 부가가치를 만들어내는 기업활동을 구조적으로 간단히 이해하고, 전략적으로 분석하기 위한 사고의 틀이다.

먼저, 획득된 자원을 활용하는 주활동, 그리고 필요자원을 획득하는 보조활동으로 그리고 다시 세부 기능별로 분류하고 분석하는데, 산업별 또는 기업별로 그 특성 표현이 가능하며 초기에는 순차적 프로세스를 의미했다.

프로세스를 스냅샷으로 이해할 수 있도록 모델링하여 널리 알려졌으나 기업 내부에 집착하여 비즈니스 생태계에서 기업 간 프로세스의 핵심을 보지 못하는 단점이 있다.

1985년 하버드대 마이클 포터(Michael Porter)의 책 *Competitive Advantage: Creating and Sustaining Superior Performance*에 기술되어 인기를 얻었다.

이 같은 가치사슬 활동이 전략적으로 어떻게 비용을 결정하고 이익에 영향을 미치는가에 대해 마이클 포터는 *Competitive Strategy Revisited: A View from the 1990s*에서 다음과 같이 밝힌다.

포터에 따르면, 경쟁전략은 특정 비즈니스 영역의 경쟁에서 기업이 수행하는 차별화된 활동으로 나타난다. 주문처리, 프로세스 디자인, 수선과 판매촉진 등의 활동들(activities)은 마케팅이나 생산과 같은 기능(functions)보다는 작은 단위이다. 전략은 경쟁사와 차별되고 내부적으로 일관된 활동의 구성에서 나타나며, 활동들은 경쟁우위의 궁극적인 원천이다. 비용우위는 비즈니스상에서 뚜렷한 활동들을 더욱 효율적으로 지속함에 따라 나타나며, 차별화는 구매자에게 더 나은 가치를 창출하기 위한 고유한 방법으로 그 기업만의 차별화된 활동을 수행하는 능력에서 기인한다.

이 같은 전략적 기업활동을 기능으로 나누어 보면, 그림에서 보는 바와 같이 기업의

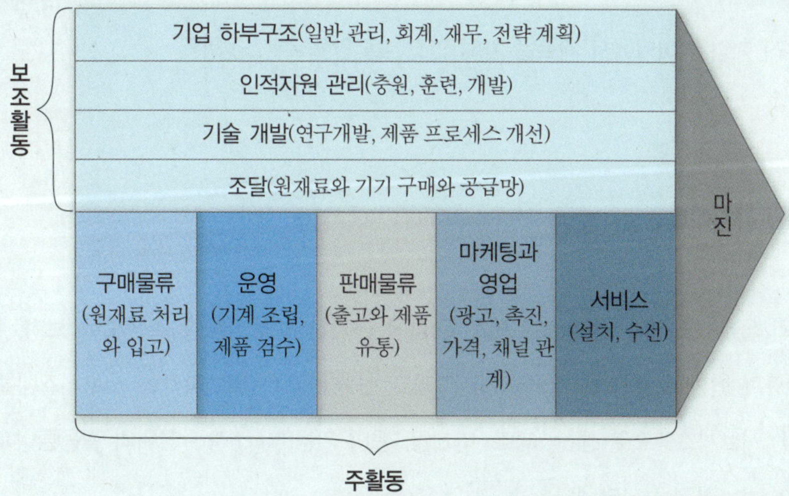

그림 9. 마이클 포터의 가치사슬

본원적인 활동(primary activities)과 보조활동(support acitivities)으로 좌에서 우로 가치를 부가하는 흐름으로 표현했다.

마이클 포터는 기업의 관점으로부터 고객을 바라보았다. 말하자면 가치사슬의 왼쪽에서 오른쪽으로 기업에서 고객으로 화살표(가치창출)를 나타냈다. 프로세스 혁신 관점으로는 그 방향을 반대로, 즉 고객의 요구로부터 기업으로 되돌아오는 화살표를 나타낼 수도 있겠다.

그리고 포터는 비즈니스 전략에서 분석의 기본 단위를 산업으로 정하고, 가치사슬로부터 유도한 중심모델을 산업 경쟁의 5가지 세력이라고 불렀다. 당시 다른 산업으로 침투하기 위해 기존 가치사슬(central model)을 사용하는 것이 프로세스 혁신에 있어서 가장 빠른 성장 트렌드 중 하나였고, 지대한 영향력을 가진 전략의 하나가 되었다. 점차 마이클 포터의 모델이 많은 영향력과 유용성을 갖게 되었지만, 화살표를 반대로 하거나 혹은 반대 방향일 때, 다음과 같은 질문이 더해짐에 따라 더욱 유용해질 수 있었다.

"우리 기업이 가치사슬의 접점에 위치한 고객으로부터 고려하거나 유의해야 할 사항은 무엇일까?"

"우리 기업은 어디에서 새로운 가치 연결점을 만들 수 있을까?"

가치사슬, 가치네트워크(Value Chain, Value Network) (H)

가치사슬은 **조직의 내부 프로세스 관점**에 근거하여 조직을 시스템으로 보며, 투입(inputs)과 변환 프로세스(processes) 그리고 산출(outputs)로 각각의 서브시스템을 구성했다. 서브시스템으로 생산, 제조, 마케팅, 등의 기능(function) 단위의 활동들이 가치를 부가하는 과정을 나타냈다.

가치네트워크는 가치창출과 관련하여 밀접하게 연관된 플레이어들이 **산업 간** 혹은

조직 간의 파트너링으로 필요한 자원을 상호 획득하고 활용하여 제품이나 서비스 형태로 고유한 가치를 공유하고 통합하는 협력 관계의 연결망이다.

이를 구체화하기 위해, **가치 플래닝**으로 타겟이 되는 가치를 설정하고, **엔진 설계**로 플레이어를 선정하고, **플랫폼 구축**으로 커뮤니케이션 기반을 만들고, 생태적 참여자들의 책임 중심적 운영을 통하여 가치가 완성되는 경로인 가치경로(value path)를 형성하고 구체화할 필요가 있다.

개방(Openness)과 공유(Sharing) (C)

웹 2.0(Web 2.0) 시대에 단순하고 정적인 웹사이트의 집합체를 웹 1.0으로 보고, 웹 애플리케이션을 제공하는 하나의 완전한 플랫폼으로의 발전을 웹 2.0이라고 지칭한다. 이 용어는 2004년부터 오라일리 미디어(O' Reilly Media)에서 처음 사용하기 시작했고, 이 개념의 주창자들은 궁극적으로 여러 측면에서 웹 2.0이 데스크톱 컴퓨터의 응용 프로그램을 대체할 것으로 예견했다.

특히, Web 2.0은 사용자들의 참여, 공유, 개방을 유도하여 산출물을 공유하고, 외부에 개방할 수 있도록 하는 서비스라고 할 수 있다. 따라서 개방(openness), 참여(participation), 공유(sharing)는 사용자가 정보의 소비자이자 생산자가 되는 네트워크상 통합환경의 기본적인 속성이라 할 수 있다.

개방(openness)**과 공유**(sharing)

Web 2.0은 무료 정보의 분류(folksonomy)로 사용자들이 집단적으로 정보를 분류하고 찾을 수 있도록 한다. 이때 folks + order + nomes는 대중들(folks)이 명령(order)하는 대로 이름(names)을 붙인다는 의미로 "꼬리표 붙은 웹"을 뜻한다. 웹페이지에 공개되는 정보나 관련 주제를 기존의 분류학 기술인 디렉토리로 나누는 것이 아닌 꼬리표에 따라 구분하는 새로운 분류체계로 여러 사람들이 각 데이터에 대해 키워드(tag 메타정보)를 입력해 두고, 키워드를 무료로 공유하고 자발적으로 분류한다. 나아가 개방된 정보들은 개인의 수준을 넘어 기업과 같은 조직의 수준까지 의사결정에 다양한 영향을 미치게 되었으며, 기업은 전략적 관점에서 소셜 네트워크를 통해 시장과 고객에게 자사의 정보를 노출, 개방하기도 하고, 반대로 시장과 고객의 자료를 소셜 네트워크상에서 수집하는 다양한 방법을 실행중에 있다.

웹 2.0을 지칭하는 다양한 개념과 기술이 많지만 대표적인 용어들을 정리하면 [그림 10]과 같다.

그림 10. 웹 2.0의 대표 개념

처음 웹 2.0 컨퍼런스에서 Tim O'Reilly와 John Battelle는 웹 2.0의 특징으로 다음의 핵심 요소들을 제시했다.

- 기본이념: 개방, 참여, 공유는 웹 2.0의 대표적인 이념이며, 특히 사용자가 정보의 소비자이자 생산자가 되는 인터넷 통합 환경을 통칭
- 가벼워진 웹 S/W와 풍부한 사용자 경험을 바탕
- 플랫폼으로서의 웹
- 집단지성의 기반이 되는 데이터
- 참여 구조(architecture of participation)에 의한 네트워크 효과
- 오픈 소스 개발처럼 여러 시공간에 흩어져 있는 독립적인 개발자들이 공동으로 참여해 혁신하는 시스템이나 사이트
- 콘텐츠와 서비스 조합(syndication)을 통한 가벼운 비즈니스 모델, 기존의 소프트웨어 개발 사이클과는 다른 "영원한 베타(the perpetual beta)"
- 롱테일의 힘을 극대화시키는 소프트웨어(하나의 장치에서만 동작한다는 기존의 소프트웨어 관념을 뛰어넘어 여러 다른 기종의 장치에서 하나의 소프트웨어로서 구동됨)

경영과학론(Management Science) (K)

경영과학은 불확실한 환경에서 최적의 의사결정을 수행할 목적으로 수학적이거나 통계적인 모형을 활용하여 다양한 경영계획이나 생산계획, 판매계획 등에 대해 가장 효율적인 또는 최적의 해법을 도출하는 방법론으로 계량경영학으로도 불린다.

경영과학의 효용성을 한마디로 표현한다면 "미래를 가장 정확히 예측하는 자가 모든 것을 가질 것(Those who foresee the future most accurately will take it all)"이라고 할 수 있다. 그만큼 경영과학의 효용성이 매우 광범위한 영역에 걸쳐 있다. 특히 금융, 유통, 서비스 산업 등 불확실한 경영환경 하에서 신속하고 정확한 의사결정을 하기 위해서는 무엇보다도 경영과학의 방법론 등이 유용하게 사용될 수 있다.

긴 역사 때문에 경영수학적 모델(OR/MS)은 이를 실제 경영 현장에 적용할 수 있을 만큼의 충분한 형식성(formality)과 정교함(granularity)을 가지려고 노력하나 외부조건과 환경에 대한 가정과 비계량적 측정요소를 포용하지 못하고 있다는 약점이 있다

결정적 다수 효과(Critical Mass Effect) (B)

결정적 다수 또는 임계치로 번역되며, 이 개념의 유래는 핵분열 연쇄반응을 위해 필요로 되는 분열 물질의 최소량이다. 분열 물질의 임계치는 핵물질의 속성에 달렸는데, 그 속성이 밀도, 모양, 온도 등이며, 핵미사일 설계에서 매우 중요한 개념이다. 이후 지식공동체 또는 커뮤니티 구성원들이 지식 이전(transfer)과 공유(share)에 참여하는 상호의존성을 설명하기 위해 이노베이션 확산(diffusion)과 연관되어 확산의 성공에 필요한 최소한의 양(사람, 사물, 현상의 수)으로 설명함으로써 많은 분야(예: IT, 마케팅, 홍보)에 전파되었다. 어느 사회적 시스템 내에서 목표로 하는 사물이나 캠페인은 가속적으로 증가를 시작하여 임계점에 도달하는데, 도달하는 경우와 그렇지 못하는 경우에 따라 임계점은 성공과 폐기의 분기점이 된다. 즉, 긍정적인 네트워크 효과를 발생시키는 특정 시점의 힘(탄력)으로 확산의 도약 수준까지 도달하기 위해서 반드시 필요한 최소한의 응집력과 영향력이 있는 다수가 필요하다.

따라서 성공 패러다임에서 임계점은 특정 지식공동체에서 개인적으로 소유되고 있는 지식을 엔터프라이즈의 지식기반으로 변환하는 공헌활동에 필요한 최소한의 핵심 구성원 집단(예: 혁신가 및 초기 채택자)을 의미한다. 이 임계점은 지식집단행동이 성공적으로 수행되고 이후 참여자의 수가 급증하는 분기점으로 의사결정에 활용될 수 있다. 임계치는 지식집단행동의 참여자 수가 기하급수로 증가하는 효과를 가져오는 분기점이라 할 수 있지만, 반대로 그 역작용인 네거티브 확산도 마찬가지의 형태로 폭발하여 폐기될 수

있음을 기억해야 한다. 이 분야의 선구자적 연구는 커뮤니케이션 이론을 위주로 수많은 전이, 전파, 확산에 관한 이론을 실증해 온 로저스(E. Rogers)의 *Diffusion of Innovation*(1973-2005년 기간 동안 10년마다 네 차례 개정)이며 가장 좋은 바이블이라 할 수 있다.

계량경영론(OR: Operation Research) (K)

계량경영은 특히 DSS(decision support system)라는 의사결정지원 시스템을 지원하는 계량적 분석 연구영역이다. 계량경영은 경영의 계량적 파악 및 분석이 컴퓨팅 기술의 발달과 더불어 가능해짐에 따라 의사결정지원 영역에서 대두된 가장 효율적인 또는 최적의 해법을 도출하는 방법론이자 연구영역이다. 따라서 계량경영은 종래의 직관에 근거한 경영행태에 대비된다.

예를 들면, 경영에서의 컴퓨터 이용은 사후집계 업무와 사전계획 업무로 나눌 수 있는데 사후집계 업무가 신속 · 정확하게 파악됨으로써 의사결정이 적기 혹은 실시간으로 행해지고, 또 사전계획 업무의 신속 · 정확한 수립에 따라 합리적인 해결방안이 제시되는 등 종래의 추측적 · 경험적 경영과는 달리 계량적 파악 · 분석에 중점을 두는 영역이다. 수학적 모델(OR/MS)은 이를 실제 경영 현장에 적용할 수 있을 만큼의 충분한 형식성(formality)과 정교함(granularity)을 가지려고 노력하나 외부조건과 환경에 대한 가정과 비계량적 측정요소를 포용하지 못하고 있다는 약점이 있다.

고객 라이프사이클 관리(CLM: Customer Lifecycle Management) (B)

고객 라이프사이클 관리는 일정 기간 동안 분석되는 다양한 고객 관련 지수를 위주로 측정하고 비즈니스 성과를 나타내는 개념으로 2005년 Cloud CRM 공급자 Salesboom.com에서 처음으로 사용되었다.

CRM(customer relationship management)은 지속적으로 기업에게 이득을 주고 고객과 관계를 유지하고 만족을 주는 방법을 찾는다. 그 방법이 CRM 기술이라 할지라도, 여타 경영기능과 교차한 비즈니스 전략과 적절한 조직 구조와 전사적인 문화가 필요로 된다. 따라서 고객과의 관계를 치밀하게 관리하기 위해 또 다른 중요한 요인인 고객의 CLM(customer lifecycle management)을 이해할 필요가 있다.

CLM 수행프로세스는 조직의 모든 영역과 부서를 포괄하는데, 일반적으로 마케팅 절차와 고객획득(acquisition), 유지(retention), 교차판매(cross selling), 상향 판매(up selling), 이탈회원 재확보와 같은 반복적인 단계를 거쳐, 의사결정을 지원하는 통합된 플랫폼에 가치를 부가하는 서비스에 관한 모든 정적이거나 동적인 데이터를 활용한다. 때로는 상세한 CLM 모델들은 이와 같은 단계를 고객확보, 제품의 소개, 고객 프로파일링, 고객 기반 성장, 고객 간 충성도 조성, 고객관계의 정리로도 상세화한다.

Claudia Imhoff, et al.의 DM Review에 따르면, "고객 라이프사이클의 목적은 고객이 제품을 고려하고 구입하고 사용하는 단계와 기업이 고객의 라이프사이클을 통해 고객의 심리를 움직이기 위해 관련된 비즈니스 절차를 정의하고 의사소통하기 위함이다."

공급사슬관리론(Supply Chain Management) (K)

공급사슬관리는 기업 내부 가치사슬이나 내외부 가치네트워크상의 파트너 간에 기업의 자원을 수요에 맞게 배치하는 방식으로 조직을 재구축하고, 그 수요가 최종 소비자에게 정확히 공급되도록 기업의 업무 효율성을 강화시켜 주는 최적화 방법론을 말한다. 기업들은 SCM을 통해 고객에 대한 제품과 서비스의 수준을 높이면서 가치네트워크상의 파트너 간 거래비용도 최소화하여 경쟁우위를 확보하고 지속적인 개선으로 경쟁우위를 유지시킬 수 있다.

이때 공급사슬(supply chain)은 어떤 제품을 판매하는 경우 자재 조달, 제품 생산, 유통, 판매라는 흐름이 발생하는 것을 의미하며, 이 흐름을 적절히 관리하여 공급망 체인을 최적화하고 조달 시간 단축, 재고 비용이나 유통 비용 삭감, 고객 문의에 대한 빠른 대응을 실현하는 것이 SCM의 목표이다.

과학적 혁명(Scientific Revolution) (G)

과학에서 개념과 명제의 안정기와 격변 그리고 급격한 변동기간의 중요한 특징을 쿤(Kuhn, 1962)이 과학혁명의 구조(*The Structure of Scientific Revolutions*)에서 설명했다.

쿤은 과학을 '기존 이론을 반증하는 시도'로 보지 않았다. 대신 정상과학(normal science)을 특정한 과학적 패러다임의 전제 밑에서 전적으로 작용하고 받아들이는 '수수께끼 풀기'와 같은 것으로 보았다.

차차 기존의 패러다임이 새로운 문제를 풀지 못하거나 많은 변칙성이 나타나게 되면서, 기존 패러다임과 다른 주장을 펼치는 과학자들이 만든 새로운 패러다임이 혁명과학으로 바뀌게 된다. 이를 과학적 철학 용어로 패러다임 전환(paradigm shift)이라 한다.

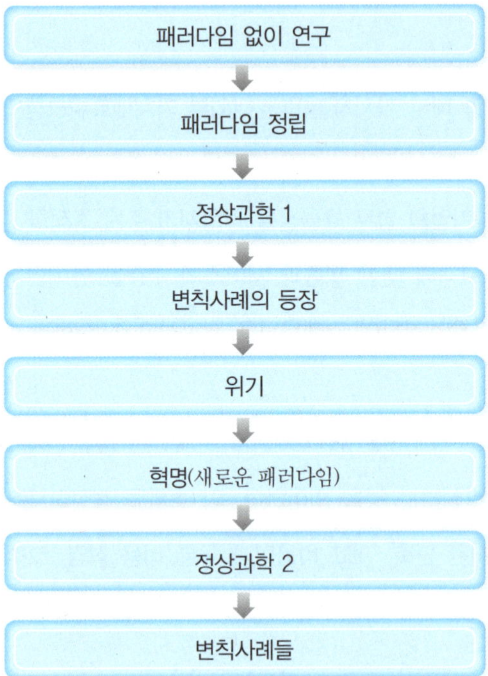

그림 11. 쿤이 말하는 과학발전 과정

쿤에 의해 인용된 이러한 혁명적 변화의 예로는, 코페르니쿠스와 뉴턴의 혁명, 화학에서의 새로운 체계, 그리고 아인슈타인의 업적 등을 들 수 있다. 정상과학 시기의 과학적 업적은 심리적 · 사회적 동조성과 집단의 연대성을 갖게 된다.

과학적 혁명은 정치적 혁명과 같은 것이며, 그러한 동조성을 극복할 수 있도록 싸워야 하고, 과학적 혁명이 일어나면 관련된 공동체의 기준보다 더 높은 기준은 없는 상태에 놓이게 된다.

교란적 혁신 모델링 (G)

비즈니스 모델 혁신을 위한 새로운 접근법

기존의 믿음과 가정을 뒤집어 전환할 수 있는 다섯 단계

1. 동종 산업에서 가장 지배적인 비즈니스 모델의 윤곽을 그려라.

오랫동안 지속되어 온 가장 핵심적인 가치창출 방법은 무엇인가?

2. 가장 중요하고 오랫동안 간직해 온 믿음과 가정들을 지원 개념으로 낱낱이 해부하라.

고객의 요구와 상호작용, 기술, 규제, 비즈니스 경제, 그리고 운영방식들에 대한 개념들이 어떻게 핵심적인 신념을 보강하는가?

3. 근본적인 믿음과 가정들을 완전히 뒤집어서 생각하라.

적어도 현재 자사가 속한 산업에서 어느 누구도 생각할 수 없는 급진적이고 새로운 가설을 설정하라.

4. 분별하라—엔터프라이즈의 믿음과 가정의 재구성을 시험하라.

이미 다른 업종 내에서 검증된 재설계 모델을 응용하면 비즈니스의 타당성을 개선할 수 있다. 제품과 서비스의 혁신과 달리 비즈니스 모델 혁신은 산업 간에 전이된다.

5. 재구성된 믿음과 가정을 당신의 새로운 비즈니스 모델에 적용하라.

일단 엔터프라이즈가 믿음과 가정의 재구성 단계에 이르면, 가치창출을 위한 메커니즘은 스스로 재구성된 믿음과 가정을 논리적 함의로 매우 그럴듯하게 이끈다.

Jong, M. D., Dijk, M. V., "Disrupting beliefs: A new approach to business-model innovation," *Mckinsey Insights & Communications*, July 2015.

구조적-비구조적(Structured-Unstructured) (H)

여러 가지의 자료(data)가 서로 특정의 관계(함수적 종속 등)로 인해 어떠한 구조를 형성할 때, 이 자료를 구조적 데이터라고 한다.

예를 들어, 어떤 사람의 주민등록번호를 알면 그 사람의 이름, 나이, 주소 등 다양한 다른 자료를 알 수 있는데, 이때 주민등록번호에 이름, 나이, 주소 등이 함수적 종속을 이루어 한 레코드(record)를 구성하거나 서로 분리되어 관계(relation)를 형성할 수도 있다. 이와 같은 '종속'이나 '관계' 등으로 구조적 형태를 가진 데이터를 구조적 데이터(structured data)라 한다.

주로 특정 목적을 가진 조직에서는 구조적 데이터의 활용도를 높이기 위하여 데이터 형식(data type)이나 유효성 규칙들을 이용하여 데이터의 일관성(consistency), 무결성(integrity)을 확보할 필요가 있다.

구조적 데이터와 달리 데이터 간의 '종속'이나 '관계'가 일관되지 않고, 데이터 형식과 유효성 규칙이 느슨한 구조의 데이터를 비구조적 데이터(unstructured data)라 한다. 주로 특정 목적을 갖기보다 자유로운 의사의 개진과 소통을 위주로 소셜 네트워크 서비스에서 취하는 데이터 인터랙션으로, 데이터 무결성과 정확성은 낮을지라도 그 범위와 규모면에서 완전성(completeness)이 높고, 조직 외부의 사회적 영향(social influence)이 충분히 반영되어 새로운 인사이트나 가치창출이 가능한 데이터라 할 수 있다.

권한강화(Magnet)-증폭(Megaphone)-팬(Fan, Monitor) (F)

유비쿼터스와 편리한 소셜 네트워크 기술(예: Facebook, LinkedIn, Twitter, Blogs 등)은 많은 사람들의 일상에 밀접하게 자리잡은 기술이다. 이와 같은 소셜 테크놀로지는 주로 가족과 친구들의 활동이나 생각을 전하기 위한 수단으로 사용되고 있다. 또한 해당 기술에 대한 매우 다양하고 차별된 사용법이 생겨나고 있는데, 조직에서는 아이디어를 찾거나, 구매의도 있는 고객이나 잠재고객을 확보하는 데에 활용하기도 한다.

Gallagher & Ramsbothan은 조직이 소셜 테크놀로지 기술을 통하여 고객들을 참여시켜 가치를 창출한다는 통찰력 있는 의견을 제시했다.

소셜 테크놀로지는 콘텐츠를 제공하거나 토론을 시작하는 등의 'megaphone'으로써 서비스를 하고, 콘텐츠에 매력을 더하거나 계속되는 토론에 집중하게 하는 등의 'magnet'으로써, 그리고 메시지와 토론을 분석하기 위해 그 내용을 기록하거나 분석하는 'monitor'로써 서비스를 수행한다.

소셜 테크놀로지들을 통해서 비즈니스 가치가 어떻게 창출되는지 살펴보면,

- 한 번 게시된 내용이나 광고, 판촉들이 팔로워들이나 팬들에 의해서 제공되고, 이 같은 디지털 콘텐츠는 개인의 대인 소셜 네트워크를 통해 더욱 구전(mouth to mouth)된다.
- 전달되는 메시지는 팔로워와 팬들에 의해서 분석 가능해진다. 토론 포럼에 담긴 콘텐츠 역시 마찬가지이다. 분석된 내용은 마케팅 테마나 촉진 프로그램 그리고 새로운 제품이나 서비스로 추천된다.
- 팔로워와 팬들은 조직의 사회적 영향력과 책임에 따라 제안하고 우선순위를 정하며 적극적으로 참여한다.

제품과 관련된 혁신 커뮤니티에서 팔로워와 팬들의 적극적인 참여는 긍정적이든 부정적이든 아이디어와 통찰력을 가져오는데 이는 해당 기업조직의 제품이나 서비스의 실사용자가 참여하여 제시하는 피드백이라는 점에 의미가 있다.

Facebook, Twitter, YouTube, FourSquare, Starbucks의 예를 들어보면 다음과

같다.

	증폭(amplification)	강화(empowerment)	팬 확보(fan making)
페이스북	• 뉴스피드로 판촉, 마케팅 • 토론 및 포럼	• 피드백	• 고객이 올리는 포스팅과 팬 활동을 상시 추적하고 모니터링 • 전담팀이 팬과 소통
트위터	• 매장 내 판촉 알림 • 영향과 사회적 책임에 대한 홍보	• 칭찬과 고충 처리의 통로 • 회사 서포트 요청의 통로	• 고객이 올리는 포스팅과 팔로워 활동을 추적하고 모니터링 • 전담팀이 팬과 소통
유튜브	• 사회적 활동을 통한 노력을 다큐로 만들어 홍보 • 광고 영상과 판촉 영상을 원하면 볼 수 있도록 함	• 고객이 만들어 올리는 영상을 확보하고 퍼트림	• 뷰 통계치를 표시 • 댓글 모니터링
포스퀘어	• 가까운 매장 알림 • 가까운 매장에 입장 시 판촉 알림 • 고객-고객 대화 유도	• 매장 방문과 상품 구매 시 선물	• 매장 입장 패턴을 모니터링해 추적하고 가까운 매장에 링크해 줌 • 충성고객, 보통고객 분류
마이 스타벅스	• 고객 참여 혁신 아이디어 유도 • 고객이 창안하는 혁신을 공유 • 신제품 출시를 예상하도록 만들어냄	• 고객이 아이디어를 내는 통로 • 아이디어에 대한 고객의 투표를 실시 • 고객 간 대화의 장소 마련	• 고객창안 활동과 유명세를 모니터링해 추적 • 고객 간 대화를 모니터링해 적극적으로 활성화

기술적 링크(Technical Link) (C)

비즈니스 참여자들 간의 메세지의 전달(흐름)과 처리(해석)가 수행될수록 비즈니스 생태계는 지속적으로 지식화되고 새로운 가치를 창출한다.

가치창출을 위한 지식화는 두 가지 방식에 따라 연계구조와 중점을 두는 영역, 그리고 주로 추구하는 바가 달라진다.

기술적 링크(technical link)란 비즈니스 생태계에 형성된 가치네트워크 멤버들 간의 커뮤니케이션 관계망을 통하여 품질, 양, 시기, 적절성 등의 산출물을 만들어내고자 하는 생산과 기능 중심의 연계구조이다.

예를 들어, 기술적 관계는 A와 B가 계약서를 작성한 후 대가를 지불하는 용역이나 제품을 만들어 전달하는 경우에 해당된다. 하지만 사회적 관계에서는 계약된 워크 제공뿐만 아니라 그 이외에 상호 신뢰성, 상호 의사소통 집중성, 상호 관계 대응성, 유연성 등도 기술적 관계 못지않게 중요하다.

- 관계망을 통하여 품질, 양, 시기, 적절성 등의 산출물을 만들어내고자 하는 생산과 기능 중심의 연계구조
- ‘테크놀로지-과업’ 인터페이스에 초점
- 과업달성 추구

기술적 링크는 거래 조건, 생산성 등의 물질적인 면에 초점을 둔다면 사회적 링크는 신의성실, 공정, 웰빙 등의 비물질적인 면에 초점을 둔다. 어느 한 가지가 더 중요하다기보다는 두 링크의 역할이 다르다는 점을 아는 것이 중요하다.

→ 사회적 링크(social link) (C)

네트워크(Network) (D)

네트워크는 물리적으로 시스템이나 응용프로그램, 그리고 사람이 디지털 상호작용을 할 수 있도록 전자적으로 연계된 망으로, 좀 더 기술적으로는 케이블과 무선의 연결망을 형성하며 라우터(router)나 허브(hub)의 구성과 운영 S/W, H/W로 구성된 인프라를 말한다. 다양한 네크워크 디자인 모델로 중앙집중형, 분산형 등이 있으며, 성과 측정방법이나 모델 또한 존재한다.

개념적으로는 소셜 네트워크 등에서 상호작용을 통해 형성된 관계, 즉 휴먼 노드에 의한 연결망을 의미한다. 그래서 개념적 네트워크는 노드에서 허브를 형성한 개체(agent)로, 네트워크 참여자 간 연결(connection)을 촉진하고 영향력(social influence)을 통해 네트워크 밀도(gravity)를 높이고, 나아가 네트워크상의 상호작용 흐름(flow)을 촉진하는 특징이 있다. 급격한 커뮤니케이션 시스템으로 마케팅, R&D, 서비스, 집단지성, 소싱 등의 활용을 통한 다양한 디지털 비즈니스 트랜스포메이션이 기대된다.

네트워크 효과(Network Effect) (B)

1908년 벨(Bell)의 연간 보고서에 나타난 개념으로, 경제경영 현상에서 그 제품의 가치에 대해 어떤 제품이나 서비스의 사용자가 다른 사람에게 주는 영향력 효과를 말한다. 네트워크 효과가 있다면, 제품이나 서비스의 가치는 그것을 서로 사용하는 참여자들의 수에 따라 달라지게 된다.

특히 상호소통을 목표로 하는(interactive) 멀티미디어는 더욱 그러한데, 전형적인 예는 전화기나 SNS이며, 소유한 사람이 많아질수록 각각의 소유자들에게 더욱 가치를 더한다. 이는 사용자들이 다른 사용자에게 가치를 만들려는 의도가 없이 미디어를 구입하여도 긍정적인 외부효과를 만드는 예이다. 이 같은 방식으로 트위터나 페이스북도 사용자가 더욱더 늘어날수록 네트워크 효과는 더욱 커진다.

'네트워크 효과'라는 표현은 대부분 전화기의 예처럼 긍정적인 네트워크 외부효과에 적용되지만 부정적인 네트워크 외부효과 또한 발생한다. 사용자들이 네트워크상에서 가치가 덜하거나 부정적인 제품이나 서비스를 접한다면 그로 인한 혼잡도 더욱 커질 수 있다(예: 교통 혼잡이나 네트워크 혼잡). 긴 시간 동안 긍정적인 네트워크 효과는 가치 있는 네트워크에 사람들이 증가하는 것처럼 긍정적인 피드백 루프로 부정적인 밴드웨건 효과(bandwagon effect)를 생성할 수 있다.

사실 네트워크 효과란 원래 초기의 얼리어답터가 독점적인 지위를 확보한다는 의미에서 출발했지만 전체로 확산되려면, 3M의 공동창업자이자 이더넷(Ethernet)의 공동발명자인 멧칼프(Robert Metcalfe)의 법칙(Metcalfe's law)처럼 참여자들이 사용하는 네트워크에 치르는 비용보다 이득이 커야 결정적 다수(critical mass)를 넘어서 대중참여가 가능하다. 즉, 원래의 단순한 이노베이션과 커뮤니케이션 이노베이션 네트워크의 효과는 학습곡선처럼 분기점에 따라 다른 특성을 가짐에 주의하여야 한다.

Twitter, Facebook 등 소셜 미디어의 네트워크 효과를 활용한 구체적인 ROI 개선의 사례를 살펴보자. V. Kumar and Rohan mirchandani의 "Increasing the ROI of Social Media Marketing"에서 '소셜 네트워크 사용자 대화관찰'을 시작으로 30개월간 7단계에 걸쳐 영향자(influencer)를 위주로 네트워크를 통한 구전효과를 극대화하는 예를 제시한다. 흥미로운 점은 영향자의 'Influence effect'와 'Influence value' 등의 지표를 개발하고, 캠페인 전후 83% 증가한 ROI를 계량화하여 네트워크 효과의 구체적인 방법론을 제시한다는 점이다.

다양성의 가치(Diversity Value) (G)

가치네트워크 또는 가치사슬 내에서 다양한 플레이어들이 가치경로에 입각하여 민첩하게 협업함으로써, 생태 플랫폼(platform)이 공유할 수 있는 지식, 관계, 프로세스의 필수 다양성 처리의 결과를 말한다.

복잡한 문제의 해결책은 문제 해결자들이 현존하는 문제의 많은 변수들을 이해하고 좌우할 수 있어야만 가능하다. 그러기 위해서는 다수의 다양한 지각(perception)과 구성력(organization), 즉 문제의 다양한 요소들을 인식하고, 이해하고, 조종할 수 있는 능력들이 요구된다.

단순계약단계 (E)

비즈니스 관계성숙모델(RMM: relationship maturity model)의 4단계 중 첫 단계이다. 비즈니스 관계(business relationship)란 당사자들이 가치를 교환하며 발전되어 앞으로 나아갈 때 의미가 있으며, 그 관계의 궁극적인 품질 목표는 파트너십 관계가 된다. 관계성숙단계 모형(RMM)은 비즈니스 관계가 어떻게 발전되어 궁극적으로 당사자들이 파트너로 성숙되어 가는가를 단계적으로 표현한 모델이다.

초기 단순거래(buying/selling) 단계는 서비스 제공자인 서플라이어와 사용자인 클라이언트가 보다 깊은 관계를 맺기 위해 잠재적으로 이익을 모색하기 시작하는 단계이다. 이는 주로 상담, 자격검토, 제안, 그리고 작은 규모의 계약과 거래로 특징지을 수 있다. 시작단계는 참여자 간 구매자/판매자(buyer/seller)와 같은 단순한 거래관계라고 할 수 있으며, 참여자는 계약을 성실히 공정하게 이행하고 기회주의적 행동을 하지 않는 전문성이 요구된다. 거래처리 중심의 시스템이 각자 독자적으로 운영되거나 거래 중심의 데이터가 EDI, 엑스트라넷, 플랫폼 등의 기술기반을 통하여 연계된다. 단순거래관계에서는 당사자들이 서로 잘 알려지지 않은(unknown) 상태이므로 의심과 믿음이 혼재하며 결과에 대한 해결 조항을 설정하기도 하고 정기적인 점검도 이루어지도록 한다. 이때 상호 의사소통 채널은 멀리 떨어져져 있고 접점은 얇으며 빈도도 적은 상태로 존재하는 등 매우 제한적인 관계에 머물러 있다.

데밍과 쥬란(Deming-Juran) (J)

데밍(William Edwards Deming)은 통계적 프로세스 통제(statistical process control)와 전사적 품질관리(TQM: total quality management)로 잘 알려진 학자이자 교수, 저자, 강사, 컨설턴트이다. 전후 일본의 경제 부흥에 기여한 역할로도 잘 알려져 있다. 통계적 원칙에 따라 의사결정을 수행하는 데밍의 방법론의 기본 원칙은 다음과 같다.

1. 장기적 관점에 따라 조직 목적의 일관성을 높여라.
2. 새로운 품질관리 철학을 학습하라.
3. 공급자의 핵심적인 부분을 프로세스로 통제하기 위해 통계적 데이터를 확보하라.
4. 입증된 소수의 공급자와 업무를 밀접하게 수행하라.
5. 문제의 원천을 결정하기 위해 통계적 방법을 사용하라.
6. OJT(on-the-job) 훈련에 현대적인 기법을 제도화하라.
7. 지휘, 관리, 감독을 향상시켜라.
8. 두려움을 장악하라.

9. 부서 간 장벽을 없애라.
10. 장기적 목표를 달성하기 위한 노력이나 집중력을 흐리게 하는 슬로건이나 수치를 없애라.
11. 조심스럽게 작업 표준을 재검토하라.
12. 종업원을 위해 많은 훈련 프로그램을 제도화하라.
13. 새로운 스킬을 재훈련하기 위해 엄격한 프로그램을 제도화하라.
14. 이미 진행되고 있는 원칙을 경영자들이 매일 강조하는지 확인하기 위한 구조를 만들어라.

쥬란(Joseph M. Juran)은 일본 기업들이 제조업계에서 강력한 경쟁자로 부상할 수 있도록 품질관리(quality control)의 원칙을 가르쳤다는 점에서 데밍과 라이벌로 매우 자주 언급된다. 쥬란은 다음과 같은 3부작을 제시했다.

- 품질계획(quality planning): 품질목표를 달성하기 위한 준비 과정으로 첫째 내외부 고객을 식별하고, 제품과 서비스를 개발하기 위해 그들의 요구를 정의하고, 마침내 공급자와 소비자의 최소 비용을 만족시키는 품질 목표를 수립한다.
- 품질관리(quality control): 품질목표를 달성하기 위한 과정으로 이는 어떤 변수를 통제하고 무엇을 측정하며 표준을 어떻게 수립할 것인가를 포함한다.

- 품질개선(quality improvement): 전례 없는 성과수준으로 올라서기 위한 과정으로 이는 지속적인 개선요구를 식별하고, 문제점을 진단하고, 단점을 개선하며, 운영 조건 아래에 이득을 얻기 위한 새로운 통제활동을 수행하는 단계를 포함한다.

"문제점들은 시스템 내 시간의 85%에 있고, 그 시간의 단 15%만이 작업자과 관련이 있다."는 쥬란의 룰(Juran' s Rule)을 남겼다.

데이터, 정보, 지식(Data, Information, Knowledge) (H)

데이터(data, 자료)는 현실에서 인지 가능한 것들(entity)에 대한 속성의 값(signal, value)이며, 특정한 형식으로 수집, 조작, 조회되고 의사결정을 돕기 위한 데이터 세트(data-set) 형태로 보여진다.

정보(information)는 의사결정에 사용될 목적으로 유용하고(useful) 편리하게(ease of use) 가공되어 의미있는 자료(data)를 말하며, 의사결정 상황에서 불확실성을 해소하는 역할을 한다.

불확실성이 커질수록, 불확실성을 해소하기 위한 정보는 더욱 필요로 된다.

지식(knowledge)이란 가치창출 목적의 행위를 실질적으로 일으킬 수 있는 경험에 의해 체계적으로 내재화된 설득력(persuasive power)과 영향력(influence) 있는 정보를 의미하고, 이는 정보와의 차이점이 된다.

데이터 분석가와 데이터 과학자(Data Analyst & Data Scientist) (H)

기업의 경영층은 빅데이터 환경에서 전통적 프레임 하의 전형적이며 구조적인 통계 데이터 분석을 탈피하고, 새로운 프레임 하의 다양한 분석을 통해 비즈니스 통찰력을 심층적 의사결정에 유용하게 활용할 수 있어야 차별화와 경쟁우위 달성이 가능해진다. 경영층은 증폭되는 데이터로부터 빅 임팩트를 얻기 위하여 다음과 같은 주요 이슈를 필수로 관리해야 한다.

- 새롭게 부상하는 데이터 과학자의 진정한 역할 수행
- 애널리틱스를 위한 탤런트 분석
- 이노베이션과 트랜스포메이션을 위한 의사결정 이슈 선정
- 이노베이션과 트랜스포메이션 DNA 구축

디지털 엔터프라이즈의 최고경영자는 데이터와 정보의 홍수 속에서 다양한 소스로부터 올라오는 빅데이터를 이해하고 변화하는 생태계에 대응하기 위해 많은 리포팅과 탐색이 필요하며, 오늘날 그 핵심에 떠오르는 인적 및 지적 자산이 이름하여 데이터 과학자(data scientist) 또는 데이터 과학팀(data science team)이다.

특정 방법론이나 기술 또는 애플리케이션에 의존하기보다는 데이터 사이언티스트에 의한 종합적이고 영향력과 설득력 있는 분석을 토대로 의사결정할 때, 데이터를 통한 일관되고 지속성 있는 통찰력을 확보할 수 있으며 소위 방법론 위주의 실패를 탈피할 수 있을 것이다. 2.4.4의 [표 6]에서 데이터 분석가와 데이터 과학자의 특성을 분별할 수 있다.

데이터 파워(Data Power in Platform) (D)

플랫폼의 초기에는 소셜 테크놀로지 중심의 지식과 경험이 기본적 활용을 위해, 후기에는 워크 중심의 지식과 경험이 다양한 비즈니스 활용을 위해 필요한데, 플랫폼 기반의 소셜 네트워크에서 다양한 인터랙션 데이터가 다량의 빠르고 세분화된 형태로 집약된다. 이를 통해 집약된 데이터는 내재적 학습 효과와 창의성, 경쟁력에 영향을 미치게 되며

이를 플랫폼의 데이터 파워라 할 수 있다.

데이터 파워는 플랫폼 시스템의 채택 또는 참여 후 학습 효과의 확산을 통해 기대할 수 있고, 차차 다양한 참여자로부터 지속적으로 발생하는 데이터는 다소 비구조적이며 비정형적이며 표준화되지 않은 형태이지만 플랫폼에 플러그-플레이하는 참여자들의 사회적 영향력(social influence)을 생태적 플랫폼에 반영하는 효과가 있다.

데이터베이스/데이터 웨어하우스(DB/DW) (D)

엔터프라이즈의 데이터 센터가 관리하는 데이터관리체계(data management system)를 Database와 Data warehouse로 크게 나눌 수 있는데, DB는 기업에서 일어나는 여러 형태의 구조적 데이터를 모아 놓은 저장소이고, DW는 단어 뜻처럼 '창고(warehouse)'로 데이터 저장소를 의미하지만, DB와 DW는 매우 다르다.

DB는 기업에서 발생되는 여러 원천 자료를 입력, 수정, 삭제, 조회하는 저장소이고, DW는 분석용으로 DB에 있는 자료를 목적에 따라 재저장한 상태이자 시스템이다. 즉, DW는 분석용이고, DB는 조회용이라고 할 수 있으며, 전자는 의사결정하고자 하는 주제(subject)를 중심으로 분석하고자 하는 기준이나 방법에 따라 연계된 구조이며, 후자는 거래처리상 데이터 수집 대상이 되는 객체(entity)나 관계를 중심으로 형성된 구조이다.

활용 방법의 차이점을 설명하면, 데이터는 정보를 필요로 하는 다양한 프로세스를 지원하는 과정에 있어서 실체에 관한 모델로 구성된다. 예를 들어, 기업 내 제품이나 서비스와 같은 산출물을 만들어내는 과정을 지원하기 위해 데이터베이스화한다면, 관련된 개체(entity; 제품, 제공품, 부품, 반제품, 원재료)와 이와 관련된 사건(events)은 구체적인 개체집합(entity set)이나 관계(relation)의 모델로 구조화될 수 있다.

데이터의 구체적인 개체집합과 관계를 구조화하는 방법론으로 1970년 codd가 주창하여 ANSI와 ISO 표준으로 채택된 관계형 데이터베이스(relational database) 모델의 정규화 방법(normalization method)이 주로 활용되고 있다.

그 특징으로 데이터의 일관성(consistency)이 높고, 중복성(redundancy)을 최소화하며, 형식의 표준화(standardization)에 따라 무결성(integrity)를 확보할 수 있다. 특히 데이터베이스를 구축하는 조직의 목적에 부합하도록 설계 및 구조화된다는 장점과 함께, 예외적이고 비구조적인 데이터를 필요로 하는 환경의 복잡성에 대처하기에는 한계가 있다.

데이터 웨어하우스(data warehouse)란 사용자의 의사결정에 도움을 주기 위하여, 기간시스템의 데이터베이스에 축적된 데이터를 목적에 맞게 공통의 형식으로 변환해서 관리하는 체계를 말한다.

따라서 데이터 웨어하우스는 방대한 조직 내에서 분산 운영되는 각각의 데이터베이스 관리 시스템들을 효율적으로 통합하여 조정 · 관리하기 때문에 효율적인 의사결정 시스템을 위한 기초를 제공하는 실무적인 활용 방법론으로 시스템이 구성되어 있다.

데이터 웨어하우스의 구성은 관리 하드웨어, 관리 소프트웨어, 추출 · 변환 · 정렬 도구, 메타 데이터(meta data), 최종 사용자 접근 및 활용 도구 등으로 구성되어 있다.

기업의 정보 자산을 효율적으로 활용하기 위한 하나의 방법론이자 패러다임으로서, 기업의 전략적 관점에서 효율적인 의사결정을 지원하기 위해 데이터의 시계열적 축적과 통합을 목표로 하는 기술의 구조적 통합적 환경이다. 필요에 따라 여기저기 흩어져 있는 데이터베이스 테이블을 실시간으로 연결하여 사용하기도 한다.

그래서 데이터 웨어하우스는 경영자의 의사결정을 지원하는 데이터의 집합체로 주제지향적(subject oriented), 통합적(integrated), 시계열적(timevarient), 비휘발적(nonvolatile)인 네 가지 특성을 지닌다.

도달성과 풍부성(Reach-Rich) (H)

비즈니스 역량에 관한 개념으로 설명되는데, 이미 조성된 기업의 현 상태와 규모에서 벗어나지 않는 효율적 행동을 위한 비즈니스 프로세스의 접근성 또는 소통 영역을 도달성(reach)이라 한다. 어떤 특정 회사의 영업 시간 동안 회사의 위치로부터 확장 또는 소통해 나갈 수 있는 기본적인 규모로 한 회사의 위치로부터

- 그 회사의 다른 지점까지의 위치
- 모든 지점과 지역 그리고 현지 회사 지점을 연결하는 위치
- 호환되는 기술과 함께 고객과 공급자와의 위치
- 기술에 관계없이 고객과 공급자와의 위치

를 의미한다.

반면에, 풍부성(rich)은 소통을 통해 교류되는 지식정보, 영향력, 친밀감을 의미한다. 이에 따라서 기업도 소셜 미디어를 활용하여 가치사슬을 재배치함으로써 전통적인 내외부 환경의 경계를 변혁시키고 있다. 그 방법은 매우 다양하여, 지식의 창출, 콜래보레이션 프로세스, 고객과의 관계, 파트너링 또는 새로운 비즈니스 모델을 만들어내고 있다. 이러한 노력과 트렌드는 신속하고 유연한 콜래보레이션과 정보 공유, 그리고 참여의 역량을 기업 전반에 제공하고자 하는 목적이 있으며, 그 중심에는 공식적으로 기획된 '테크니컬 네트워크' 단계를 넘어서는 비공식적이고 자생적인 '소셜 네트워크'의 역할이 자리잡고 있다.

디지털 가상혁명(Digital Virtual Revolution) (G)

산업계와 학계의 리더들은 디지털 테크놀로지가 R&D부터 공급사슬, 생산을 거쳐 마케팅과 서비스에 이르는 가치사슬의 모든 연결을 트랜스포메이션할 것이라는 데에 동의하고 있다.

오일과 가스을 생산하는 한 회사는 의사결정자들이 내부데이터 자료들을 보기 전에 그것들의 99%를 치워 버리는데 그 이유는 자료를 실제로 두드려 산출해내는 만큼 그리고 오픈된 자료들을 모아오는 만큼 수익과 성장을 가르는 통찰력이 얻어진다고 믿기 때문이다. 또한 사람을 이동시키는 비즈니스의 마지막 단계에 속하는 전통적인 자동차 제조업체와 우버(Uber)를 생각해 보자. 전자인 제조업체는 백 년 동안 그랬듯이 생산 현장을 통하여 사람의 이동욕구를 맞추려 하지만 우버는 스마트폰을 이용해 자동차와 서비스 이용자를 데이터로 연결시켜 주려 한다. 5년 만에 50조원의 시장 가치를 갖는 우버는 세계의 가장 큰 자동차 제조회사의 물적·지적 그리고 브랜드의 총 자산 가치를 넘어서고 있다.

선도 엔터프라이즈들의 교란에 대한 대응

엔터프라이즈와 사람들이 인포메이션을 이용하는 그동안의 방법이 크게 바뀌었다. 저장장치는 많이 저렴해지고 유연성이 늘어났고, 발전된 애널리틱스나 인공지능은 빅데이터로부터 통찰력을 이끌어내는 걸 알게 해주었다. 가상(virtual) 현실과 증강(augmented) 현실, 로봇, 기타 플러그-인 디지털 기기의 기술 발전은 모든 디지털 교란(digital disruption)의 문을 열어주고 있다.

이러한 가치 동인들을 찾아내 디지털 장치와 연계시켜 보면 몇 가지의 기회가 엔터프라이즈로 하여금 새로운 매출의 원천을 열어줄 뿐만 아니라 운영의 효과성, 제품의 이노베이션을 향상시켜 줌으로써 새로운 가치창출 경로를 만들어 주고 있음을 본다. 예를 살펴보면 다음과 같다.

- 다양한 산업계의 플레이어들은 차별화된 방법으로 디지털 테크놀로지를 전개함으로써 가치를 만들어내려 한다. 이러한 툴에는 데이터 **애널리틱스**, **공급망 관리**, **스마트 사물인터넷**, **실시간 비주얼 대시보드**, **예방유지보수**, **프로세스 추적** 툴들이 포함되고 있다.
- 고객용 포장제품 선도업체들은 유통을 개선하고 고객관계의 강화를 위해 디지털 툴을 사용한다. 글로벌 패션 업체 자라(Zara)는 2주 내에 새로운 제품을 개발하여 배송하는 것으로 벌써 명성을 얻고 있는데, 자라의 2,000개가 넘는 매장의 700가지 의류에 재사용이 가능한 RFID 택(tag)을 붙여 놓음으로써 고객의 선호에 빠르게 대응하고 공급사슬 비용을 감소시키는 디지털 툴을 사용하고 있다. 상품에 부착한 RFID 택에 휴대용 단말기를 휘저어가며 40명이 5시간 이상 걸리던 매장 재고관리를 10명의 직원들이 두 시간에 끝내기도 하는데, 소매점 점주들은 2016년까지 무선 재고관리로 완전히 변경할 것을 기대하고 있다.
- 미 우주항공 및 국방성은 아주 복잡한 공급망을 통합하기 위해 디지털 툴을 사용한다. 이들이 사용하는 툴 중 크라우딩 기반 툴들은 공급자들이 빠르고 효율적으로 콜래보레이트할 수 있게 하는데, 보잉(Boeing)은 최근 통합된 가상 디자인(all time virtual design)을 통하여 출시 소요시간을 50% 줄여 777과 787 기종을 시장에 내놓았다.
- 프랑스를 대표하는 120년 자동차 기업 르노(Renault)의 **디지털 팩토리**(digital factory)' 는 디지털 모드로 모든 프로세스가 가상으로 갖춰진 모습을 보여준다. 모바일 소셜 미디어를 이용한 디지털 혁신을 위한 디지털 라이프사이클 프로세스, 디지털 얼라이언스 관계, 글로벌 및 로컬 디지털 콜래보레이션이 가상현실로 링크되어 있다. 디지털 인포메이션 시스템과 플랫폼 기반 위에서 후방의 엔지니어링부터 전방

의 세일즈까지 디지털 앱으로 생태시스템을 구축하고 르노(Renaut), 닛산(Nissan), 르노-삼성(Renault-Samsung)이 지식과 프로세스를 공유함으로써 공존하는 가치창출을 사전에 테스트한다.

경영자가 디지털 교란을 위한 가상혁신에 꼭 물어야 할 5가지 질문

1. 우리 산업은 향후 5-10년 내에 어떻게 교란될 것이며 새로운 어떤 생태시스템이 부상하겠는가?
2. 어디에 우리 엔터프라이즈의 가치가 존재하는가, 어떻게 그것을 최대화할 수 있겠는가?
3. 이노베이션은 우리 엔터프라이즈 문 앞에 얼마나 가까이 와 있는가, 내가 인프라, 사이버 보안, 파트너십 어디에 투자를 해야만 하겠는가?
4. 어떤 새로운 역량, 스킬, 마인드-셋이 우리 엔터프라이즈에 필요하겠는가? 어떻게 그것을 파악해 채용하여 올바른 탤런트를 지속 보유하겠는가?
5. 우리 엔터프라이즈는 지금 그 가치를 확보하기 위하여 무엇에 파일롯 테스트(pilot)를 해야만 하겠는가?

Hartmann, B., King, W. P., Narayan, S., The revolution will be virtual, McKinsey, August 2015.

디지털 비즈니스(Digital Business) (G)

개방된 디지털 기반의 플랫폼 위에서 플러그-플레이(plug-play thinking) 방식으로 엔터프라이즈가 새로운 가치를 만들어내는 경로나 행태를 의미한다. 이때 플랫폼의 역할과 기능은 비즈니스의 다양성, 유연성 그리고 민첩성을 사회기술적(socio-technical) 네트워크 기반으로 제공함으로써 새로운 가치경로의 핵심이 된다.

이 개념에 따르면, 구축된 생태적 공동체 기반(ecological community foundation)에서 합의된 가치창출 메커니즘에 따라 참여자들은 플러그-플레이 유형으로 물적 · 지적 자원을 획득한다. 이 과정에서 엔터프라이즈가 시공간을 넘어 의사소통하고 콜래보레이트하는 등 비즈니스 모델을 보강하면 다음과 같은 다양한 통합이 가능하게 된다.

디지털 비즈니스의 통합 =

Organizational + Environmental + Social + Technological +
One way + Two way + Head + Tail +
Ownership + Partnership + Machine + Human +
Communication + Collaboration + Static + Dynamic +
Exploitation + Exploration + Tacit + Explicit +
Pipeline + Plug-play + Internal + External +
Planning + Emerging + Participant + Platform

결과적으로, 통합된 모습이 약간 카오스 패션이긴 하겠지만, 새롭게 부상하는 엔터프라이즈 2.0은 비즈니스 환경이라는 실체에 보다 그럴듯하게 접근하기를 희망했고, 그러다 보니 다양한 구성요소 간 상호소통을 위한 연결망의 필요성을 인지하게 되었다. 이러한 연결망은 당연히 기술적 링크 구축을 기본으로 하지만 진정한 소통을 위한 사회적 링크 구축 또한 필수적이다.

레거시 시스템(Legacy System) (D)

컴퓨팅에서 레거시 시스템이란 오래된 방법이나 기술, 컴퓨터 시스템 또는 응용프로그램을 말하며, 종종 비하하는 용어로 'legacy'라는 시스템은 시스템이 낙후되었거나 교체될 필요성이 있을 때 사용한다. 레거시 시스템은 조직 내 조직단위로 기존의 업무처리방식에 의해 데이터를 처리하지만, 새롭게 등장한 기술이나 시스템과 융합이 어려우며 때로는 장애가 되거나 엄청난 시간과 비용을 초래한다.

특히 디지털화된 데이터를 다루는 시스템이나 응용프로그램의 경우, 데이터를 응용프로그램과 운영체제 하물며 하드웨어에 종속시키는 특징이 있다.

예를 들면, 스프레드시트나 워드프로세서 그리고 웹브라우저나 다양한 데이터 수집툴들이 가지는 데이터의 형식과 처리방식에 있어서 S/W, H/W 종속성이 높고, 중복이 발생하며, 호환성이 낮아져 데이터의 통합과 활용에 어려움이 있다.

하지만 오랜 시간 특정 조직에 업무 스타일이나 루틴으로 자리잡고 있기에, 필요한 데이터를 참조하기 위해 레거시 시스템을 최소의 비용으로 유지할 필요가 있다. 새로운 시스템의 도입과 함께 프로세스 리엔지니어링 과정에서 새롭게 설계될 필요 또한 있다.

로버트 즈머드(Robert Zmud) (J)

IT 경영과 MIS 학문의 1세대로서 수많은 산업연구 단체와 학회 활동을 통하여 업적을 남기고 발전에 기여 중이다. 대표적으로 MIS Quarterly, ISR(informatino systems research), JMIS, OS(organization science), Management Science 등 12개의 연구저널에서 editor 등으로 30년 넘게 활동 중이다. ICIS, AIS,

DSI, INFORMS 등 전문가 모임 및 학회 활동에 기여한 업적으로 8차례 수상을 했다. 그가 항상 강조하는 연구자의 자세는 IT와 경영의 활용과 현상을 항상 새로운 시각으로 바라다 보고 해석하는 것이었다. 그는 인접 학문인 이노베이션 확산, R&D, 회계학, 마케팅, 조직생태학, 경제학과의 넓고 깊은 융합을 이끌었다. 본서 공저자 권태형과 North Carolina at Chapel Hill 대학, Florida State 대학에서 함께했다. 현재 Oklahoma 대학에서 오랜 동안 석좌교수로 있으며 또한 많은 대학의 젊은 교수와 연구자들을 위한 다양한 프로그램을 진행하고 있다. 저서로는 *Information Systems in Organizations*(1983)가 있으며, 본서에서 제시한 'MIS 시스템 유형(TPS, IRS, DSS, PDS)'은 다양한 관점을 포괄하고 있지만, 그 시작은 즈머드의 이 책에서 유래했다. 최근 저서로는 *Winning the 3-Legged Race: When Business and Technology Run Together*(2006), *Deisgn Guidelines for the Digital Transformation of Organizations*(2012)가 있다.

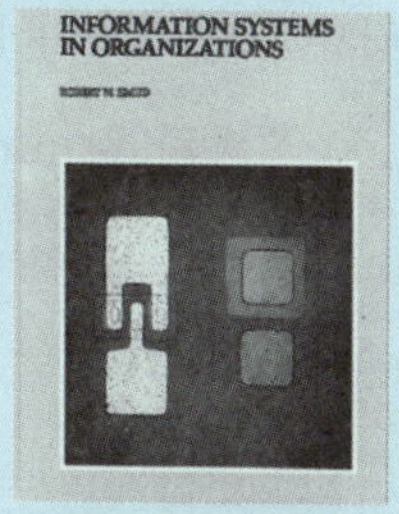

로컬자동화/표준화(Local Automation/Standardization) (C)

Local Automation/Standardization—미시적(micro) 관점

비즈니스 트랜스포메이션을 위한 미시적 관점은, 운영상 워크 디자인과 인간-컴퓨터 인터페이스/인터액션에 대한 노력에서 개인적 작업의 개선 및 재디자인을 요구한다. 여기서 중요한 점은 구성원의 성과 효율성과 질을 개선하는 데에 있다. 일반적으로, 이는 현존하는 작업영역을 변경하지 않는 선에서 인풋, 오퍼레이션, 아웃풋을 지엽적(local)으로 개척하거나, 업무 완수를 돕기 위한 여러 테크놀로지를 결합하거나, 이 두 가지를 모

두 사용하는 방법이 활용된다. 달리 말하면, 워크 프로세스의 디자인은 프로세스 처리 작업이 그 단위 내에서 제한적으로 개선되는 것이지(예: 자동화), 비즈니스나 프로세스의 끝에서 끝까지 혁신적으로 결합 처리(예: 무송장 또는 e-invoice 처리)하자는 것이 아니다. 이러한 미시적 관점을 채택하는 접근방법은 사회적, 기술적 고려사항 모두를 워크 디자인에 포함하여야 한다.

조직행동(organizational behaviorists)은 이를 워크 디자인의 연구에, TQM(total quality management)은 성과 변이도(performance variance)에, 휴먼요인(human factors) 전문가들은 인간-기계 인터페이스 이슈 연구에, 소프트웨어 엔지니어들은 구조 데이터 변신(structure data transformation)과 데이터 흐름(data flow)을 연구하기 위해 적용해 왔다. 이런 마이크로 리서치 학파들과 관련된 긴 역사 때문에 경영수학적 모델(OR/MS)은 이를 실제 경영 현장에 적용할 수 있을 만큼의 충분한 형식성(formality)과 정교함(granularity)을 가지려고 노력하나 외부조건과 환경에 대한 가정과 비계량적 측정요소를 포용하지 못하고 있다는 약점이 있다.

롱테일 효과(Long Tail Effect) (B)

사물과 현상에 대한 어떤 특성치의 분포가 정규분포라는 가정 하에 분포의 꼬리 쪽에 모수의 도수가 더 많아진다면, 확률분포는 더 긴 꼬리를 가진다. 롱테일 분포, 즉 (확률) 분포의 긴 꼬리(long tail)는 분포의 머리(head)나 중앙(center)으로부터 멀리 떨어져 발생하는 많은 도수가 있음을 의미하는데, 분포의 평균으로부터 비정상적으로 멀리 많은 값들이 내포되었을 때 롱테일 효과가 나타나며, 이로 인해 분포의 치우침(skewness)이 발생할 수 있다.

롱테일이라는 용어는 소품종 다량 판매에 비해 상대적으로 다품종인 소량의 고유한

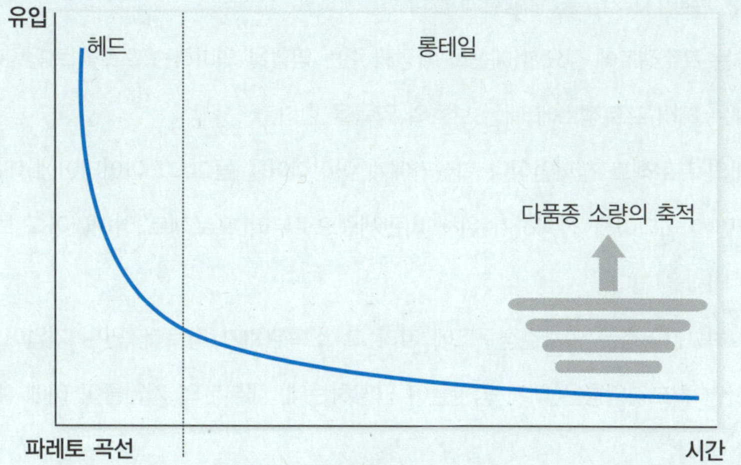

그림 12. 롱테일 효과(long tail effect)

품목을 다량으로 파는 소매 전략을 묘사할 때 최근 많이 사용된다. 이 용어는 2004년 10월 매거진 와이어드지(Wired)에 실린 크리스 앤더슨(Chris Anderson)의 글에 Amazon.com과 Apple, Yahoo!가 이 전략을 적용한 비즈니스 예제라고 언급되면서 알려지게 되었다. 앤더슨은 그의 책 *The Long Tail: Why the Future of Business Is Selling Less of More*에서 그 개념을 보다 면밀하게 다뤘다.

리더십-스폰서십(Leadership-Sponsorship) (H)

바람직한 프로젝트는 리더십과 스폰서십이라는 두 가지 요건을 갖춘다. 리더십은 아이디어의 제시 혹은 프로젝트 추진 팀(ad hoc project team)의 리드하는 역량이라고 할 수 있고, 스폰서십은 뒤에서 밀어주고 필요한 자원을 할당해 주는 등의 역량이나 관계를 말한다.

스폰서는 두 가지 기능을 수행하게 된다.

첫 번째는 프로젝트에 필요한 예산을 배정해 주는 역할을 의미하는 프로젝트 펀딩이다.

두 번째는 예비 프로젝트에 대한 보호와 양육을 한다.

회사 내의 프로젝트 챔피언이나 혁신가에게 아이디어를 듣고 그 아이디어에 대해 공감을 한다면 아이디어를 진행하기 위해 비판세력으로부터 프로젝트 아이디어를 보호하는 방어막 역할을 한다.

이러한 최고경영층은 의사결정구조에 따라 그 소속위치가 다르다. 만일 기업이 매우 관료적이라면 최고경영층은 대개 임원들이 담당하는데, 대부분의 기업들이 이에 해당한다고 할 수 있다.

반면 기업가적(enterpreneurial)인 환경, 즉 큰 기업이 아닌 자영업과 같이 한 사람의 사장이 회사에 미치는 영향력이 매우 크며 가족 중심인 회사의 경우에는 사업부문장이나 부서장급이 최고경영층이 되고, 주로 단독적인 의사결정이 이루어진다. 마지막으로 팀 중심으로 의사결정이 되는 기업의 경우에는 위원회(예: MIS 추진위원회, 혁신위원회 등)급의 팀이 최고경영층에 해당한다.

이러한 역할을 하는 사람들은 주로 프로젝트 챔피언과 지속적인 의사소통을 하는 경우가 많다.

이와 같은 의사결정구조를 고려하여 최고경영자는 IT 관련 프로젝트 챔피언과 매우 긴밀한 관계를 유지해야 하며, 관계가 좋을 때 혁신가가 가져온 아이디어를 프로젝트 챔피언이 설득력 있게 전달하고, 최고경영층은 그 아이디어를 수용하여 서로 간의 의사소통을 원활하게 그리고 빈번하게 수행해야 바람직하다고 할 수 있다.

마인드 맵(Mind Map) (B)

마인드 맵(매핑)은, 1980년대에 유행되어 사용되었는데, 일부 사람들이 컴퓨터로 활동이나 생각의 모음을 표현했던 것과 아주 비슷하게 개인의 관심 주제를 비주얼로 나열하는 테크닉으로서 고안되었다. 과거에 손으로 그리던 것을 지금은 프로그래머들이 DB에 연결하여 드로잉에 사용할 데이터를 쉽게 접근하고 조회하여 시각화된 디지털 형태로 교체하고 있다.

마인드 맵은 이제 사람들이 풍부한 커뮤니케이션을 할 수 있는 도구로 발전하고 있으며, 자기 생각을 표현해 놓은 후 같은 주제에 관심을 갖는 다른 사람이 자기 생각 체계를 쉽게 구조적으로 표현하고 이해할 수 있게 하는 시각화 도구라는 의미를 가진다. 현재 가장 어려운 점은 구축과 업데이트에 들어 가는 시간이 많이 소요된다는 단점이 있지만, 시멘틱(semantic) 소프트웨어와 비구조적 데이터 분석 도구들이 연설, 메모, 블로그 등을 마인드 맵으로 자동화하여 만들어내고 나아가 경영리더의 '두뇌'를 체계적으로 저장해 직원이나 다른 사람이 들여다 볼 수 있게 하는 장점이 있다. 그들이 앞으로 디지털 환경에서 시각화된 마인드맵을 공유하게 된다면, 경영자들은 어떤 사내 미디어나 사내 투어보다도 강력한 디지털의 출현을 가지게 되면서 그들이 자리에 없을 때에도 자기의 통찰력이나 생각을 넓고 깊게 제공할 수 있을 것이다.

Thomas, R. J., Silverstone, Y., How Smart CEOs Use Social Tools to Their Advantage. May, 9, 2015. https://hbr.org/2015/03/how-smart-ceos-use-social-tools-to-their-advantage.

메시지(Message) (A)

메시지(message)는 우리가 환경으로부터 받아들이는 시그널을 의미한다. 하지만 더 정확히 말하면 감각을 통해 받아들이는 이 시그널 또는 메시지는 다시 해석되어야 하며, 그 전에 시그널을 받아들이는 우리의 감각기관을 얼마만큼 믿어야 할까 하는 합리적 의심이 든다. 메시지는 정확히 해석되어야 하기에, '믿는 것만큼 아니면 아는 것만큼 보이는 것은 아닐까' 라는 의심은 자연스러울 수밖에 없다.

한 걸음 더 나아가, 해석된 메시지를 우리는 실체로 간주하기도 하고 그 상태가 불편하면 그 실체가 무엇이더라도, 우리가 받아들인 시그널이 실체의 주요 특성 정도는 나타낼 것이라고 인식한다. 어쨌든 우리는 사물과 현상을 이해하고 상호 사회적 시스템 내에서 의사소통하기 위하여 다양한 온-오프라인 표현 수단과 전달 수단을 찾아 콘텐츠를 창출하고 합리성에 도달하려고 한다.

휴먼 사이의 의사소통에서 메시지는 언어적이거나 비언어적일 수 있는데,

- 언어적 메시지(verbal message)는 대면 의사소통과 전화통화와 같은 시그널(signal)을 사용한 의사소통 단위이다.
- 비언어적 메시지(nonverbal message)는 바디랭귀지나 춤과 같은 언어보다 행위나 행동(action)을 통한 의사소통 단위이다.

의사소통의 용도로 사용되는 메시지가 그 분류에 관계없이 전달에 성공하기 위해 적절한 메신저보다 메시지 내용의 구성에 너무 중점을 두기도 한다. 메시지는 메신저에 의해서 구성(encode)되어 전달(transfer)되고 수신자에 의해서 해석(decode)되어 이해(interpret)되기 때문에 메시지 그 자체보다 메신저, 즉 전달매체의 역할도 고려해야 한다.

메신저가 메시지 그 자체보다 중요할 수 있다면, 설득력 있는 메신저의 특성은 무엇

일까?

Steve Martin의 How Doctors (or Anyone) Can Craft a More Persuasive Message, HBR, 2015를 참조해 보자.

멘탈 모델(Mental Model) (B)

멘탈 모델(mental model)이란 "특별히 관심을 갖는 대상에 대한 지식과 경험을 어떻게 생각하고 전달하고 행동할 것인가를 구체적으로 표현하여 목표를 달성하고자 하는 방법론"이다.[26] 멘탈 모델의 구성체계인 멘탈 맵(mental map)을 향상시키는 활동은 중요한 의미를 가지는데, 다음 세 가지 방안이 있다.

1. 멘탈 모델의 명시화(explicitating): 비즈니스 아이디어와 통찰력(ideas & insights) 그리고 관련된 가정(assumptions)에 대한 인식체계를 뚜렷하게 함.
2. 멘탈 모델의 통합화(integrating): 이해 당사자들의 멘탈 모델과 관련된 여러 가정에 대한 차이와 다양성을 통합함.
3. 멘탈 모델의 풍부화(enriching): 비즈니스 아이디어와 통찰력에 관련된 가정이란 잘 이해되지 못하고 있는 부분이 있다는 것을 의미하므로 이를 재조명하여 밝힘.

26. Dawson, R., *Developing knowledge based client relationships: the future of professional services*.

모델/모형(Model) (G)

모델이란 “어떤 것, 특히 그 특성을 나타내거나 그 성격을 연구하기 위해 사용되는 시스템이나 현상을 도해적으로 서술하거나 또는 재현해 놓은 것”으로 사물이나 현상을 그대로 표현하지 않은, 즉 하나의 은유(metaphor)된 개체이다.

모델링의 간소화를 위한 규칙이나 표준이 있으며 그것을 이해하기 위해서 학습과 참여가 필요하며, 모델링 목표에 부합하는 적절한 구성요소 선택과 이들 상호 관계의 **간결성**에 더하여 적절한 **종합성**도 반영되어야 실체에 대한 대표성이 형성된다고 본다.

업무의 처리나 그 흐름인 프로세스도 데이터의 처리나 흐름도 이와 같은 모델의 형태로 간소하게 규칙이나 표준에 따라 나타냄으로써 의사소통이나 의사결정, 그리고 실용적인 목적이나 정신적 만족을 위하여 사용될 수 있다.

강신철, 모델링, 한남대학교 출판부, 2015.

민주화와 시스템(Democratization and System) (A)

간단히 말해서 민주화는 자유로운 참여를 의미하고 시스템은 모든 사회적 구성체를 의미한다. 시스템은 사전에 플래닝될 수도 있고 이머징될 수도 있고, 한때는 플래닝이 또 한때는 이머징이 합리성이라고 믿은 때도 있었지만 급변하는 디지털 시대에는 다시 후자가 강조된다고 생각한다. 우리가 대처하는 비즈니스와 환경에서 속셈처럼 간단한 문제도 있고 응용문제도 있으며, 예상문제도 있고 예외문제도 존재한다. 시스템을 구축하여 활용함에 있어서 소위 메이커와 바이어의 이해 격차 해소, 환경을 대처 대상으로 인식할 것인지 리드의 대상으로 인식할 것인지, 그리고 누가 어떤 역할을 담당할 것인지는 정말 쉽지 않은 문제이다. 폐쇄적인 플래닝도 문제지만 개방된 플래닝도 여전히 문제이고 결국 해결 방법은 개방된 참여의 태도와 자세를 취할 때 창의로운 시스템이 실현될 수 있다.

IT의 보편화와 고도화에 따라 글로벌 연결망이 확대되고, 네트워크상의 구성원들이 다양한 사회경제적 기회를 선택하여 자발적으로 가치창출과 혁신을 노력한 결과, 가치네트워크상의 공동체 구성원들이 바라는 방향대로 생태적 이머징이 지속되는 경향을 생태계의 **민주화**(democratization)라고 할 수 있다. '연결망의 세계'에서 개별 기업들이 네트워크를 통해 다양한 플랫폼에 참여하고, 커뮤니케이션과 신뢰를 통한 콜래보레이션으로 불확실한 복잡성에 대처한다. 이 과정은 개방(open)되고 자유롭게(free) 공유(share) 및 참여(participate)할 수 있는 글로벌 네트워크와 플러그-플레이 기반의 다양한 생태플랫폼에 의해 가능해졌다.

북유럽을 중심으로 한 사회기술적 시스템(socio-technical system) 학파가 신임하는 것은 오늘날 우리가 소셜 참여 시대에 원하는 융통성과 지적 성장이었다. 기업문화의 민주화가 1960년대 이후 현장연구(action research)나 참여설계(participatory design)에 의해 진행되었다면, 연결망을 기반으로 한 기업 생태계의 민주화는 네트워크상의 쌍방향 의사소통과 개방, 공유, 대중참여(mass participation)에서 비롯되었다.

최근 들어 소셜 참여와 콜래보레이션 시대로 나아갈 때, 경쟁력도 더불어 향상되리라고(그 반대가 아니고) 생각한다. 과거의 자본주의적 사회에서 벗어나 또 독점과 갈등과 격차에서 벗어나 사회경제적으로 점점 더 자유롭게 민주화(democratized)되어 간다. 즉, 미래로 나아감에 따라 점차 컴퓨터와 로봇은 휴먼화되어 나가고, 지식정보는 메시지(message)와 더불어 미닝(meaning)을 전달하게 될 것이며, 지식은 개인의 실제 상황을 이해하는 스마트 맞춤화가 가속될 것이다. 미래의 새로운 자본주의 형태로 등장하는 네트워크 기반 엔터프라이즈 2.0의 진정한 콜래보레이션도 더욱 공동체 마인드와 함께 민주화되어 생태계 프로세스 전반에 인스티튜션화(institutionalization)를 향해 확산 그리고 정착되리라고 본다.

민첩성(Agility) (G)

비즈니스 민첩성은 비즈니스 환경에서 새로운 사업영역, 제품, 서비스, 경쟁자, 고객, 기술의 변화를 빠르게 '인지' 하고 '대응' 하기 위해 창의적으로 개선(improvement), 혁신(innovation)과 변신(transfomation)을 해낼 수 있는 역량을 말한다. IT 전략적 관점에서 민첩성은 IT의 새로운 구성과 변화를 효율적으로 빠르게 실행시키는 능력과 함께 필요한 인적자원과 프로세스를 재설계하고 조직구조와 경영전략의 변화를 수행하는 능력을 말한다.

IT 민첩성은 시스템의 구성 변경(예: 시스템 수), 데이터 품질 개선(데이터 표준 변경), IT 지원 최적화(예: 다이어트 관리 테크닉 적용), 그리고 IT 소싱 관리에 유연성을 구축하는(예: 클라우드 컴퓨팅을 처리용량 필요시 사용) 능력을 말하며, IT 그 기능 자체에 의해 비즈니스 민첩성이 보강된다.

이를 통해 규모의 경제가 아닌 범위의 경제를 실현하는 새로운 패러다임이 발생하고 있다. 급변하는 경쟁 환경에서 특정 기간이나 시점에 유지되는 안정성을 넘어 민첩성(agility)을 통해 지속적인 경쟁력의 확보와 경쟁우위를 유지할 수 있는 개인이나 조직의 역동적이지만 더불어 안정적인 특성이나 역량을 동적 안정성(dynamic stability)이라 한다.

복잡계(Complex System) (A)

복잡시스템(complex system), 즉 복잡계란 "주변 환경과 열역학적 평형 상태에서 작동하는 시스템이라기보다 오히려 신비스런 자기조직화 프로세스에 의해서 질서를 잡고 정보를 얻는 부분들이 모인 구성체"를 말한다. 한편, 복잡계는 상호연결되어 상호작용하는 구성요소들로 구성되어 있는데, 예를 들면, 우리 두뇌와 글로벌 경제도 복잡계이다. 시스템 이론(system theory)과 복잡계(complexity)와의 관계는 모호하나 차이가 있다. 복잡계는 복잡계의 다른 추가 속성인 그 구성요소들의 상호 연관, 의존, 영향 심지어 환경과의 상호영향 등 암묵적 관계를 강조하며 명시적 시스템 이론에서 더 나아가는 것이라고 할 수 있다.

따라서 복잡계가 시스템 이론을 포함한다고 말할 수도 있지만 이런 축소주의적 사고는 복잡한 시스템 구성요소들의 독립적 효과 이외에 상호작용 효과(interaction effect)를 제대로 설명하지 못함을 의미한다. 즉, 생태시스템(ecosystem)처럼 복잡계 연구에서도 복잡할수록 숲을 보지 않고 나무만 보아서는 안 된다는 뜻이다.

복잡계와 관련된 비슷한 개념인 **이머전스**(emergence), **자기조직화**(self-organization), **적응**(adaptation), **진화**(evolution)는 다변화와 관점에서 서로 연결되어 있다. 이들은 개념과 중요도 측면에서 혼란을 일으키기도 한다. 간단히 말해서 이머전스(emergence)는 자기조직화 과정에서 부상함으로써 나타나는 개념이고, 적응은 환경의 변화에 대처하여 적절히 반응하는 개념이고, 진화는 시간적으로 장기간의 달성을 의미하는 개념이다. 특히 자기조직화(self-organization)란 경험에 바탕을 둔 사고의 틀과 외부로부터의 메시지 입력을 기초로 하여 자발적으로 조직을 개조, 변경해 가는 것으로 학습과 거의 같은 의미이나 조직 자체가 주일 경우를 자기조직화라고 하며, 처리 기능이 주일 경우를 학습이라고 한다.

이들 개념의 공통점은 시스템 구성요소들이 상호작용을 함으로써 각 구성요소들의 합보다 크게 나타나는 과정이라는 점에서 공통점이 있다. 특히 복잡계의 속성으로서 이머전스는 사전 계획화(예: 플래닝)가 아닌 자기조직화에서 새로운 질서를 찾아가는 과정(예: 혁신)으로 인식하기 때문에 가장 중요한 모습이라고 생각한다.

그렇다면 복잡계에서 새로운 질서를 찾아가는 과정에서 우리에게 필요한 적절한 마인드는 무엇일까?

Tim Sullivan은 Embracing Complexity, HBR, 2011에서 비즈니스와 관련하여 다양한 관점에 자신을 노출시키고 지속적으로 학습하는 것이 중요하다고 밝힌다.

비즈니스 룰(Business Rule) (C)

비즈니스 룰이란, 경영 환경에서 의사결정시 각각의 선택 의사결정 선택 대안들에 부합하는 조건에 따라 공식적으로 적용될 수 있는 잘 수립된 조건-선택 집합으로, 상세 규칙이나 규정을 말한다.

비즈니스 룰은 조직 내의 사람이나 프로세스, 기업의 행위 그리고 컴퓨팅 시스템에 적용될 수 있고, 결국 조직의 목표를 달성하기 위해 조직을 돕는 데에 쓰인다.

예를 들자면, 비즈니스 룰은 "재방문 고객에게는 신용조회를 실시하지 않는다", "고객의 신용도가 너무 낮은 경우 임대업무를 맡은 지점은 임차를 허용하지 않는다" 등의 단순한 형태로 기술될 수도 있다.

비즈니스 룰이 비공식적이거나 심지어 기록되지 않을 경우, 규칙을 명확하게 문서화하고 혼란이나 충돌을 줄여주는 것이 가치 있는 활동이라는 것을 확인할 필요가 있다. 비즈니스 룰이 주의 깊게 관리될 때, 조직이 보다 나은 목표를 달성할 수 있도록 도울 수 있고, 시장 점유율을 높이고, 실수로 인한 비용을 감소시키고, 의사소통을 향상시키며, 법적 요구사항을 준수하고, 고객의 충성도를 높일 수도 있다.

조직은 비즈니스 사례(business practices)를 선제적으로 기술하고 룰 데이터베이스를 만들 수도 있는데 이런 활동들이 기업에 이점을 가져오고 나아가 비용과 시간 소요를 줄일 수 있다. 예를 들면, 조직에 컨설턴트를 고용해야 하는 비용을 줄인다든지 다양한 표준이나 방법들을 보다 견고하게 할 수 있다. 비즈니스 프로젝트의 과정 동안 문서화된 비즈니스 룰들은 프로젝트의 첫 시행보다 더 쉽고 저렴한 실행을 가능하게 한다. 비즈니스 룰을 모으고 문서화하는 가장 좋은 방법에 대해 조직 내 사람들을 교육하고 훈련하기 위해, 전문가들은 비즈니스 룰 방법론을 만들기도 한다. 나아가 조직 내에 축적된 비즈니스 룰 데이터베이스는 그 기업 내에 지식으로 확산되어 지속적으로 강화되고, 기업이 속한 동종 유사업종의 모범사례(best practices)로서 활용되기도 한다.

비즈니스 모델(Business Model) (G)

비즈니스 모델이란, 하나의 조직이 어떻게 가치를 창조하고 전파하며 포착해 내는지를 합리적이고 체계적으로 묘사한 모델이다. 즉, 조직이 전략적 목표나 목적에 맞게 핵심 제품이나 서비스 형태로 가치를 제공하는 방식을 묘사할 뿐만 아니라, 현재나 미래에 조직에 의해서 설계되거나 개발될 상호 관계된 구조적이고 협동적인 여러 기능조합을 개념이나 기호로 표현한다.

비즈니스 모델에 대한 다양한 해석과 구성이 있지만, Al-Debei와 Avison에 의해 2008년에 정의된 비즈니스 모델은 가치 제안(value proposition), 가치 구조(value architecture), 가치 재무(value finance), 그리고 가치네트워크(value network)를 나타냈으며, 비즈니스 모델의 주요 구조와 차원을 구조물의 형태로 표현했다.

이어서 2010년 아스터왈더(Osterwalder A.)와 피그너(Pigneur Y.)가 출간하여 널리 알려진 *Business Model Generation*에는 비즈니스 모델의 구조가 다음과 같은 빌딩 블럭으로 표현되었다.

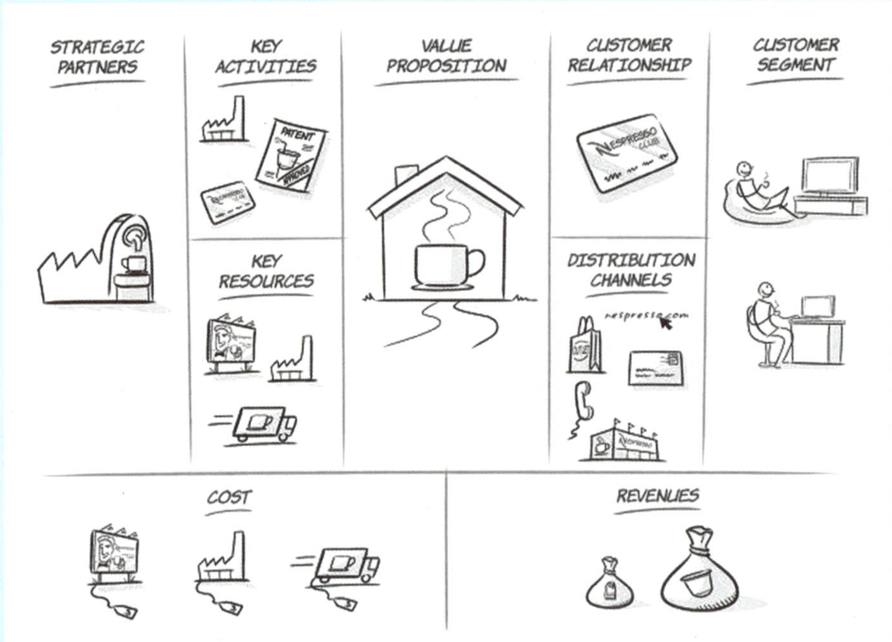

- 고객 세그먼트(CS: customer segment): 조직이 상품이나 서비스를 제공할 하나 이상의 고객의 범위
- 가치 제안(VP: value propositions): 조직이 고객의 문제를 해결해 주고 욕구를 충족시켜 주는 특정한 가치
- 채널(CH: channels): 조직이 고객에게 커뮤니케이션, 물류, 세일즈 채널 등을 전달할 경로
- 고객관계(CR: customer relationships): 각각의 고객 세그먼트별로 고객과의 관계는 특징적으로 생성, 유지, 강화
- 수익원(RS: revenue streams): 조직은 고객들에게 전달하고자 하는 가치를 성공적으로 제공했을 때 얻는 수익
- 핵심자원(KR: key resources): CS, VP, CH, CR, RS를 실현하기 위해 필요로 되는

핵심자원

- 핵심활동(KA: key activities): CS, VP, CH, CR, RS를 실현하기 위해 조직이 수행하는 여러 유형의 핵심활동
- 핵심 파트너십(KP: key partnership): 특정한 자원이나 활동들의 아웃소싱을 위해 파트너십 수행
- 비용구조(CS: cost structure): 비즈니스 모델의 여러 요소를 수행하기 위해 소요되는 비용

Osterwalder, A., and Pigneur, Y., *Business model generation: a handbook for visionaries, game changers, and challengers*. John Wiley & Sons, 2010.

비즈니스 애널리틱스 (F)

비즈니스 애널리틱스는 의사결정을 유도하기 위해 현상의 상관이나 원인을 설명해 주거나 과거자료를 바탕으로 앞으로 일어날 일을 예측하는 모델링을 광범위하게 사용한다. 애널리틱스는 결과적으로 경영과학과 밀접하게 관련되어 있으며 인간 의사결정을 위한 방법론이나 도구로 사용될 수 있으며 때로는 완전히 자동화된 의사결정을 유도할 수도 있다.

애널리틱스의 유형

- 의사결정 분석(decisive analytics): 인과를 반영하는 사용자 모델을 시각적 분석 툴과 함께 지원하는 분석
- 기술적 분석(descriptive analytics): 보고서나 성과표, 군집분석 등 과거 데이터로부

터 통찰을 얻는 분석

- 예측적 분석(predictive analytics): 통계나 기계 학습기술을 이용하여 예측 모델링
- 예언적 분석(prescriptive analytics): 최적화나 시뮬레이션을 사용하여 의사결정을 추천

애널리틱스의 과제

비즈니스 분석 결과는 질적으로 높은 수준의 데이터를 충분히 많이 확보하느냐에 달렸다.

데이터 품질을 확신하는 데에 어려운 점은 다른 시스템을 통한 데이터의 통합이나 연계 그리고 어떤 데이터 셋이 의사결정에 유용한지 결정하는 것이다.

예전에는 애널리틱스가 과거 몇 년간 혹은 몇 분기간 제품이 얼마나 팔렸는지 조사함으로써 고객의 행동을 예측하는 '사실발생 이후'의 방법을 고려했었고, 이 경우 데이터 웨어하우징은 데이터의 스피드보다는 얼마나 많은 양의 데이터 양과 공간을 확보하는지가 중요했다.

하지만 현재 비즈니스 애널리틱스는 고객과의 상호작용 결과에 영향을 주는 툴이 되었다. 특정 고객의 유형이 제품 구매를 고려할 때 애널리틱스는 세일 방식을 그 고객에게 맞게 조절할 수 있다. 이는 데이터 양이나 스토리지의 문제가 아니라 실시간으로 필요한 자료를 얼마나 빠르게 생성하여 반응해야 하는지를 의미한다.

비즈니스 인텔리전스 (F)

비즈니스 애널리틱스는 비즈니스 계획을 이끌고 통찰을 얻기 위해 과거의 비즈니스 성과를 연속적이고 반복적으로 탐색하고 조사하기 위한 스킬과 기술 그리고 실례와 관

련되어 있다. 비즈니스 애널리틱스는 데이터와 통계적 기법을 근거로 비즈니스 성과의 이해와 새로운 통찰을 개발하는 데에 초점을 맞춘다. 대조적으로, 비즈니스 인텔리전스는 전통적으로 비즈니스 계획을 지원함과 동시에 과거 성과를 측정하기 위해 일관된 지표 모음을 사용하는 데에 초점을 맞춘다.

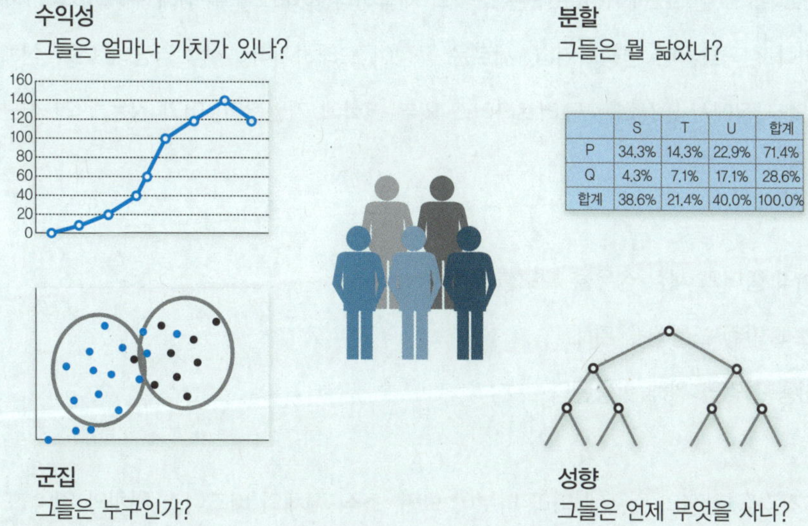

Sambamurthy, V. Zmud, R., *Guiding the Digital Transformation of Organization*, 2012.

그림 13. 비즈니스 인텔리전스 툴—고객분석

비즈니스 인텔리전스는 질의, 보고서 작성, 실시간 온라인 분석 프로세싱(OLAP)이나 예외상황 경고(alerts)에 관련되어 있다. 즉, 비즈니스 인텔리전스에서 생성되고 보고되는 다양한 보고서와 프로세싱은 특정 시점에 무엇이 일어나고 얼마나 많이, 얼마나 자주, 문제가 어디에서 일어나는지, 어떤 액션이 필요로 되는지와 같은 문제에 답을 할 수 있는 다양한 솔루션 혹은 툴을 제공한다.

비즈니스 전환(Business Shift) (C)

비즈니스 트랜스포메이션은 비즈니스가 시장환경에서 변화에 적응하는 것을 돕기 위해 어떻게 수행되어야 하는지 기본적인 변화를 만드는 것에 관련되어 있다.

비즈니스 트랜스포메이션 요구는 조직의 제품이나 서비스가 유행에 뒤쳐지거나, 재무상황이나 현금흐름이 변경되거나, 새로운 규정이 도래하거나, 시장 경쟁이 더욱 심해지는 등의 시장에서 발생하는 엔터프라이즈 외부 변화에 기인한다. 이와 같은 관리 접근법은 넓게는

- 수익 증대와 시장 점유율 확보를 위해
- 고객 만족도 향상을 위해
- 비용 절감을 위해 활용된다.

이 각각을 관점의 수준에 따라 나누어 보면, 조직 전체의 비즈니스 위치와 영역 또는 영역 내 상호 밀접한 프로세스들의 연계와 단순화 또는 업무처리의 속성과 방식을 바꾸어 다시 만들어내는 수준을 의미하나 트랜스포메이션으로 구분된다. 기업들은 특히 프로세스를 혁신하고 집행하는 플레이어들(휴먼과 머쉰)의 역동적이고 창의적인 가치 생산 역할을 강조한다.

비즈니스 전환(business shift) **: 거시**(macro) **관점**

트랜스포메이션의 매크로 관점은 시장에 있어서 그 조직의 좌표 재설정(repositioning)을 강조하고 있다. 일반적으로 이는 새로운 비즈니스 기회를 발견하거나 새로운 조직적 경쟁력을 인식하여 이러한 비즈니스 기회들이 실현될 수 있도록 하는 것이 필요하다. 대부분의 이러한 경우에는 보통 비즈니스 시장의 영역이 확장(enlarge)되

거나 이동(shift)되곤 한다.

이러한 매크로 관점을 채택하는 대부분 연구자들은 전략적 선택(strategic choice), 환경적 선택(environmental selection), 그리고 전략적 정보 시스템(SIS: strategic information systems)과 연관된 분야에 속한다. 기술적인 측면들을 강조하는 SIS 경우에 비해, 다른 둘—전략적 초이스와 환경적 선택—은 조직적 변신에 있어 사회적인 측면들을 강조한다. 매크로 관점을 활용하기 위해 수많은 개념적 프레임워크들이 만들어졌다. 그러나 이러한 프레임워크들은 대부분 조직적 변신의 사회적인 측면과 기술적인 측면을 적절히 잘 통합하는 데 실패했고, 이 중 대부분의 기술적 체계들은 정식 이론적인 형식이 부재한 사후 회고적인 성향(예: '지나고 보니')들을 보여왔다.

비즈니스 테크놀로지 융합론(Business Technology Convergence) (K)

융합(convergence)은 비즈니스와 기술이 완전하게 하나로 묶여 두 개를 구분할 수 없게 되는 상태, 즉 어느 것이 주도하는지를 알 수 없음을 의미하는 개념으로 전략적 위치선정 방식에 따라 다양한 포지셔닝이 가능하다. 비즈니스와 테크놀로지의 융합은 그동안 수많은 MIS, 컨설팅, 이노베이션 분야에서 강조되어 온 쟁점으로 어떻게 하면 비즈니스와 테크놀로지를 상호 연계시킬 수 있느냐가 관건이다. 이러한 개념과 관련하여 비슷하지만 의미에 약간의 차이가 있는 세 가지 용어가 최근에 등장한다.

연계(Alignment)

기술(technology)이 비즈니스를 지원하거나 가능하게 하는 역할을 하지만 거의 기업 전략에 영향을 미치지 않음

동기(Synchronization)

기술(technology)이 비즈니스 전략을 실현, 미래의 비즈니스 모델과 전략을 예측, 형상화

융합(Convergence)

비즈니스와 기술이 서로 얽혀 있는 단계, 두 영역의 구분이 어려움

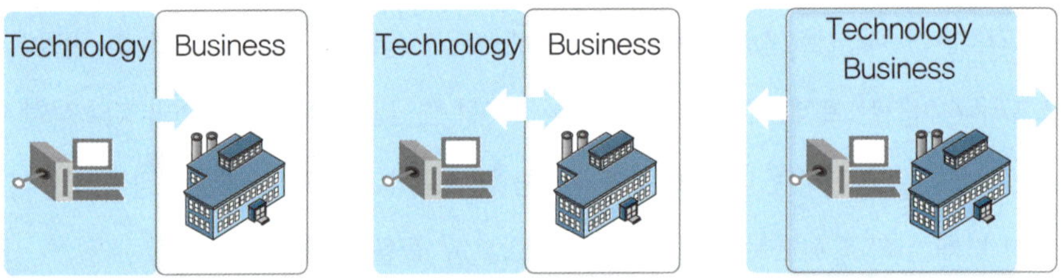

그림 14. 비즈니스와 테크놀로지의 융합

- 연계(alignment)는 기술이 경영을 도와주는 개념이다. 이는 경영이 주체가 되며 기술은 경영을 지원하기 위한 하나의 수단(비즈니스 pull)적 역할을 함을 의미한다.
- IT와 비즈니스 동기화(synchronization)는 경영이 주체(비즈니스 pull)가 되기도 하지만 때로는 기술이 주체(테크놀로지 push)가 되어 새로운 제품이나 서비스의 영역을 만들어 준다는 개념이다. 다른 말로 하면, 필요에 의해 발명이 되기도 하지만(필요는 발명의 어머니), 기술이 발전하면 새로운 영역을 창출하기도 한다(발명은 필요를 창출한다)는 것을 의미한다. 비즈니스와 기술 동기화 시대에는 경우에 따라 비즈니스와 기술 중에 하나가 주체가 되어 상호의 변화가 긴밀하게 연계될 수 있다.
- 융합(convergence)은 비즈니스와 기술이 완전하게 하나로 묶여 두 개를 구분할 수 없게 되는 상태를 의미하는 개념이다. 즉, 경영과 기술의 영역이 '일심동체'와 같이 완전히 합체되는 것이다. 여기서 독자는 단어의 차이보다 강조되는 개념인 B-T의 융합을 이해하면 되겠다.

비즈니스 플랫폼(Business Platform) (D)

비즈니스 플랫폼은 비즈니스 프로세스의 설계와 운영이 가능하도록 하는 IT 자원과 비즈니스 자원의 구성을 나타낸다. 오늘날 지속적인 가치사슬 활동의 증가는 IT를 통하여 혹은 IT의 지원으로 가능해진다. 기본적으로 종업원들이 디지털화된 비즈니스 플랫폼을 통하여 데이터와 도구에 접근함으로써 업무를 수행하는데 이와 같은 디지털 비즈니스 플랫폼은 특정 가치사슬 활동을 지원하거나 가능하게 하는 디지털화된 메커니즘과 도구의 집합으로 나타낸다. 이와 같은 비즈니스 플랫폼을 설계하고 구성하며 향상시키는 방법을 보면 다음과 같다.

- 비즈니스 프로세스를 비즈니스 플랫폼으로 변환
- 비즈니스 플랫폼을 설계
- 글로벌 비즈니스 플랫폼
- 비즈니스 플랫폼의 표준화와 통합

전통적으로 대부분의 조직들은 대부분의 업무들이 제한된 기능적 부서 내에서 발생한다는 가정으로 그들의 활동을 설계한다. 각각의 부서들은 특정 과업활동의 집합을 수행하는 동안 책임을 배정받는다. 조직의 부서들이 그들의 업무활동을 성공적으로 수행한다면, 그리고 각 부서의 과업활동이 다른 부서에서 수행되는 과업활동과 함께 조화되어 잘 수행된다면, 조직의 목적은 달성될 것이다. 이와 같은 이치로 과업을 분산함으로써 부서의 직원들이 집중적으로 지정된 과업활동의 집합을 위해 과업 절차와 전문성을 개발하여 집중할 수 있다.

이와 같은 비즈니스 플랫폼은 사회적 플랫폼의 성격을 띤다. 사회적 플랫폼은 가치, 행동, 문화를 갖출 수 있게 해주는 기반으로 네트워크 또는 관계망 시각을 중심으로 지속적인 상호 인식(recognition)과 인정(realization)이 제도화를 가능하게 해주며 여기에 포함된다. 즉, 플랫폼은 사회적으로는 특정 집단의 구성원(member)이 됨으로써 획득되는 잠재적 자원의 총합이며 구성원 간의 관계 속에서 형성된 자본으로 보아 또 다른 형태의 역량(예: 애플리케이션)을 구축, 유지할 수 있게 해준다. 이러한 사회적 플랫폼은 다음 세 가지 차원으로 구분된 속성을 가진다.

- 구조적 차원(recognition)은 구성 배열, 다양성, 집중성, 네트워크 경계 활동(boundary-spanning)을 의미한다.
- 인지적 차원(realization)은 표현(representation), 해석(interpretation), 의미체계(systems of meaning)가 조직 내 공유되는 자원으로 정의된다. 이들은 또한 이해를 바탕으로 구성원이 조직의 목표와 가치를 공유한다는 것을 의미한다.
- 관계적 차원(relationship)은 구성원들이 상호활동의 과정을 통해 개발되는 신뢰, 의무, 호혜와 같은 개인적 관계성을 의미한다.

빅데이터(Big Data) (D)

빅데이터에 대한 논의의 시작은 2001년 META Group에 의해서 시작되었으며, 3V 개념과 함께 제시되었다. 2001년 META Group의 멤버 Doug Laney는 "3D Data Management: Controlling Data Volumes, Velocity, and Variety"에서 전자상거래의 등장으로 채널의 POI(point of interaction)에 관한 유용한 데이터의 깊이(depth), 넓이(breadth), 속도(speed), 형식(format), 구조(structure) 등이 논의되어야 함을 가장 먼저 밝혔다.

또한 빅데이터에 대한 이슈를 적극적으로 제기한 매킨지 보고서에서는 빅데이터를

"크기가 지나치게 커서 기존의 데이터베이스 도구로 캡쳐, 저장, 분석이 불가능한 데이터 세트"라고 정의했다. 이후 EMA, TeraData, IBM, SAS, ORACLE, Gartner group 등의 정의가 빅데이터의 주요 특성이나 사례와 함께 제시되었다.

2012년 TechAmerica Foundation의 연방 빅데이터 위원회(federal Big data commission)는 "빅데이터가 어떤 기술(technologies)이라기보다는 사회를 통해 생성되는 방대한 양의 가공되지 않은 정보(데이터)로부터 결과적으로 도래하는 현상(phenomenon)이며, 이 현상은 방대한 양(volume)의 데이터를 다루어야 하는 도전(challenge)과 함께 그것의 효과를 증대시키 위해 노력하는 정부 관계기관(조직)에게 기회(opportunity)를 제공한다"고 요약했으며 그 용어(term)를 특성(characteristics)과 함께 정의했다.

첫째는 규모(volume)이다. 현재 빅데이터 분야에서 사용되는 데이터의 양은 평균 1테라바이트에서 1페타바이트 사이이다. 그러나 앞으로 시간이 흐를수록 처리해야 하는 데이터도 비계획적/비구조적 도메인 그리고 사물인터넷/산업인터넷의 영향으로 그만큼 빠르게 성장할 것으로 예측된다.

둘째는 다양성(variety)이다. 빅데이터 분석에 사용되는 데이터의 종류가 그만큼 많다는 의미이다. 글자로 이루어진 텍스트 데이터뿐만 아니라 소리, 음악 등의 사운드 데이터 그리고 그래픽, 사진, 동영상 등의 영상 데이터가 추가된다. 각종 센서에서 수집된 위치와 움직임도 빼놓을 수 없다. 데이터의 형태는 이제 단순한 계산법으로는 다룰 수 없을 정도로 다각화되고 있다.

셋째는 속도(velocity)이다. 빠르게 분석할 수 없다면 빅데이터라는 이름도 소용이 없다. 결과값이 산출되지 않아 마냥 기다려야 한다면 그만큼 결정이 늦어지고 대처능력도 떨어지게 된다. 기존의 데이터를 분석하는 동안에도 새로운 데이터가 끝없이 밀려드는 세상이다. 트위터를 통해 하루에 오가는 단문의 수만 해도 5억 건에 달한다. 다량의 데이터를 신속하게 분석하는 것은 빅데이터 기술의 필수조건이다.

넷째는 정결성(veracity)이다. 분석 결과가 정확하지 않다면 아무리 노력해 봐야 별 의미가 없다. 어느 상황에서든 불확실성을 완전히 제거하는 것은 어렵지만 데이터를 만들어낸 휴먼과 머신의 상황을 정확히 반영할수록 신뢰도가 높아지고 기술이 유용해지는 것은 당연하다. 앞의 3가지 조건은 지속적으로 충족되고 있지만 정결성만큼은 획기적으로 높이기가 힘들어 데이터 내용(contents)보다 원천(source)에 대한 타당성(validity)과 신뢰성(reliability)을 판단함이 대안이 된다.

빅데이터(Big Data) 분석시 주의사항 (G)

경영자는 좋은 소식에 쉽게 현혹되더라도 겉으로만 보이는 내용을 중심으로 분석을 하려고 해서는 안 된다. 사실, 데이터 분석에 있어서는 실수를 하더라도 회의에 빠져보는 것이 낫다. 예를 들면, 웹사이트 트래픽이 증가하는 것을 보게 되면 회사는 좋아서 하던 대로 계속하게 되곤 한다.

그렇지만 어떤 것이 너무 좋아보여 사실일 리가 없어 보일 때도 있다. 좀 더 깊이 들여다 보면 모바일 트래픽 쪽은 사실 데이터는 그대로를 나타내지만, 만일 모바일 플랫폼에 깊은 관심이 있을 때, 자신들의 전략과 함께 살펴보도록 해야 한다. 가능한 한 깊게 데이터를 파헤쳐야 하며, 그게 사실인지 확인해야 하고, 그런 결과를 야기한 실제 프로세스를 정말 이해하고 있는지 살펴봐야 한다.

확증할 수 있는 데이터를 찾아서 전통적인 지혜를 탐색해 낼 수 있는 새로운 방법을 개발해 내야 한다. 의사결정을 내려야 될 때가 되면 결정하되, 결과가 나오면 다시 판단하도록 한다.

Redman, C., "When It Comes to Data, Skepticism Matters," *Harvard Business Review Management Tips of today*, Jan 22, 2015.

사무자동화론(Office Automation) (K)

사무활동의 효율성 및 질적 관련성, 적절성, 정확성을 지향하는 논리로서 원래 오토메이션이라는 개념은 제조업 생산공정의 자동화에서 비롯된 것으로, 이를 사무실 업무에 도입한 것이다.

사무자동화에서는 처리업무의 양적 증대에 의한 효과보다는 거래처리시스템(TPS)이나 보고서 시스템(IRS) 등의 도입으로 정확한 판단을 위한 정보수집과 회사 전체의 의사교류를 통한 업무의 능률과 의욕을 증진시키는 것을 목표로 한다.

미국에서는 1950년대 말부터 시작되어 1970년대에는 데이터의 정형화까지 이루어지게 되었다. 1980년 중반부터는 OA가 급속히 확산되면서 대한민국에서도 사무실 업무의 자동화가 도입되었다. 기업의 사무처리는 물론, 전기 · 가스 · 전화 요금의 계산, 철도좌석의 예약과 승차권 발매, 은행고객계좌의 잔고와 이자계산 등도 컴퓨터를 이용한 데이터처리시스템으로 처리하게 되었다.

사물인터넷(Internet of Things) (G)

사물인터넷이란 기존의 유선통신을 기반으로 하는 인터넷이나 나아가 모바일보다 진화된 네트워크 현상으로 인터넷에 연결된 기기가 기기에 장착된 센서를 통해 사람의 개입 없이 상호 정보를 주고받아 처리하는 네트워크를 말한다.

기존의 센서, 통신장비, 사람과의 통신 개념이 인터넷으로 확장하여 사물이 인간에 의존하지 않고 통신을 주고받음은 물론이고 현실과 가상세계의 모든 정보와 상호작용하는 개념으로 진화한 단계라고 할 수 있다.

Nest Thermostat의 간단한 예를 들면 이 디바이스는 가정에서 사용하는 자동온도조절기의 데이터를 인터넷으로 받아 집계 후 종합 분석하는데 플랫폼 기반을 이용한다. 애플 출신의 엔지니어가 Nest Lab(지금은 구글이 인수한 상태)을 설립하여 만든 홈 오토메이션 분야의 자체 학습하는 자동온도조절기(learning automatic thermostat)로서 자동조절, 일정조정, 학습조정 기능이 있다. 일기예보와 사용자의 난방 온도 패턴을 연계하여 최적의 온도를 wi-fi와 스마트폰으로 조정할 수 있게 한다.

사회기술적 디자인(Socio-Technical Design) (B)

사회-기술적(socio-technical) 접근방법은 조직의 변화와 트랜스포메이션에 대한 설명이며, 이는 조직을 다양한 목적을 가지고 있는 구성 복합체로 인식한다.

기술적인 시스템은 테크놀로지와 그와 연관된 업무 구성을 말한다. 사회적인 시스템은 개인들의 그룹화와 코디네이션, 그리고 통제와 경계 경영을 말하고, 또한 그룹으로의 권한 강화와 운영상 결정사항에 있어서 판단에 대한 신뢰이기도 하다.

이 접근방법은 기술의 생산성뿐 아니라, 시스템으로 영향을 받게 될 구성원 생활 및 작업환경의 조화인 이중 최적화를 추구한다. 이 시스템 디자인 방법의 특징은 구성원의 참여(participation)를 강조한다. 그 과정에서 먼저 사회적 시스템과 기술적 시스템 각각 별도의 목적에 맞게 각각 대안들을 연이어 도출하고, 이들의 콤비네이션을 원래 시스템의 목적에 비추어 리스크를 분석하며, 필요 자원을 파악하여 최종안을 선택해 낸다. 이는 테크놀로지가 새로운 업무 시스템을 시행할 때 지배 요인이 되어서는 안 된다는 것을 뜻했다. 직원들에게 양질의, 그리고 만족스러운 업무 환경을 제공하는 것도 똑같이 중요했다. 이후 많은 연구자들이 Tavistock의 주장을 따랐다. 영국 맨체스터 대학의 E. Mumford는 사회-기술적인 접근방법을 시스템 디자인에 접목하여 꾸준히 전 세계에 전파해 왔다.

표 7. 기술적 시스템과 사회적 시스템의 주요 특성

	기술적 시스템	사회적 시스템
발생	인간 활동의 산물로 외부로부터 설계될 수 있음	진보의 결과로 설계될 수 없고 단지 외부로부터 영향을 받음
컨트롤	미리 정해둔 성능으로 조절(컨트롤)될 수 있도록 설계됨	항상 문제(과제) 조절을 위한 잠재력을 보유
상태(수준)	낮음: 미리 프로그래밍된 학습과 환경과의 상호작용	높음: 행위자 패턴에 대한 임기응변이나 예상할 수 없는 적응능력을 지님
변화	(다른 기술적 시스템에서 시험될 수 있도록) 미리 프로그래밍되거나 (새로운 버전이 설치될 수 있도록) 외부로부터의 조정의 결과	진보적: (기대치 않은) 새로운 변화를 주도하는 조금씩 증가하는 변화의 축적. 어떤 사회적 시스템도 다른 사회적 시스템의 변화를 시험(시뮬레이션)할 수 없음
응변	응급상황을 회피하도록 설계됨. 버전이 더욱 높아질수록 응급상황에 대한 반응은 줄어듦	변화와 진보를 위한 잠재력이 응급상황으로부터 비롯됨
기준	정확성, 신뢰성; 기대하지 않았고 공연한 사건들은 기능장애로 해석됨	개인적 관심, 동기; 자발적이고 공연한 사건의 경우에도 의도적이고 악의가 있는 경우 사례가 될 수 있음
모델링	입력이 어떻게 처리되고 어떤 결과를 가져오는지 기술함으로써 모델화됨	모델은 단지 실제 행위자들을 단지 추정할 뿐, 지속적으로 적응되어야 함
개발방식	외부로부터 생산되거나 프로그래밍됨	의사소통 형태의 상호작용으로 촉발되는 점진적 진보에 의해 개발

Fischer, G., Herrmann, T. "Socio-technical systems: a meta-design perspective." *IGI Global*, 2011, 1-33.

Mumford, E., "The Story of socio-technical design: reflections on its successes, failures and potential," *Information Systems Journal*, Vol. 2006, No. 16, pp.317-342, 2006.

사회적 링크(Social Link) (C)

비즈니스 참여자들 간의 메세지의 전달(흐름)과 처리(해석)가 수행될수록 비즈니스 생태계는 지속적으로 지식화되고 새로운 가치를 창출한다.

가치창출을 위한 지식화는 두 가지 방식에 따라 연계구조와 중점을 두는 영역, 그리고 주로 추구하는 바가 달라진다.

사회적 링크(social link)란 비즈니스 생태계 내 가치네트워크 참여자인 멤버들 간의 커뮤니케이션에 있어서 관계망을 통하여 학습, 역량, 갈등해소 등의 산출물을 만들어내고자 하는 응집력과 웰빙 중심의 연계구조이다.

- 관계망을 통하여 학습, 역량, 갈등해소 등의 산출물을 만들어내고자 하는 응집력과 웰빙 중심의 연계구조
- '휴먼-조직구조' 인터페이스에 초점
- 웰빙 추구

사회적 링크가 신의성실, 공정, 웰빙 등의 비물질적인 면에 초점을 둔다면, 기술적 링크는 거래 조건, 생산성 등의 물질적인 면에 초점을 둔다. 어느 한 가지가 더 중요하다기보다는 두 링크의 역할이 다르다는 점을 아는 것이 중요하다.

혁신의 역사를 살펴보면 혁신적 관계와 창의적 관계는 기술적 링크가 아닌 사회적 링크로부터 비롯된다는 점을 확인할 수 있다. 요즘은 디지털화가 나날이 발전하고 보편화되는 시대이지만 더욱 중요한 점은 사람 간의 소셜 네트워킹이라는 점을 강조하고 싶다.

→ 기술적 링크(technical link) (C)

산업혁명(Industrial Revolution) (C)

산업혁명은 대략 1760년부터 1820년 사이의 기간 동안 새로운 기술 혁신과 생산 프로세스에 있어서 대변혁을 일컫는다. 이 변혁은 수공업에서 기계생산으로 새로운 화학적 제조와 철의 생산과 향상된 수력과 증기력 사용의 증가와 기계도구의 개발을 포함한다.

18세기에 들어서 영국 내외에서는 면직물의 수요가 급증하자 와트가 증기기관을 개량해 대량생산이 시작되었는데, 이를 산업혁명의 출발점으로 본다. 그 후 면직물 공업이 산업혁명을 주도하게 된다. 산업혁명 중에는 기계가 무수히 발명되었다. 이때부터 기계는 생산을 지탱하는 중요한 역할을 하게 된다.

이 산업혁명 시기 사회의 주요 동인(driver)은 기술(techniques) 혁신에 기인한 기계의 힘(machine power)이라고 할 수 있다. 그러나 산업혁명은 결국 인간을 기계로 만들려고 했다는 비판을 받게 되기도 했다.

상지트 폴(Sangeet Paul C.) (J)

상지트 폴은 플랫폼 전도사로서 플랫폼 혁명 경제학에 관한 연구와 파워 블로거로서 널리 알려져 있다. 웹 2.0, 네트워크 조직, 플랫폼 사고에 의한 디지털 비즈니스로의 트랜스포메이션을 강조하며 기존의 비즈니스 모델이 앞으로 어떻게 교란될 것인지를 분석을 통하여 전파하고 있다. 그는 싱가포르에 연구소를 자기 이름으로 가지고 있으면서 여러 주요 회의에 특강을 그리고 하버드 비즈니스 저널 HBR(Harvard Business Review), 포브스(Forbes) 매거진, 월스트리트 저널에

산업 분석과 아티클을 기고하고 있다. MIT Centre for Digital Business에서 플랫폼 경제학 기본이론을 공동으로 플랫폼 혁명에 관해 작성하고 있다.

생태시스템(Eco-System) (G)

생태시스템에 대한 유추(analogy) 해석은 생물학적 생태계와 여러 분야에서 원용되어 왔다. 생물학에서의 생태학은 사회생태학, 경제생태학, 정치생태학, 경영생태학으로 범위를 넓혔지만 생물학 그대로 사용되어서는 의미 있는 통찰력을 제공할 수는 없다. 이러한 생태시스템에 대한 유추는 다른 시스템인 생물학, 경제경영학, 소셜 분야를 이해하는 툴로서 도움이 된다. 그리고 무엇이 가능하고 불가능한지 무관심하기보다 얼마나 유추 해석될 수 있는지를 따져보는 것이 훨씬 의미 있다고 생각한다. 변화론(change theory)으로 저명한 Lewin은 경영이론이 자연 생태학 원용은 하지만, 그대로 따르는 것이 아니고 오직 기본적 속성을 공유할 뿐이라고 말한다.

경제생태학이나 소셜 생태학이 비즈니스 생태학에 가장 가깝다고 할 수 있으며 비즈니스 생태시스템 이론을 형성할 때 가장 큰 기여를 했다. 사실 생태시스템의 범주를 정할 때, 자연생태학에서 그랬던 것처럼 비즈니스 생태학에서도 마찬가지로 연구의 대상과 질문 상황에 따라 범주를 결정할 수 없다. 왜냐하면 사회학은 구성원 전체를 대상으로, 조직학은 개별 조직을 대상으로 하지만, 생태학은 독립적이면서도 상호 관계하고 의존하는 커뮤니티 파퓰레이션(population) 전체를 분석 수준(level of analysis)의 대상으로 하기 때문이다. 나아가서, 오늘의 디지털 시대에 진입하면서는 소셜, 모바일, SNS 테크놀로지는 목적과 비전을 공유하는 공동체로 하여금 비즈니스 생태계를 디지털 생태계로 트랜스포메이션하기 위한 기반으로 플랫폼을 구축한다. 결국, 개방된 가치네트워크는 비즈니스 플랫폼을 기반으로 한 에코시스템을 구축한 이후 자기조직화, 이머전스, 진화, 어댑테이션을 통하여 경쟁과 협력으로 진화하리라고 본다.

Peltoniem, M., Vuori, E., *Business ecosystem as the new approach to complex adaptive business environments Complexity: Metaphores, Models, and Reality*, 2004. Westview, pp.419-449.

Frosch, R.A., Gallopoulos, N.E. "Strategies for Manufacturing," *Scientific American*, Vol. 261(3), 1989, pp.144-152.

Holland, J. H. *Adaptation in Natural and Artificial Systems*, The University of Michigan, 1992.

Lansiti, M., Levien, R. "The Keystone Advantage: What the New Dynamics of Business Ecosystems Mean for Strategy, Innovation, and Sustainability," Harvard Business School Press, 225p. System. Ecological Economics. 2004. Vol 39(1), pp.145-161.

Lewin, R., *Complexity: Life at the Edge of Chaos*, The University of Chicago Press, 1999, 234p.

설득력(Persuasive Power) (G)

중요한 의사결정에 임하게 되면 제공되는 지식과 정보는 설득력을 갖춰야 실제 행동으로 나타난다. 설득력 있는 정보의 표현과 전달 방법은 Hebert Simon의 의사결정 모델에서도, Everett Rogers의 이노베이션 어덥션 모델에서도 강조된다. 최근에는 소셜 영향자(influencer)의 중요성이 강조됨으로써 더욱 부각되는 모습이다. 아이디어는 아이디어일 뿐이며 설득력의 6가지 구성요소(6 Is)는 다음과 같다.

1. 아이디어(ideation)

최고의 설득자는 박스 내에 머물러서 생각하지 않는다. 그들은 뭔가 새로운 것을 제공하며 테이블 위에 참신한 것을 올려 놓는다. 그리하여 클라이언트에게 적절한 부가가치를 만들어낸다.

자가 질문: 나는 클라이언트에게 새로운 아이디어를 소개하고 있는가?

2. 인포메이션(information)

우리는 스마트 모바일 첨단의 시대 중심에 살며 누구든지 때와 장소에 얽매이지 않으며 원하는 것은 뭐든지 발견할 수 있다. 당면하는 책임은 두 가지이다: 1) 정확하고 관련성 있는 정보를 찾을 것, 그리고 2) 찾아낸 올바른 정보로 의도하는 결과를 만들어내는 것이다.

자가 질문: 나는 의사결정을 위해 올바른 정보를 확보했는가?

3. 영향력(influence)

영향력은 자신감에서 나오고, 자신감은 준비에서 나온다. 시작하기 전에 최소한 7~8번 연습을 하라. 두 번은 전날 밤에 그리고 한 번은 당일 아침에 해야 실수가 적다.

자가 질문: 어떻게 하면 자신감이 생길까?

4. 신의성실(integrity)

누구든지 쉽게 짝퉁을 찾아낸다. 가짜가 되지 말라. 자기 차례가 오면 자신의 진정한 목소리를 찾아 자기 자신이 되어야 한다. 그렇게 하는 것이 자신에게도 클라이언트에게도 최선을 다하는 것이다.

자가 질문: 나는 지금 진정성이 있는가?

5. 충격(impact)

클라이언트에게 인생의 30분, 60분, 90분을 요청해 당신의 말을 들어달라고 할 때면 당신 말 속에는 분명 기억에 남을 만한 메시지가 들어 있어야 한다. 오래 지속되는 인상을 남겨 놔야 하며, 그렇지 않을 것이라면 처음부터 들어 달라고 요청할 필요도 없다.

자가 질문: 어떻게 하면 기억에 남는 미팅을 만들어낼 수 있을까?

6. 점화(ignition)

모든 미팅은 목적이 필요하며 행동을 유발한다. 클라이언트는 당신의 메시지를 접하게 되므로 그들이 이제 무엇을 해야 할지 알려주어야 한다. 그렇지 않으면 이야기의 진짜 가치는 절감된다.

자가 질문: 행동을 유발하는가?

신뢰를 구축하고 유지하는 것은 쉬운 일이 아니다. 그런 일은 인지하고, 신중하게 계획하고, 그리고 클라이언트에게 가장 큰 혜택이 돌아가도록 올바른 것을 추진하려는 강한 욕구를 필요로 한다.

Schwertly, S., "How to build credibility with your audience?," Slideshare Blog, Aug 19, 2013.

소셜 네트워크 확장법 (G)

우린 모두 소셜 네트워크가 성공에 얼마나 중요한지 잘 안다. 그러나 네트워크를 정말 유용하게 만들어 보려고 전념해 보는 사람은 별로 없다. 모든 것을 기회에 그냥 맡겨 놓는다면 네트워크는 너무 좁게 내부로 향하게 되고, 다양하지 못하게 된다. 당신의 조직, 팀 그리고 좁은 연결망 밖의 소셜 네트워크로부터 다양한 기회를 통해 배워야 할 필요가 있다. 다음과 같은 단계로 좀 더 강한 네트워크를 만들어 낼 수 있다.

- 새로운 제품이나 서비스를 이제 막 출시하는 부서를 먼저 방문해 보자. 그리고 왜 관련자들이 새로운 상품에 필요한 방식을 도입하지 않는지를 생각해 보자.
- 새로운 컨퍼런스에 참석하자.
- 링크드인(Linked In)이나 페이스북을 시작해 보자.
- 기회가 있으면 주변 대학에 나가 특강을 하고 그들 학생으로부터 들어보자.
- 경쟁사에 있는 동료와 점심을 먹자. 당신 회사의 시장 기대치에 대해 좀 더 알아 보자.
- 그동안 잘 만나지 못했던 사람에게 연락해 보자. 그리고 새로운 사람을 소개받기도 하자.

Ibarra, H., "Expand Your Network Beyond the Usual Players," How to Revive a Tired Network., HBR Management Tips of today, 2014. http://legacy.hbr.org/tip/2015/05/05/expand-your-network-beyond-the-usual-players

소셜 데이터(Social Data) (D)

소셜 데이터 혁명은 증가하는 개개인의 정보 공유와 인간 의사소통의 변화로 2000년대 초반 소셜 네트워크의 대두와 함께 가능해졌고, 이 현상은 공공데이터의 예견치 못한 엄청난 축적을 가져왔다. 이와 같은 광범위하고 자주 갱신되는 데이터 원천들은 사회과학을 위한 새로운 과학적 도구로 분석 · 기술되곤 하는데, 몇몇 연구자들이 실업이나 감기 전염, 정치적 의견이나 여행경비 산정 등과 같은 추세 예측에 사용하기도 했다.

PC보다 스마트폰의 활용도가 높아진 후, 네트워크상의 데이터 트래픽은 스마트폰이 주를 이루고 있다. 스마트폰 데이터는 크게 센서 데이터와 페이스북, 트위터 등의 응용 프로그램에서 다양한 상호작용을 일으키는 소셜 데이터로 나뉜다. 소셜 데이터는 개개인들이 자발적으로 생성하는 데이터로, 2004년 이후 소셜 네트워킹 기술의 발달로 보편적으로 사용하는 개념이 형성되었다. 사용자들이 공유하는 데이터의 유형은 위치정보, 의료 데이터, 흥미있는 뉴스 기사와 다양한 열린 사고 등이다.

엔터프라이즈 목적에 부합하는 구조적인 데이터와는 달리 소셜 데이터는 네트워크상에서 발생한 사회적 영향력(social influence)과 패턴을 가지며, 비구조적이고 비정형적인 특징을 띤다. 따라서 기존 조직의 전형적 의사결정에 더해 예외적 상황(exceptional situation)에 대한 의사결정에 활용된다. Amazon.com과 같은 비즈니스 모델을 탄생시키기도 하며, 공공정책의 개발을 위한 의사결정 향상의 기회를 제공할 수 있다.

네트워크 기반의 사회가 지속될수록 방대한 양의 소셜 데이터 분석은 소셜 과학 영역을 이끌고 조직 내, 조직 간, 사회적 영향력을 고려한 조직의 의사결정에 중요한 시사점을 제공하고 있다.

소셜 링크-테크니컬 링크(Social Link-Technical Link) (H)

소셜 링크 (C) → 사회적 링크 (C)

테크니컬 링크 (C) → 기술적 링크 (C)

소셜혁명(Social Network Revolution) (C)

산업화 시대 대중매체를 기반으로 형성된 공론의 장은 디지털 정보기술 혁명을 거치며 네트워크라는 새로운 무대로 전환되었고, 소셜 네트워크라는 가상 공간은 새로운 시장과 민주주의를 구현하는 소셜 마켓플레이스, 소셜 정치 혁명을 가져왔다. 정보화 시대에 소셜 네트워크를 통한 시장과 민주주의의 변화상은 사회를 이끌어가는 주요 동인이 되고 있다.

몇 가지 예로, 인터넷, 스마트폰, SNS, 블로그, 유튜브, 팟캐스트 등 네트워크 정보기술이 확산되면서 이를 적극 사용하는 세대가 중요한 선거에서 캐스팅 보트를 쥐고 선거 결과를 좌우하는 일이 발생했다. 2008년 오바마 대통령 당선 사례와 같이, 그동안 정치에 무관심한 세대로 여겨지던 젊은 층이 선거와 정치에서 적극적인 참여자로 변모하게 된 과정과 2008년 미국산 쇠고기 수입 반대 촛불 시위, 주요 정치 개혁 의제를 관철시키기 위한 오바마의 트위터 활용 사례들은 청년 네티즌의 일시적인 쏠림 현상이 아닌 지속되는 사회적 영향력을 보여준다. 2010년 이후 소셜 네트워크를 대표하는 페이스북의 이용자는 이미 5억 명을 돌파했다. 그 밖에도 트위터, 유튜브, 위키피디아 그리고 국내의 싸이월드 등 인터넷 세상을 대표하는 소셜 네트워크 사이트의 파급력과 영향력은 상상 이상으로 커졌다.

이렇듯 소셜 네트워크 혁명의 뿌리와 역사를 보면, 이 세계적 전환기의 시작과 그 과정에 있어서 소셜 네트워크 참여자들이 네트워크상의 '정체성'에 대해 다시 고려하게 되었다. 또한 네트워크 참여자 지위의 혁명적 변화, '권력' 관계의 사회지형학적 변화, 즉 수평화가 진행되고 있다. 이러한 변화 속에서 개인이나 조직의 리더, 사회와 국가를 디자인해야 할 사람들에게 소셜 네트워크가 다양한 형태의 상호작용을 가능하게 하고, 장기적으로는 혜안과 혜택을 준다. 또 다른 한쪽에서는 네트워크에서 소외되거나 정보격차에 기인하여 겪을 수밖에 없는 어려움과 두려움이 상존할 것이며, 이를 간과할 수 없다. 따라서 네트워크 혁명을 보여주는 이 시대에 소셜 네트워킹의 긍정적 혜택을 극대화하려면 무엇보다 개방적이며 공유에 기반한 네트워크 참여자 간의 '신뢰 형성'과 '책임정신'이 관건이라 할 수 있다.

차차 IT를 전략적으로 고려하여 다양한 조직들이 만들어 갈 IT 산업과 사회 전체에 걸쳐 일어날 디지털 혁명이 출판, 통신 산업 등 사회의 대부분의 영역에 미칠 영향을 고려할 필요가 있다. 최근 부상하는 모바일과 소셜 등이 단순한 기술이나 유행이 아니라 우리 인간 본연의 욕구를 구현하는 네트워크 인프라로 동작하여 많은 사회의 혁명적 진화를 이끌어냈다고 할 수 있다.

수용-채택(Acceptance-Adoption) (H)

시스템의 개발 및 획득 이후, 시스템이 조직이나 구성원인 각각의 개인들에게 어떻게 확산되는지에 관한 개념이다.

미시적 시각에서의 시스템 실행은 하나의 IS를 구체적으로 개발하여 실행하는 개념이다. 이때 관심을 가지는 초점은 사용자가 이 IS를 수용(accept)할 것인가 거부(reject)할 것인가에 있다. 실행의 목적은 수용(acceptance)이라고 할 수 있으며, IS의 수용을 통해 사용도와 만족도가 증가하게 된다. 수용(acceptance)은 사용자가 시스템을 바라보는 개인적 태도를 의미하며, 사용이라는 행동 개시 이전의 전제조건으로 저항 대신 수용을 택한다. 시스템이나 플랫폼 환경의 수용은 개개인의 태도에 따라 달라지는데, 개인의 태도는 기술적 특성, 사용자 특성, 업무의 특성에 따라 달라진다.

거시적 시각에서의 조직 수준의 IT 실행이란 'IT 기반의 시스템을 사용자 커뮤니티 구성단위에 맞추어 적절히 적용함으로써 전반적으로 실행시키고자 하는 조직 단위 수준의 노력'이라고 정의할 수 있다.

채택(adoption)은 새로운 IT를 도입하는 의사결정으로 채택을 추구하는 것은 남들보다 빠른 채택이 경쟁력을 가져올 수 있기 때문이다. 같은 IT라고 하더라도 경쟁자보다 창의적인 아이디어를 새로운 비즈니스 아이디어 모델로 활용한다면 보다 많은 경쟁력을 가져다 줄 수 있다. 참고로 적응(adaptation)은 채택한 IT를 시스템적으로 구현(맞게 적용)함을 의미, 비유적으로 표현하자면 시스템을 사용자들에게 판매하기 전 단계로 생산 또는 제조하는 것을 의미한다.

시스템 이론(System Theory) (K)

시스템 이론은 일반적으로 모든 연구 분야에 걸쳐 모든 시스템 유형에 적용될 수 있는 원칙을 설명하기 위한 학제 간 연구분야이다. 용어는 아직 잘 수립되지 않았지만, 시스템 이론은 광범위한 시스템 영역에 걸쳐 유용한 일반론을 중심으로 시스템 사고(systems thinking)나 시스템 사이언스(systems science) 그리고 시스템 엔지니어링(systems engineering)이라는 전문영역으로 적절하게 고려될 수 있다.

시스템 이론으로부터 유래한 최근의 아이디어는 생태시스템, 그리고 피터 생기(Peter Senge)의 조직이론과 경영학, 스완슨(Richard A. Swanson)의 인적자원개발(human resource development)과 같은 영역에서 비롯되었다.

이 분야들은 초학문적이고 학제적이며 다층적 관점으로 존재론, 과학철학, 물리학, 컴퓨터 사이언스, 생물학, 엔지니어링, 사회학, 경제학 등으로부터 원칙과 개념들을 가져왔다. 그리하여 시스템 이론은 시스템 사이언스 영역의 내부뿐만 아니라 각각의 영역 사이의 학제 간 소통의 가교로서 역할을 하고 있다.

경영정보학의 영역에서 의사결정 지원을 위한 시스템은 전통적으로 다음과 같이 정의된다. "A system consists of elements working together to achieve a common goal(시스템은 공동목적을 달성하기 위한 요소로 구성되어 있다)." 시스템의 구성요소들은 시스템의 경계(boundary)에 내재되고, 구성요소 안에는 human(사람) 중심의 처리장치, organization(조직) 중심의 처리장치, IS(information system or information technology) 중심의 처리장치 등이 존재한다.

아웃소싱론(Outsourcing) (K)

기업 업무의 일부 프로세스를 경영 효과 및 효율의 극대화를 위한 방안으로 제3자에게 위탁해 처리하는 것을 말한다. 크게 2가지로 나뉘는데, 하나는 기업 내부의 프로젝트 활동을 기업 외부의 제3자에게 위탁해 처리하는 시스템으로, 인소싱(insourcing)과 반대되는 개념이다. 1980년대 후반에 미국 기업이 제조업 분야에서 활용하기 시작한 이후 전 세계 기업들로 급격히 확산되고 있는데, 이는 기술 진보가 가속화되고 경쟁이 심화되면서 기업의 내부조직(인소싱)을 통한 경제활동 비용보다 아웃소싱을 통한 거래비용이 훨씬 적게 든다는 점에 따른 것이다. 즉, 국내외의 경제 상황 악화와 이에 따른 경쟁의 격화로 인해 한정된 자원을 가진 기업이 모든 분야에서 최고의 위치를 유지하기 어렵게 되면서 해당 기업이 가장 유력한 분야나 핵심역량에 자원을 집중시키고, 나머지 활동은 외부의 전문기업에 위탁 처리함으로써 경제효과를 극대화하는 전략을 말한다. 보통 상호 복합적이고 의존적이며, 장기적인 파트너 관계를 형성해 하나의 통합 시스템으로 운영될 뿐 아니라, 비용절감보다는 기업의 성장과 경쟁력 · 핵심역량 강화를 위한 대안으로 운영된다는 점에서 임시적 · 단기적 · 반복적인 컨설팅 · 외주 · 하청 등과는 많은 차이가 있다. 결국 세계 시장의 급격한 변화와 경쟁력 심화에 따라 기존의 인소싱에 주력하던 기업들도 경영자원을 집중시키고 핵심역량을 강화하기 위한 수단으로 아웃소싱을 채택한다.

암묵적-명시적(Tacit-Explicit) (H)

암묵적이고 명시적인 것의 분류는 의사소통에 있어서 이해 가능성이나 복잡성의 수준에 따르며, 지식의 유형 분류에서 대조적으로 사용된다. 지식의 유형은 명시적 지식(explicit knowledge, 형식지)과 묵시적 지식(tacit knowledge, 암묵지)의 두 가지 형태가 있다. 형식지는 공식적인 지식이고 단순한 미디어를 사용해도 이해하는 데 어렵지 않은 지식의 형태를 의미한다. 반면 암묵지는 비공식적인 지식, 복잡한 지식을 의미한다. 따라서 명시적 지식을 전달할 때에는 설명이 많지 않은 텍스트 중심이나 기술 중심(인터넷 기반)과 같은 단순한 미디어를 사용해도 괜찮지만 묵시적 지식은 대역폭이 풍부한 미디어를 사용해야 한다. 이처럼 지식의 유형에 따라 선택해야 하는 표현의 방법 및 미디어에 차별을 두는 것이 지식경영을 할 때 중요하다.

애널리틱스(Analytics) (D)

애널리틱스(analytics, 분석론)는 원래 데이터에서 의미있는 패턴을 발견하거나 의사소통하는 것을 일컫는다. 특히 풍부하게 기록된 정보와 함께 여러 영역들에서 가치를 가져오는 애널리틱스는 성과를 계량화하기 위해 통계학, 컴퓨터 프로그래밍, 계량경영학 등의 애플리케이션에 의존하며, 종종 시각적 통찰을 가져올 수 있도록 데이터 시각화 기법들을 선호한다.

기업들은 보통 비즈니스 성과를 기술하고 예측하고 향상시키기 위해 비즈니스 데이터에 애널리틱스를 적용할 수 있다. 특히 애널리틱스 내의 분야는 예측 분석, 기업 의사결정 관리, 소매 분석, 점포 통괄이나 재고 관리나 마케팅 최적화과 같은 기존 기업에서의 일반적인 분석과 함께 웹 분석, 소셜 네트워크 기반 고객촉진 모델링, 예측 과학, 신용 위험 분석 등을 포함한다.

최근 들어, 네트워크를 기반으로 한 애널리틱스가 빅데이터와 같은 광범위한 컴퓨팅을 필요로 할 수 있는데, 애널리틱스(analytics)에 사용되는 알고리즘이나 소프트웨어는 주로 경상적인 경영의 기능인 마케팅, 판매 등의 영역에 사용하는 컴퓨터 과학이나 통계학, 그리고 수학 기법들을 보다 견고하게 한다.

경영에서 분석론은 주로 조직적 요소(organizational factor) 등 다양한 요인을 고려하여 실행하는 다차원의 지식 분야이며, 데이터와 데이터 분석으로부터 가치 있는 지식을 얻는 기술적(descriptive) 테크놀로지와 예측 모델링 그리고 수학과 통계의 광범위한 활용으로 가능해진다. 데이터로부터의 통찰은 구체적인 행위(action)나 전략을 추천하거나 비즈니스 환경에서의 의사결정을 지원하기 위해 기회와 위협을 식별하고 설명하기 위해 사용된다.

이와 같이 분석론은 개별적인 분석들이나 분석 단계와 관련된다기보다는 전체적인 방법론이라고 볼 수 있다.

최근에는 분석론의 기술적 측면을 설명하기 위해 사용하는 예측 모델링, 기계학습기술, 신경망과 같은 더욱 향상된 분석 개념의 사용이 증가하고 있다. 조사에 따르면 조직 내 분석론을 지원하기 위한 주요 요인이 무엇인가에 대해 경영자들은 Top-down 방식의 추진, 분석론 지원자와 챔피언, 그리고 전략적 위협이나 기회를 식별하고 설명하기 위해 분석론을 사용하는 사례라고 답했다. 경영 수행에 있어서 분석론과 같은 방법론을 활용하는 데이터 지향 조직 문화는 다음과 같은 세 가지 주요 성격을 갖는다.

1. 전략적 자산으로서 분석론을 사용
2. 경영자가 조직 전반에 걸쳐 분석론을 지원
3. 통찰력을 필요로 하는 사람에게 광범위하게 적용

분석론을 통한 가치창출과 전략적 활용 사례에 대해 다음 자료를 참조할 수 있다.

Ferguson, R. B., "Luminar Insights : A Strategic Use of Analytics," *MIT Sloan Management Review*, 2014, Vol. 55 Issue 3, P. 1.

Kiron, D., Shockley, R., "Creating Business Value with Analytics," *MIT Sloan Management Review*, Fall 2011, Vol. 53 Issue 1, pp.57-63.

애플리케이션(SW, API) 파워(Application Power in Platform) (D)

플랫폼에서 비즈니스나 콘텐츠를 공유하기 위해 웹 애플리케이션이나 API가 연결 및 통제 기능을 포함하여 참여자들이 다양한 가치의 생산과 상호작용을 지속할 수 있도록 인터페이스를 제공하고, 역할과 권한에 해당하는 유연하고 자유로운 공유모델을 제안하여 결속(참여, engagement)와 권한이양(empowerment), 자가조직화(self-organization)의 환경을 가능하게 하는 역량이다.

대부분의 API나 솔루션, 웹 응용프로그램은 모듈화되어 참여자가 역할과 기능의 필요에 따라 플러그-플레이할 수 있다.

앤드류 맥아피(Andrew McAffee) (J)

앤드류 맥아피(Andrew Paul McAfee, 1965~)는 비즈니스에서의 웹 2.0 도구와 접근방법과 사용법을 기술한 MIT Sloan Management Review (2006년 봄)에서 'Enterprise 2.0' 단락을 만들었고, Harvard Business Review (2008

년 7, 8월 이슈)에는 에릭 비욘욜프슨(Eric Brynjolfsson)과 함께 "경쟁력 차이를 만드는 IT 투자(Investing in the IT that Makes a Competitive Difference)"를 기고했다.

이들 연구의 요약본은 경쟁에 있어서 변화와 관련된 IT의 연계(역할)를 조사했다. 1990년대 중반 미국에서 경쟁은 가열되고 더 빨라지고 더 복잡하고 더 승자독식의 형태로 되는데, 이러한 가속이 IT에 비용을 더 지출하는 산업에서 더 커진다는 것을 밝힌 첫 연구이다. 이 연구는 지속적으로 경쟁의 상황을 다시 그릴 때 기술이 중요하다는 것을 강조한다.

특히 Enterprise 2.0에서는 선두기업들이 어떻게 웹 도구와 철학을 형성해 왔는지 경제학, 사회학, 컴퓨터 사이언스, 소비자 심리, 경영학으로부터 주요한 용어와 사례, 그리고 예를 제시한다.

맥아피는 MIT Initiative on Digital Economy의 공동책임자이고, MIT Sloan School of Management의 Digital Business Center의 부대표로 비즈니스와 비즈니스에 IT가 영향을 미치는 방법에 대해 연구하고 있다.

어니드 멈포드(Enid Mumford) (J)

멈포드는 영국 맨체스터 대학의 교수로 활동했으며 유럽 경영학의 어머니로 불린다. 평생 사회기술적 디자인(STD: socio-technical design)의 세계적 전파에 헌신했고 수많은 상을 수상했으며 미국 MIS 학회(AIS/ICIS)가 주는 공로상을 수상한 최초의 유럽인이기도 했다. 일찍이 미국이 1950-60년대에 산업혁명 후의 생산성 향상으로 유럽의 부러움을 샀을 때, 유럽의 맨-머신의 관계(man-machine interaction)에 대한 관심은 STD를 매우 긍정적으로 이해하고 업무의 인간화

(humanization of work)가 세 번째 산업혁명이 될 수 있을 거라고 생각했다. 즉, 인간 노동의 기계화와 산업혁명, 다음으로 인간 두뇌의 컴퓨터화와 정보혁명, 그리고 오늘날 컴퓨터화된 업무가 다시 거꾸로 인간화와 소셜화를 추구하고 있는 것을 볼 때 (BPR의 시도가 운영 중심의 업무에 추진된 적이 있었지만) 새삼 그 혜안에 놀란다. 본서 저자가 미국에서 공부를 시작했을 때부터 STD의 새로움에 매료되기까지 자동화의 생산성 때문에 갈등을 겪기도 했다. 이후, 학위를 마치고 1990년 겨울 유럽에서 최초로 열린 ICIS MIS 학회가 덴마크 코펜하겐 시내 SAS Hotel에 있었을 때 저자는 "A Diffusion of Innovation Approach to MIS Infusion" 논문 발표로 Mumford 교수를 처음으로 만나는 행운을 가지기도 했다. 대표적 저서는 다음과 같다.

- *The story of Socio-technical Design: Reflections on its successes, failures and potential*, 2006.
- *Redesigning Human Systems*, Idea Publishing Group, 2003.
- *Effective Systems Design and Requirements Analysis: the ETHICS Method*, Macmillan, 1995.

어의적-어법적(Semantic-Syntactic) (H)

협력관계에 있어서 관계 인프라의 구축은 전반적인 의사소통 채널의 확보와 활용을 위한 준비라고 할 수 있다. 이 채널을 통하여 다양한 상호작용의 어법적(syntactic) 표현과 어의적(semantic) 표현이 전달되고 지속적인 관계유지의 촉진제가 된다. 2010년 전후로 웹 2.0의 기계적 코딩은 문장 구조에 해당하는 신호들을 코딩하여 의미있는 단어들이 구성되어 있는지 구조 그 자체를 파악하는 수준에 와 있으며, 이때 웹 2.0은 정확한 의미의 해석과 적용에는 인간의 정신적 능력을 추가로 필요로 하는 syntax 위주의 기술이라 할 수 있다. 웹 2.0 이후 테크놀로지 채택이 증가하고, 문장 속 구조가 아닌 단어 그 자체 의미를 해석하는 수준의 기술변화가 도래할 때, 정보기술은 커뮤니티라는 집단 차원에서 더 나아가 진정한 개인 상황 또는 진정한 맞춤화를 이해하는 semantic 수준이 되리라 기대된다. 향후의 테크놀로지는 인간의 에러를 보완하여 인공지능화하는 어의적 중심의 시멘틱 웹(semantic web)을 가능하게 하며, 메시지(message)에서 미닝(meaning)을 뽑아낼 수 있는 웹 3.0으로 더욱 진화하리라고 기대된다.

에버렛 로저스(Everett Rogers) (J)

Diffusion of Innovation(이노베이션의 확산) 이론이라는 새로운 분야를 볍씨와 옥수수씨의 재배와 혁신에서 창안해 오늘날 농업, 보건, 의료, 사회, 교육, 홍보, R&D, 마케팅, IT 등 모든 분야에 엄청난 영향을 끼쳤다. 미국의 아이오아(Iowa) 옥수수 밭에서부터 북미 전 대륙, 남미 칠레 잉카 산악지역 그리고 한국의 새마을 운동 가족계획에 이르기까지 수천 가지의 사례 수집과 분석으로 이노베이션이라는 새로운 연구와 실천에서 새로운 용어와 이론을 집대성해 바이블로 통하는 자신의 저서 *Diffusion of Innovation*을 5th edition까지 모두 네 번 업데이트(revision)했다. 커뮤니케이션 학자로서 옥수수부터 첨단 미디어까지 다양한 분야를 넘나들었고 수많은 상을 수상했다. 그는 한국을 여러 번 방문했고 EBS에서 특강을 하기도 했으며, 일찍이 1980년대 초 저자가 MIS에만 몰두해 있을 때 IT와 시스

템을 새로운 이노베이션의 시각으로 바라다 보게 해주는 계기와 행운을 가져다 주었다.

엔게이지먼트 (F)

경영혁신을 위한 기업들의 노력에는 파트너 콜래보레이션(collaboration), 고객 엔게이지먼트(engagement), 직원 엠파워먼트(empowerment) 이슈 등이 포함된다. 디지털 엘리트 기업(Digirati)에 속하는 Starbucks는 고객과의 결속 또는 엔게이지먼트(engagement)를 위해 디지털화을 시도했다.

회사경영층은 이를 위해 새로운 부사장 직책을 만들어 적임자를 임명했으며 그가 맨 처음 한 시도는 매장에 무료 WiFi를 설치하고 디지털 잡지들을 골라 보게 할 수 있도록 구축하는 것이었다. 여기서 단순히 테크놀로지를 설치했다는 것 자체보다도 고객의 입장에서 생각하고, 듣고, 결속력 강화(customer engagement)를 위한 테크니컬 혁신을 실행했다는 점이 핵심이다. 새로운 테크놀로지의 빠른 채택(early adotion)이라는 전략적 비전 창출과 구체적 액션을 만들어내는 리더십과 문화의 성숙도 수준을 잘 느끼게 한다.

이와 같이 경영정보시스템의 여러 유형 중 CSS와 같은 커뮤니케이션과 엔게이지먼트(engagement) 또는 결속을 지원하는 시스템은 기존의 MIS 유형과 함께 새로운 플랫폼 기반으로서 기업의 다양한 콜래보레이션을 지원할 때 기여할 수 있다. 이상적인 방향의 콜래보레이션은 새로운 가치를 창출해야 하는 미래경영의 핵심역량이 될 수 있다.

최근 소셜 웹(웹 2.0) 시대에 경영자와 관리자들은 그들의 전통적인 역할과 책임이 소셜 미디어 채택의 증가와 함께 바뀔 것이라고 생각하겠지만, 그들의 역할과 책임은 줄어들지 않을 것이다. 오히려 적극적인 경영 관리자라면 새로운 미디어를 이용해 엔터프라이즈의 영역을 확장하고 향상시켜(extend & enhance) 폭발하게 할 것이며 그들의 중요도를 더 증가시킬 것이다. 소셜 미디어를 도입하여 활용하는 기업은 더 적극적인 엔게이지먼트(engagement) 또는 결속을 통해 엔터프라이즈 비전을 만들고, 전달하고, 방향 설정을 도와 협력을 촉진시키고, 효과적인 보상 시스템 구축으로 콜래보레이션을 더 긴밀하고 튼튼하게 만들기 위해 결정적인 역할을 한다.

또한 소셜 미디어 시대의 집단 중심 사고(collectivism)의 'engagement(접속)'와 'crowd sourcing(대중소싱)'을 실현하기 위한 네트워킹 구성개념에 대해 보다 체계적인 접근과 실천적 활성화가 필요로 된다. IT 또한 이노베이션 시각에서 이해하여 IT 실행(implementation) 문헌의 패러다임과 이노베이션 확산 문헌의 패러다임의 각 특성과 연계성을 파악하면, 궁극적으로 소셜 미디어 시대에 참여 중심(participatory)의 라이프 스타일에 기여할 수 있다.

좀 더 구체적인 이해를 위해, 엔게이지먼트가 가져오는 참여 중심의 혁신을 위해 엔게이징 리더를 육성하는 방식에 대해 알아볼 필요가 있다. 기업 전체에 걸쳐 엔게이지먼트의 효과에 대해 신뢰를 쌓는 것이 중요하다. 그 첫 단계가 참여하는 리더십을 기업문화의 일부로 만드는 것이다. 이를 위해서는 네 가지 단계에 초점을 맞출 필요가 있다.

- 먼저 서베이를 통하여 엔게이지먼트의 수준을 측정한다. 측정할 수 없는 것을 관리할 수는 없기 때문이다.
- 다음으로 엔게이징 리더를 적극 개발한다. 관리자들이 더 습관적으로 엔게이징 행위를 하도록 도울 수 있도록 코칭 활동이나 워크샵 등을 실시한다.
- 이후, 매우 강한 영향력 역할을 잘 수행할 수 있는 엔게이징 리더를 선택하는데, 엔게이징 기술을 향상할 수 있는지 없는지 평가하고 예측하기 위해 360도 다차원 면접과 같은 도구를 사용한다.
- 끝으로, 달성한 엔게이지먼트에 대해 보상을 한다.

인센티브는 엔게이지먼트를 강하게 엮어주는 효과를 가져오는데, 신중하게 리더를 식별할 필요가 있고 그가 왜 리더인지 아닌지를 설명해 줄 필요도 있다.

엔게이지먼트 스코어 카드(score card)란 직원들의 태도와 실천이 엔터프라이즈의 가치창출에 얼마나 기여하는가를 측정하는 수단을 말한다. 직원 또는 구성원은 비즈니스의 얼굴이며 엔터프라이즈의 지적 자산과 이노베이션의 원천이 되며 그들은 매 순간 고객과 소통하며 브랜드에 대한 고객의 지속적인 경험을 창출하기 때문에 측정과 주요 관리대상이 되고 있다. 다음은 직원 엔게이지먼트 수준의 측정방안으로서 제시되는 5가지 주요 요소이다.

- 직무 만족도(satisfaction)
- 직무 정체성(identification)
- 직무 몰입도(commitment)
- 직무 충성도(loyalty)
- 직무 성취도(performance)

Oehler, K., Stomski, L., Kustra-Olszewska, M., "What Makes Someone an Engaging Leader," *Harvard Business Review*, November 2014.

Kumar, V., Pansari, A., "Measuring the Benefits of Employee Engagement," *MIT Sloan Management Review*, summer 2015. http://sloanreview.mit.edu/article/measuring-the-benefits-of-employee-engagement/

엔터프라이즈 2.0(Enterprise 2.0) (G)

획기적인 디지털 공급사슬과 다양한 네트워크 기술의 발달은 기업의 대외연계성을 넓히고 환경과의 인터액션 네트워크를 통해 비즈니스 **관계를 강화**하고, **프로세스를 혁신**

하고, **지식을 창출 · 공유**할 수 있도록 해준다. 특히 전통적인 물질적 자원을 넘어 소셜 소프트웨어와 플랫폼을 이용해 파트너, 고객 등 가치네트워크 플레이어들과 협업 · 공유하는 새로운 형태의 새로운 디지털 역량의 기업을 **엔터프라이즈 2.0**이라 부른다.

앤드류 맥아피(Andrew McAfee)가 제안해 널리 사용되는 개념으로 사실 이보다 10여 년이 앞선 피터 킨(Peter Keen)의 가치네트워크(value network) 개념을 활용하고 있다. 차이점은 가치네트워크 구성에 참여하는 플레이어들에 대한 개방으로 디지털 비즈니스 이전의 표준화, 통제, 결합 중심의 구성이 역동적인 엠파워먼트와 엔게이지먼트로 전환된다는 점에 있다.

엔터프라이즈 2.0의 프로페셔널(professional) 또는 전문가는 비즈니스 룰 정의와 예외 룰 사이의 끊임없는 인터액션을 모색하고, 제품과 서비스의 편의품화(commodity)와 차별화(differentiation) 사이에서 Amazon이 그랬던 것처럼 진정한 목표와 가치경로(value path)를 찾아내야 한다. 대표적인 Enterprise 2.0 기업인 Amazon은 획기적인 온라인의 디지털 공급사슬을 실시하고, e-reading 용도의 저렴한 Kindle로 다량의 콘텐츠 매출을 올리고, 나아가 웹 클라우딩 서비스를 실현했다.

엠파워먼트(Empowerment) (F)

전통적으로 IT의 전략적 역할은 자동화(automation)와 관리통제(control), 엠파워먼트(empowerment), 콜래보레이션(collaboration) 등으로 나눌 수 있으며, 조직 내외의 소셜네트워크의 발달에 기인하여 엔게이지먼트(engagement)와 엠파워먼트(empowerment) 역할이 대두된다.

자동화(automation)는 IT가 비용을 감소시키거나 프로세스 활동 수행시 필요로 하는 시간을 단축시키며, 비즈니스 활동을 수행하는 동안 반응성(responsiveness)을 증가시켜 비즈니스 프로세스를 향상시키는 역할을 한다.

조절통제(control)는 IT를 활용한 실시간 모니터링을 통해서 더욱 정확하고 완결한 처리와 시각화를 가능하게 한다. 그리고 조절통제는 고도화된 규칙의 작업활동을 모니터링하는 소프트웨어에 삽입함으로써 보다 고도화가 가능해진다. 결과적으로, 비즈니스 규칙을 통한 통제로 문제점이 제거되거나 더욱 악화되기 전에 발견된다.

엠파워먼트(empowerment)는 데이터와 정보 그리고 지식의 활용으로 종업원들이 주어진 작업을 수행하는 동안 직면하는 상황에 효율적으로 대응할 수 있도록 한다.

전통적인 예를 들면, 고가의 항공사 고객이 비행기를 놓쳤을 때, 게이트 담당자가 해당 고객을 위해 대안에 필요한 정보를 제공하는 경우에 해당한다. 권한이양은 또한 우수 고객과 공급자 간 관계를 개발하고 유지하는 방법에 대한 새로운 통찰을 가져온다. 이는 고객과 제품 그리고 마켓 등에 대한 데이터와 함께 업무를 수행할 종업원에게 비즈니스 인텔리전스 툴을 제공하고, 이 툴을 훈련시키고 교육함으로써 가능해진다.

디지털 비즈니스의 배경이 되는 네트워크 기반에서 비즈니스 생태계가 형성되는 데에 주요한 IT의 역할로서 엠파워먼트의 역할을 살펴보자. 강력하고 저렴하며 쉽게 접근 가능한 IT 기술의 등장으로 어떤 관리자라도 자유롭게 IT를 선택 가능한 환경이 도래했다. 관리자나 종업원들은 고객과 연결 가능한 자연스러운 능력을 갖고 있으며, 하물며 스스로 반응성과 민첩성을 띠고 문제에 대한 해결책까지 마련할 수 있다. 결국 네트워크 기반의 디지털 기업에서 기업의 어느 부문이나 어떤 실무자라도 기술적인 혁신을 가져올 수 있는 창의적인 인력인 Hero가 될 가능성이 있으며, 이를 통해 기업은 스스로 자가조직화되고 경쟁우위를 확보할 수 있게 된다. 기업의 중역은 기능영역별 부서나 세부 직책자를 신뢰하고 엠파워먼트를 수행하는 것으로 혁신(innovation)의 기회를 자주 가질 수 있다.

Bernoff, J., Schadler, T., Empowered. *Harvard Business Review*, 88(7/8), 94–101, 2010.

연결성(Connection), **중력성**(Gravity), **유속성**(Flow) **(B)**

IT와 ST로 구성되는 경영 플랫폼 위의 가치네트워킹 성공이란 최근 테크놀로지들의 네트워킹만으로 이루어지는 것은 아니다.

궁극적인 테크놀로지 실행(implementation)의 성공은 다음의 소셜 요인인 연결성(connection), 매력(gravity), 흐름(flow)에 의해 결정되고, 각 요인은 각 구성요소에 의해 만들어질 수 있다.

연결성(connection), 매력(gravity) 그리고 흐름(flow)의 3가지 플랫폼 속성이 가치창출을 위해 결집된 자원의 기반 위에서 적절히 믹스되어야 디지털 비즈니스는 유연(flexible)하고 민첩(agile)하게 된다. 왜냐하면 플랫폼에서는 참여(participation)가 어렵지 않게 네트워크로 연결될 수 있어야 하며, 그 네트워크는 충분한 참여자를 끌어들일 수 있도록 매력적이어야 하며, 그리고 지속적인 네트워크 내 활동이 유지되어야 존재의 이유가 있기 때문이다.

각각의 속성을 구체화시키면 다음과 같다.

- **연결망**(connection): "참여자가 공유와 상호작용을 위해 플랫폼에 얼마나 쉽게(ease-of-use) 플러그인할 수 있는가?"

  플랫폼 **연계성**과 **편의성** 개념으로 얼마나 쉽게 플랫폼에 접속해 데이터를 공유하고 거래처리를 할 수 있느냐이다. 툴박스(toolbox)는 플랫폼에 쉽게 연결할 수 있도록 해주며, 이렇게 해서 플랫폼 참가자들이 서로 의사소통할 수 있게 된다. 예를 들면, Apple은 개발자들에게 OS와 해당 코드 라이브러리를 제공해 준다. YouTube는 영상을 만들어 올리는 사람들에게 제작 기반을 제공해 준다. Wikipedia는 작성자들에게 콜래보레이트할 수 있도록 웹 저작도구를 제공한다. JC Penney가 미용 파트너들에게 전용 매장 스페이스를 분양해 주는 것도 이와 같은 개념이다.

- **매력**(gravity): "플랫폼이 생산자나 소비자 모두를 참여자로서 얼마나 잘 유인(usefulness)할 수 있는가?"

  거리감 없는 **친밀성**과 **결정적 다수** 개념으로 플랫폼이 생산자나 소비자를 얼마나 잘 끌어들이냐이다. 매력성은 감성적으로 당기는 힘에 의해 참가자들을 플랫폼 쪽으로 이끈다. 비즈니스 거래를 위한 플랫폼이라면 생산자와 소비자 모두가 결정적 다수(critical mass)에 도달할 수 있도록 해야만 한다. 예를 들면, Apple은 개발자와 사용자 모두가 필요했고, eBay도 비슷하게 구매자와 판매자 모두가 있어야 플랫폼이 구성된다. 플랫폼을 구축하는 사람은 인센티브 디자인, 시스템 평판, 가격 산정 방식에 관심을 가져야 하며 **네트워크 효과**(network effect)로 임계점에 폭발적으로 도달할 수 있도록 해야 한다.

- **흐름**(Flow): "플랫폼이 가치의 교환이나 공동창출을 얼마나 잘 촉진(sustainability) 시킬 수 있는가?"

  데이터 풍부성과 **중개 성사**와 빈도 개념으로 플랫폼이 얼마나 잘 가치의 공동 창출과 교환을 촉진시키느냐이다. 중개자란 생산자와 소비자 사이를 연결시킴으로써 가치의 흐름을 촉진시킨다. 데이터는 성공적인 중매의 척도이며 다른 비즈니스 모델과 차이를 나타내는 핵심이다. 중매자는 참가자들의 데이터를 확보한 후 이를 활용해서 중매를 활성화시킨다. 예를 들면, eBay와 같은 시장 플랫폼은 상품과 구매자 간의 연결이지만 Google은 온라인 콘텐츠에 대한 공급과 수요를 연결시키고자 한다.

영향자(Mass Maven, Mass Connector, Salesman) (G)

이노베이션 영역에서는 이노베이션 핵심 동인으로서 사회적 시스템(social system) 내 구성멤버인 '영향자(influential people)'의 역할을 중요하게 인식하고 있었다. 지식정보의 흐름을 두 단계 과정으로 보는 이론(two-step information flow)이 1950년대에 제시된 이후 여러 연구자들은 영향자에 관한 연구에 관심을 가지기 시작했다.

연구자들은 혁신가(innovator), 오피니언 리더, 메이븐(maven), 커넥터(connecter), 세일즈맨(salesman) 등으로 불리는 영향자들의 태도 및 네트워크 링크가 이노베이션 채택 및 확산에 매우 중요한 기여를 한다고 제시했다.

특히 최근과 같이 소셜 네트워크에 기반한 소셜 소프트웨어들이 도입 및 활성화되고 있는 상황에서는 그들의 역할도 더 빠를 뿐만 아니라 더 넓고(reach) 깊어(rich)질 수 있어 더욱 기여도가 크다. 예를 들어, 메이븐(maven), 커넥터(connector), 세일즈맨(salesman)을 구분하여, 이들의 개념적 특성과 행태적 특성을 트위터상의 관계에서 예시하면 다음과 같다.

- **메이븐**(maven): 새로운 지식을 추구하며, 능동적으로 타인에게 도움을 주지는 않지만 요청하는 경우 도움을 제공하며, 해당 메시지를 듣는 상대방에게 정보의 정확성과 중요성에 대한 신뢰를 제공한다. 이러한 메이븐은 소셜 네트워크를 그림으로 표현하는 소셜 그래프상에서는 많은 **정보 전달의 원천**으로서 표현된다. 예를 들면, 정보 전달을 의미하는 리트윗(retweet)이 많으며, 정보의 수용과 요청을 의미하는 멘션(mention)이 많이 발생하는 사용자들을 메이븐으로 볼 수 있다.
- **커넥터**(connector): 다수의 사람들과 연결되어 있는 사람을 의미하며, 소셜 그래프상에서는 매우 높은 수준의 **연결 중심성을 가진 노드**(node)를 의미한다. 예를 들면, 리트윗과 멘션을 통해 만들어진 네트워크상에서 연결 중심성이 높은 사용자를 커넥터로 볼 수 있다.
- **세일즈맨**(salesman): 메시지에 설득력을 더하여 메이븐이 생산한 정보에 대한 확실한 신뢰를 부여하고 믿게 하는 역할을 수행한다. 소셜 그래프상에서는 네트워크 주변에서 **많은 양의 정보 전달을 시도하는 사람**을 의미한다. 세일즈맨의 정보 전달은

커넥터에 의한 정보 전달보다 확산의 파급력이 더 강하다. 예를 들면, 트윗(tweet), 리트윗(retweet), 멘션(mention)을 많이 하는 사용자를 세일즈맨으로 볼 수 있다.

예외 룰(Exceptional Rule) (C)

경영의 일상 프로세스는 의사결정의 연속이다. 의사결정의 룰은 비즈니스 프로세스나 루틴(routines)에 따라 미리 정해진(pre-defined) 형식의 비즈니스 룰(business rule)과 그 외에 나머지 예외 룰(exception rule)로 나뉜다. 그리고 예외적 룰도 환경의 변화에 따른 수명(life cycle)이 있는데, 나날이 룰의 수명도 룰 간의 인터액션도 복잡해지는 것이 현실이다.

따라서 변화 속에 기업이 살아 남기 위해서는 그 복잡성만큼의 의사결정에 있어서 유연성(flexibility)이 필요해진다. 프로페셔널(professional) 또는 전문가는 비즈니스 룰과 예외 룰 사이의 끊임 없는 인터액션을 모색하고, 제품과 서비스의 편의품화(commodity)와 차별화(differentiation) 사이에서 진정한 목표와 가치경로(value path)를 찾아내야 한다. 이러한 비즈니스 룰에 기반한 능력은 기업의 대외연계성을 넓혀주며, 환경과의 인터액션 네트워크를 통해 그 관계를 강화하고, 프로세스를 혁신하고, 지식을 창출 · 공유할 수 있도록 해준다.

오늘날 소셜 웹 또는 웹 2.0은 개방, 참여, 공유를 강조하며, 생태계 또는 소셜 시스템으로서 보다 큰 열린 기반을 만들었고, 다양한 아이디어와 인사이트(idea & insight)의 원천과 흐름 그리고 양의 증대를 확보할 수 있게 되었다. 즉, 과거와는 달리 때로는 커뮤니티나 네트워크가 완전히 개방된 상태에서 풍부한 미디어를 활용한 사회적 의사소통으로 다양한 비즈니스 플레이어들(고객, 파트너, 경쟁자, 공급자)이 참여할 수 있게 되었다. 이는 많은 수의 파트너와 대중(crowd) 중심의(소수 전문가 중심의 제한된 시각의 혁신이 아닌) 창의성이 가능케 됨을 의미한다.

이러한 기반을 이용하여 보다 구체적인 비즈니스 룰(business rule)이나 전혀 예상치 못하거나 긴급한, 즉 예외 상황을 처리할 수 있는 룰(exception rule)로 업무 프로세스에 적절하게 대응하면서 필요한 탤런트가 있으면 소싱하는 식의 전략적 변화는 새로운 차원의 역량을 의미(비용절감, 수익증대, 프로세스 혁신, 신제품 등)한다.

오큘러스(Oculus) (I)

오큘러스(oculus)는 가상현실을 구성하는 장비이다. 헤드셋을 쓰면 헤드셋이 머리의 움직임을 실시간으로 감지하여 머리가 어느 방향으로 움직이든지 그 방향으로의 시각을 제공한다. 또한 각각의 오른쪽, 왼쪽 렌즈는 오목하게 굽어진 파노라마 디스플레이 영상을 제공한다. 이는 넓은 시야각을 제공하여 눈동자를 움직여도 가상현실의 디스플레이를 볼 수 있다. 헤드를 트레킹하는 기술과 양쪽 눈에 제공되는 각각의 디스플레이는 마치 사용자가 가상현실에 들어와 있다는 착각을 하게 만드는 역할을 하게 된다.

웨어러블(Wearable) (I)

웨어러블(wearables)이란 고성능 전자 기술이나 컴퓨터를 장착한 의류나 엑세서리를 일컬으며, 설계는 보통 실용적인 기능이나 사양으로 구성하는 것이 특징이다.

스마트 피트니스(smart fitness) 기기, 애플 워치, 구글 글래스, 오큘러스 등의 출현으로 다양한 신체 부착 디지털 기기가 확산될 것이다. 이미 피트니스 앱을 설치한 아이폰, 갤럭시, 핏빗(Fitbit)과 조본(Jawbone), 나이키(Nike) 제품이 나와 있고 나이키와 퓨얼밴드(fuelband)는 지속적으로 사용자가 경험하는 데이터를 플랫폼으로 보낸다. 결국 이들 제품은 데이터 생산자 역할을 하며 플랫폼은 많은 다른 사람의 체험 데이터를 분석하여 각 사용자에게 네트워크-수준 벤치마킹 인사이트를 피드백해 준다. 또한 몸에 부착하여 가상현실(virtual reality)을 경험할 수 있는 다양한 시제품들이 나와 있다.

유연성(Flexibility) (A)

비즈니스 시스템은 시스템의 가치 전달을 유지하거나 증가시키기 위해 불확실성에 반응할 수 있다. 엔터프라이즈의 일상 프로세스를 의사결정 룰(rule)의 연속이라고 하는데, 그 룰을 구성하고 있는 미리 정해진(predefined) 형식의 비즈니스 룰(business rule)과 나머지 예외적 룰(exception rule)의 수명과 관계도 나날이 더욱 복잡해지는 것이 현실이다. 따라서 변화 속의 기업이 살아남기 위해서는 그 복잡성만큼 유연성이 필요하다. 과거 기업경영의 예를 들면, 유연성이란 기계 유연성, 운영 유연성, 생산 유연성, 시장 유연성 등 변화에 대응할 수 있는 능력을 의미했다. 요즈음 **유연성**이란 비즈니스를 수행함에 있어서 불확실한 상황의 변화에 따라 비즈니스 룰에 얽매이지 않고 시간, 노력, 비용, 성과 측면에서 적절히 대응하거나 반응하여 변화를 만들어낼 수 있는 능력이다. 따라서 불확실성이 유연성의 정의에서 가장 중요한 요소이며, 시스템 내에서, 불확실성에서 기인한 위험과 함께 기회까지도 만들 수 있다. 유연성이 가치가 있는 것은 불확실성의 존재 때문이라고 할 수 있다.

최근, '개방'과 '공유' 그리고 '참여'를 속성으로 하는 웹 2.0, Blog, YouTube, SNS, Wiki 등 다양한 소셜 미디어의 발전은 비즈니스 파워 체계를 바꾸고 있다. 기업이나 조직은 이를 따라가지 못하고 고객의 힘은 그 어느 때보다도 강해졌다. 다수의 다양한 고객들은 기술에 익숙해지고 더욱 스마트해지고 있다. 테크놀로지 발전에 따른 비즈니스의 디지털화는 엔터프라이즈 내에 다양한 커뮤니케이션 채널을 만들어 주었으며 프로세스 실행에 자유로움과 유연성을 제공할 수 있다.

비즈니스에도 테크놀로지를 기반으로 플랫폼을 구축하고 민첩한 유연성이 구축된다면 엠파워링, 즉 기업 내 구성원의 권한이 강화될 수 있을 것이다. 새로운 엔터프라이즈 형성이 인포메이션 및 소셜 테크놀로지 플랫폼 구축을 통해 더욱 다양한 선택, 진정한 고객 맞춤, 즉시 응대, 낮은 가격 등 새로운 제품과 서비스 제공을 가능하게 할 수 있다.

현재 지속되고 있는 디지털 혁명은 새로운 소셜 네트워크 기반의 시대를 초래하고 경영의 패러다임을 민첩성(agility), 유연성(flexibility), 적응성(adaptability), 책임성(responsibility) 중심으로 변화시키고 있다. 소셜 참여시대(the social participation age)에 이미 들어와 있는 현재에, 시스템의 민주화를 추구해 온 사회기술적 접근방법인 Enid Mumford의 The Socio-Technical Systems Design Approach를 기업의 시스템 철학으로 받아들여 유연성(flexibility)과 적응성(adaptability) 능력을 기업 내에 어떻게 정착시키고, 그 구성요소인 지식, 프로세스, 관계 그리고 협업 네트워크(collaboration network)를 어떻게 이루고 성장시켜 나가야 할지를 고민할 필요가 있다. 1995년 James Womack의 'Flexibility(HBR)'에서 말하는 생산 · 제조에 있어서의 유연성과 현대 소셜 네트워크 기반 디지털 비즈니스에서 말하는 유연성의 차이를 살펴볼 필요도 있다.

의사결정론(Decision Making Theory) (K)

의사결정론은 기업의 의사결정에 대한 실천적인 선택원리를 추구하는 이론으로 크게 기술적(descriptive) 의사결정론과 규범적(normative) 의사결정론으로 나뉜다.

투자결정론이나 선형계획법(linear programming) 등의 **규범적 의사결정론**은 이윤의 극대화를 위하여 가장 유리한 대체안을 어떻게 선택할 것인가 하는 규범을 제공하는 데 비하여, **기술적 의사결정론**은 기업의 조직 내에서 인간이 의사결정을 어떻게 하는가 하는 사실을 기술하고 분석하는 것을 임무로 하는 기술론이다. 기업의 생산량이나 가격정책의 결정, 제품개발의 결정 등은 기업 그 자체가 행하는 것이 아니라 그 조직 내의 사람이 결정하는 것이므로, 의사결정에 영향을 주는 조직구조 · 정보시스템 · 모티베이션 등도 그 연구대상이 된다.

조직에 있어서의 의사결정과정을 분석하고 기술한다는 점에서, 과정지향적인 연구이다. 의사결정과정은, ① 문제발견과정, ② 문제해결을 위한 새로운 대체안의 탐구과정, ③ 발견된 각 대체안을 평가하여 선택하는 과정 등으로 나누어 이루어진다.

규범적 의사결정론에서는 모든 대체안과 그에 대한 결과는 이미 주어져 있고, 그중에서 가장 유리한 결과를 가져올 대체안을 선택하는 선택기준을 중심으로 하고 있다. 그러나 실제 기업경영에서는 문제해결을 위한 모든 대체안이 처음부터 마련되어 있는 것은 아니다. 새로운 대체안을 발견하기 위한 정보의 수집과 처리를 어떤 원리에 의하여 행하느냐 하는 것이 중요하다.

더욱이 새로운 대체안의 발견이야말로 기업의 이윤을 증대시킬 수 있는 혁신적 행동이다. 또한 기업의 의사결정은 문제가 지각되었을 때 비로소 이루어진다. 현실에서 기업이 중요한 문제를 간과하여 의사결정이라는 손을 쓰지 않았을 때, 기업은 위기에 처하게 된다. 따라서 문제발견 과정은 중요한 과학적 분석대상으로 취급해야 한다.

기업의 의사결정은 조직 내의 사람에 의하여 결정되는 것이므로, 의사결정을 분석한다는 것은 결국 인간행동을 연구하는 행동과학(behavioral science)을 응용하게 된다. 그러므로 규범적 의사결정론에 있어서의 최적화 원리 대신 만족화 원리, 문제지향적 탐구의 원리, 정보의 피드백 원리 및 불확실성 회피의 원리 등의 의사결정 원리가 도입 · 전개된다.

이노베이션, 전파와 확산(Innovation, Transfer & Diffusion) **(G)**

혁신(innovation)이란 개인 혹은 조직이 새롭다고 인식하는 아이디어, 사례나 관행, 또는 사물을 말한다.

인간 행위에 관한 한, 어떤 아이디어가 최초로 사용되거나 발견된 이후에 시간이 지남에 따라 그 아이디어가 객관적으로 새로운 것인지 아닌지 판단하는 것은 별로 문제되지 않는다. 개인이 지각한 아이디어의 새로운 정도는 그 개인의 반응을 결정한다. 만약 어떤 아이디어가 개인에게 새롭다고 느껴진다면, 그 아이디어는 혁신이라고 할 수 있다.

이노베이션 확산 패러다임은 네 가지 기본적 구성요소를 가진다.

(1) 이노베이션이 커뮤니케이션 채널을 통하여

(2) 시간을 두고

(3) 사회적 시스템에

(4) 이전, 확산된다는 것이다.

테크놀로지의 **전파**(transfer)는 아이디어 등이 커뮤니케이션을 통해 채택(adoption)이라는 의사결정으로 전파되는 것을 말하며, **확산**(diffusion)은 전파의 대상이 되는 요소들이 집단적 사회적 시스템(social system 또는 community) 전체에 퍼져 나가는 것을 말한다.

이동성과 안정성(Mobility and Stability) **(F)**

이동성 또는 모빌리티는 사회의 다양한 계층 내 또는 계층 간 다양한 부류의 개인과 조직의 움직임(movement)을 일컫는 개념으로, 사회 내 다른 사회적 위치로 상황의 변화를 이끌어낸다. 보통 사회 내에 상존하는 정보나 경제 등의 격차가 커질 때, 균형이나 평등으로 향하는 계층이나 집단 간 모빌리티가 형성될 수 있다. 이는 기업이라는 조직 단위에서도 나타나는데, 기업 내 경영기능이나 계층 간 또는 기업 간 다양한 트랜잭션 방식에 동적인 모빌리티를 확보하기 위해 전략적으로 정보기술 도입 계획을 수립하고 있다.

네트워크 인프라의 확산과 정보기술 혁신, 그리고 스마트폰 등의 개인용 통신 장비의 확산으로 '웹 사회(web society)'가 형성됨에 따라 사람들이 PC나 TV에 연결하는 시간을 줄이고 모바일 공유와 경험에 최적화되어 가고 있다. 이와 같이 정보기술은 빠르게 진보하고 관련 통신기술인 WiFi, NFC 등의 발달로 스캔이나 팩스와 같은 다소 거추장스러워 보이는 장비보다 스마트폰을 이용하는 방법으로 콘텐츠를 공유하여 정보요구를 해결하고 나아가 다양한 격차를 해소하게 이르렀다. 이제 **모빌리티**는 과거 계층 간 사회경제적 격차해소의 개념에서 다양한 정보기기와 네트워크 효과에 의해 시간이나 공간의 제약이 거의 없이 개인이나 조직 간 정보요구와 격차해소를 가능하게 하는 역량이나 경쟁력을 의미한다고 할 수 있다.

한편, 초우량 기업의 IT를 활용한 경영 패러다임은 전통적인 '경쟁력의 확보'와 함께 '경쟁력의 유지'라는 두 가지 측면에서 나타난다. 패러다임 변화의 키워드라 할 수 있는 '경쟁우위(competitive advantage)'와 이후의 '민첩성(agility)'이라는 개념을 비교해 볼 필요가 있다. 전자는 전통적으로 물질적 자원을 이용하여 전략적 IT 응용시스템을 구축하고 기득권 유지를 위한 장벽을 만드는 반면, 후자는 지식, 프로세스, 그리고 관계 경영이라는 새로운 하이컨셉으로 남보다 먼저 IT 이노베이션을 채택해 비즈니스 트랜스포메이션을 실현하는 방법이다. 이러한 초우량 기업의 패러다임 변화는 소셜 네트워크 기반의 생태적 플랫폼을 통해 개방된 지식 창출, 다이내믹 프로세스, 비즈니스 관계를 형성하고 초우량 성과를 만들 뿐만 아니라 경쟁우위를 지속하고 있다.

경쟁력의 유지는 안정적인 우위의 지속이라고 판단될 수 있다. 하지만 '안정적

(static)'이라는 속성보다 이에 대비되는 '역동성(dynamic)'을 갖출 필요가 있다. 경쟁과 변화의 수준이 높은 곳에서는 민첩하고 역동적인 지식과 프로세스 그리고 비즈니스 관계 형성이 오히려 경쟁력을 유지하는 방편이 될 수 있기 때문이다.

요약하면, 경쟁에서는 안정성보다 '**동적 안정성**(dynamic stability)'이 중요하다고 할 수 있다. 경쟁의 기동력 또는 민첩성(competitive agility)을 강조한 이유를 물에 비유하자면, 짧은 기간 동안 특정 시점에 있어서 유지되는 안정성이 마치 고인 물과 같기 때문이다. 깨끗한 물도 고여 있는 상태에서는 썩는 것과 마찬가지로, 변화가 없는 경쟁력은 결국 경쟁열위에 놓이게 된다.

이미지-메시지(Image-Message) (H)

"내가 이 위에 선 이유는 사물을 다른 각도에서 보려는 거야. 이 위에서 보면 세상이 무척 다르게 보이지. 믿기지 않는다면 너희들도 한번 해봐, 어서. 어떤 사실을 안다고 생각할 때 그것을 다른 시각에서도 봐야 해. 바보 같고 틀린 일처럼 보여도 시도를 해봐야 해." ―키팅

1990년 아카데미 수상 영화 '죽은 시인의 사회(Dead Poets Society)'에서 키팅(로빈 윌리암스) 선생이 수업시간 책상 위에 올라가서 아이들에게 한 말이다.

이미지(image)는 사람이 바라보는 시각에 따라 사물이나 현상을 그린 것으로 실재(existence)나 추상(abstraction)에 대한 인식을 나타낸다. 따라서 이미지는 어떤 실재에 대한 것이 아니라 할지라도 어떤 실재에 관한 생각이나 느낌과 밀접하게 관련되며, 때로는 실재와 일

치할 수도 있다. 개인의 인식으로 심상에 존재하는 형상이 비즈니스 모델처럼 현실에서 재현되거나 모델화될 수 있고, 어떤 이미지는 수학적 추론, 문학적 개념, 가상 시나리오, 전자적 거래, 혹은 디지털 상품이나 서비스 형태이기도 하다.

메시지(message)는 우리가 환경으로부터 받아들이는 시그널을 의미한다. 하지만 더 정확히 말하면 감각을 통해 받아들이는 이 시그널 또는 메시지는 다시 해석되어야 하지만, 그 전에 우리는 감각기관을 얼마만큼 믿어야 할지 합리적인 의심을 해볼 필요가 있다. 그것은 그렇다고 하더라도 그 메시지는 또한 정확히 해석되어야 하지만, 믿는 것만큼 또는 아는 것만큼 보이는 것도 매우 자연스러운 이치이다. 한걸음 더 나아가 우리는 해석된 메시지를 실체로 간주하기도 하고 그 상황이 거북하면 그 실체가 무엇이든 실체의 주요 특성 정도를 의미할 것이라 사고한다.

인사이드아웃, 아웃사이드인(Inside-Out, Outside-In) (H)

정보시스템 설계 접근방법에 해당하며,

외향식(inside-out)은 1980년대 후반에 주를 이룬 시스템 설계 접근방식으로, 사용자 스스로의 문제점을 발견하고 해결방안을 탐색하여 그에 맞추어 데이터를 수집하고 새로운 시스템을 구축하는 설계방법론이다.

그 과정에서 사내의 성공 시스템 확산과 활성화를 강조한다. 즉, 사내에서 DW(data warehouse) 시스템, DM(data mining) 시스템, 프라이빗 클라우드 시스템 등과 같이 가장 성공한 사례가 무엇인지 파악하여 유사한 방법으로 다른 부서로 확산시키고 전파하는 방법을 말한다.

이러한 접근방법으로 시스템 구축을 계획하기 위해서는 내부의 IS 자원 이용이 중심이 되며, 정보자원 분석 작업이 주를 이루게 된다. 외향식은 모범적인 정보기술 확산을 목표로 하며, 그 과정이 학습적인 특징이 있다.

내향식(outside-in)은 1990년대 전반에 걸쳐 나타난 방법으로 기존 시스템의 개선이 아닌 가장 이상적인 시스템을 발견하고자 하는 방법이다. 가장 이상적인 시스템이라는 것은 실행 가능 여부를 생각하지 않고 기업에서 필요로 하는 가장 이상적인 시스템을 백지에 그려보고 그에 맞추어 실행 가능한 대안을 설계하는 것이다.

이러한 방법은 창조적이고 혁신적인 아이디어를 만들어낼 수 있기 때문에 각광을 받았으며 벤치마킹이 내향식 접근방법의 가장 대표적인 사례라고 할 수 있다. 그러므로 초우량 기업 및 사례 분석이 ISP의 주를 이루는 선작업으로 수행된다. 내향식 접근방법은 미래지향적인 시스템을 구축하는 것이고, 우량의 정보기술 이전 및 흡수를 목적으로 한다. 내부와 외부의 커뮤니케이션은 위와 같은 아이디어 교환을 활성화하기 때문에 이 접근방법에서는 커뮤니케이션이 중심이라고도 할 수 있다.

인소싱(In-Sourcing), 아웃소싱(Out-Sourcing), 아웃태스킹(Out-Tasking) (B)

글로벌 시장에서 고객이 요구하는 제품과 서비스를 먼저 파악하고, 이를 만들어내기 위해 무엇이 필요한 역량인지를 파악한 다음 그러한 역량을 스스로 확보하기도 하고, 필요하다면 공급자를 파악하여 하나의 파트너십으로 묶어낸다. 이것을 가치네트 또는 가치네트워크(value net 또는 network)라고 한다. 이러한 역량의 많은 부분이 디지털화되어 오늘의 엔터프라이즈 2.0은 좀더 자유롭고 역동적이다. 이러한 흐름은 1990년대부터 등장한 다음과 같은 현상들과 함께 내부 가치사슬(value chain)에서 외부 콜래보레이션으로 나타나기 시작했다.

• 업무의 편의품화: 비즈니스 활동의 양이 경쟁력 차별화에 기여하지 않으며 대부분

의 활동이 특히 같은 산업 내에서 매우 유사하게 처리되는 현상

- 글로벌 경쟁: 비즈니스 활동이 평평한 세상에서 효율적, 효과적으로 초우량화를 향해 경쟁하도록 추진
- 경영, 실행, 전달 기능의 분리: 비즈니스 활동을 경영, 실행, 전달기능으로 분리하여 아웃소싱 가치를 점차 크게 인식하는데 그러한 결정으로 모든 것을 아웃소싱하는 것은 아님
- 생태 공동체: 비즈니스 활동을 경쟁력과 역량 있는 가치네트워크로 구조화하여 동반성장하는 공동체
- 테크놀로지 발전: 기술 발전에 따른 플랫폼 기반에서 대규모 데이터로 수집하고 이를 분석하여 가치네트워크의 기술적, 경제적, 관리적 타당성을 향상

엔터프라이즈에서 가치사슬에 필요한 자원을 획득하는 방법과 행동을 소싱(sourcing)이라고 부르며, 소싱 유형으로는 전통적 대내적 인소싱(in-sourcing) 이외에 대외적인 가치네트워킹(value networking)으로 구분된다. 예를 들면, 아웃소싱(out-sourcing), 아웃태스킹(out-tasking)을 통하여 B2B, B2C, G2B 간에 다양한 콜래보레이션이 가능해진다. 여기서 아웃소싱과 아웃태스킹은 유사하면서도 차이가 조금 있는데, **아웃소싱**은 사용자인 클라이언트(client)가 제공자인 프로바이더(provider)에게 요청을 하면 이들이 제품이나 서비스를 만들어 클라이언트인 기업에게 제공하고 기업이 직접 운영하는 방식이다. 반면 **아웃태스킹**은 클라이언트가 요청하면 제공자(provider)가 제품과 서비스의 생성에 더하여 운영까지 처리하는 방식을 의미한다는 점에서 미묘한 차이가 있다. 운영의 책임에 있어서 범위가 차이가 있고 학습의 기회에 있어서도 차이가 나타나게 된다.

오늘날 폭넓은 소셜 웹 또는 웹 2.0 테크놀로지 발전이 인터액션을 활성화하여 참여의 시대를 열고 거기서 우리는 더욱 다양한 소스부터 아이디어와 인사이트를 공유할 수 있게 됨으로써 새로운 차원의 비즈니스 콜래보레이션을 만들어낼 수 있게 되었다. 엔터

프라이즈 내부의 가치사슬과 테크놀로지 발전으로 외부 소싱을 통한 다양한 네트워킹이 이루어짐으로써 지속적이고 창의적 아이디어 및 인사이트 창출과 연관된 혁신이 가능해지는 콜래보레이션의 시대가 도래했다.

미디어의 소셜 역할을 더욱 가능하게 해주는 스마트 모바일, 클라우드 컴퓨팅, 위키, 블로그, 팟캐스트, 마이크로 블로그 등은 이제 기업이 진정으로 지식 기반(knowledge based)의 콜래보레이션(collaboration)을 추구하여 새로운 엔터프라이즈 2.0(E 2.0)의 모습으로 혁신과 변신을 할 수 있도록 지원한다. 인류 지식자산의 80%를 차지하지만 손닿지 않았던 암묵지(implicit)의 창출과 공유, 비즈니스 프로세스의 단순 자동화가 아닌 5W1H에 대한 베스트 프랙티스, 비즈니스 관계의 단순 아웃소싱이 아닌 파트너링 등과 같은 창조적 콜래보레이션이 과연 테크놀로지를 통해 실현될 수 있을까?

아웃소싱은 많은 양의 작업을 싸고 쉽게 처리할 수 있는 방법 같이 보일지 모르지만 보이는 것과 달리 간단하지 않다. 다음은 Ben Power가 "The world of outsourcing," HBR에서 제시한 핵심 질문들이다.

- 아웃소싱은 왜 찾는가?
- 아웃소싱이 전략적 의도에 적합한가?
- 어떤 활동이 아웃소싱으로부터 이득인가?
- 아웃소싱하는 활동의 처리내용을 자사가 이해하고 있는가?
- 외부자원 공급자가 본사의 니치시장 내 경험을 가지고 있는가?
- 외부자원 공급자가 파트너로서 공통가치를 공유하는가?
- 본사는 아웃소싱 프로세스를 관리하고 관계를 지속할 수 있는 전문가를 가졌는가?
- 본사가 인소싱하게 될 시기를 아는가?

표 8. 아웃소싱의 혜택

효과	확보 방안
운영의 효율성	• 규모의 경제를 제공 • 기술적 비즈니스적 전문성을 제공 • 아웃소싱은 받는 자가 아닌 제공자의 자산을 이용
자본 유입	• 제공자도 오너십을 형성
운영 효과성	• 기술적 경영적 업무 혁신 제공
유연성	• 고정비를 변동비로 전환하여 사용량에 따라 비용 발생 • 아웃소싱이나 인소싱으로 교체 및 전환 가능
이노베이션	• 규모, 범위, 신속성의 경쟁력 제공 • 기술적, 비즈니스적, 관리적 역량 제공
전문성	• 기술적, 비즈니스적, 관리적 역량 제공

표 9. 아웃소싱의 위협

위험	출현 경로
운영의 효율성	• 엉성한 계약 • 비용절감과 운영개선에 대한 의무 계약을 소홀히 취급
자본 유입	• 지배구조가 취약한 아웃소싱 받는 자의 묵인
운영 효과성	• 엉성한 계약 • 정기적으로 업무를 개선하는 의무조항이 계약서에 결여 • 주의와 관리 능력 결여 또는 미비
유연성	• 너무 제약하거나 자잘한 계약서 • 제공자에 얽매이거나 너무 의존
혁신성	• 혁신을 제공 또는 전수하는 의무조항 미비 • 상호 신뢰 결여
전문성	• 전문적인 역량 전수 의무조항 미비 • 상호 신뢰 결여

인스티튜션화(Institutionalization) (G)

인스티튜션화란 "이노베이션이 비즈니스 가치를 창출하는 가치 시스템화되어 적용 가능한 업무 전반에 충분히 확산되고 최적의 경쟁력을 발휘하게 되는 상태를 의미한다. 여기서, 가치 시스템은 스스로 생태 공동체의 가치에 반응(responsive), 적응(adaptive), 혁신(innovative)하는 역량을 갖추고 있어야 한다. 따라서 전통적인 단순 확산(diffusion)이나 동화(assimilation) 개념을 넘어 모방적(mimetic), 강제적(coercive) 그리고 규범적(normative) 특성을 모두 갖는 종합적인 동질화 개념이다."

엔터프라이즈는 새로운 IT나 기존 IT의 새로운 사용 방법을 자신의 것으로 체화하는 과정에서 서로 다른 집단의 중점사항, 집단의 상황, 의사결정구조로 얽혀진 규범과 태도에 영향을 받는다.

그 결과는 서로 매우 다르게 나타날 수 있으나, 바람직한 산출물은 단순한 기술적 IT 이노베이션의 엔터프라이즈 내 위치 설정(existence)이나 관심 충족을 넘어 비즈니스 가치를 창출하는 '가치 시스템(value system)'화, 즉 인스티튜션화(institutionalization) 상태로의 트랜스폼이다.

인식론-실재론(Epistemology-Realism) (A)

'언어' 등의 인식적 도구로써 삶의 본질을 다루는 사고의 영역을 **인식론**(epistemology)이라 한다. 우리는 앎과 이해, 즉 인식 수준에 따라 미망에 의존하여 삶의 원형(essence)을 잃게 되지만, 노력에 의하여 군더더기를 배제하고 지혜만을 정련한다면 원형에 다가갈 수 있다는 사고이다. 때로는 "theory of knowledge"라고도 불린다. 우리는 크기, 모양에 상관없이 다양한 해바라기(particular)를 보고는 해바라기 꽃(universalium)이라는 개념을 추출하고, 나아가 여러 종류의 꽃으로부터 꽃이라는 추상개념을 추출한다. 이와 같이 우리의 문명은 언어 그리고 수학과 같은 인간의 고귀한 정신활동인 앎(know)과 이해(understand)라는 '인식의 수준' 위에 기초한다. 이때, 실재한다고 인식되는 다양한 해바라기를 개별자(particular)라고 하며, 언어로써 표현한 추상개념인 '해바라기 꽃'이나 '꽃'을 보편자(universalium)라 한다.

인간만이 개별자를 벗어난 개념적 언어인 보편자를 가지는데, 언어 등의 인식적 도구를 이용하여 '경영', '경제', '서비스', '회계', '플랫폼', '앱 스토어', '교수', '학생', '과목' 등의 추상적인 개념을 만들고, 서로 그 의미를 의사소통하며 삶과 비즈니스를 영위한다. 그중 '디지털 비즈니스(digital business)'는 추상개념을 인식하는 동물인 인간의 가장 복잡하고 고차원적인 삶의 영역 중 하나라고 할 수 있다.

많이 인용되는 플라톤의 동굴의 비유도 결국 이와 같은 논리이다. 우리는 사슬에 묶인 채로 벽에 비친 그림자만을 보고 산다. 플라톤은 우리가 일상에서 부딪치는 개별자(particular)들을 그림자로 처리한다. 그는 사슬을 끊고 동굴에서 나와 태양 아래서 사물들을 보길 권한다. 즉, 각각의 사슬을 끊고 순수한 이데아만을 바라보아야 하는 것이 그 시대의 좋은 삶의 조건이었다. 플라톤의 입장에서 '개별고객'들은 그림자와 같고, 동굴 밖에는 이데아적인 '고객'이 존재하니 인식의 한계(사슬)을 끊고, 동굴 밖으로 나와 태양 아래에서 '고객'을 마주할 수 있다는 인식이다. 하지만 인간의 인식수준인 그림자(인식의 한계)가 인간의 조건이라는 생각이 그에게 떠오르지 않았다. 이러한 종류의 인식론을 실재론이라고 부르며, 바람직하게는 인식론적 실재론이라 할 수 있다.

실재론(realismus)을 가장 간략하게 정의하면, 그것은 '보편자(개념)가 실재한다'가 된다. 앞에서 예로 든 해바라기 꽃이라는 개별자가 아닌 '꽃'이라는 보편자(개념)가 실재한다는 사고이다. '고객', '플랫폼', '클라우드'라는 개념이 있다면, '고객', '플랫폼', '클라우드'라는 이데아가 존재한다는 사고를 말한다.

특히 실재론자들의 인식론 중 가장 중요한 점은 인간의 인식 능력 중 이성만을 근본적이고 궁극적인 것으로 간주하고, '감각을 필요악' 으로 생각한다는 점이다.

플랫폼에서 중요한 것이 기술적 인프라이기 때문에 그것만 제시하면 플랫폼 생태계가 저절로 형성된다는 생각과 같다. 플랫폼이라는 생태계가 플레이어들의 일상적인 상호작용 경험으로부터 추출된 것이라고는 생각하지 않았다. 실재론은 추상개념을 사유하고 그 개념들의 연쇄에 의해 추론해 나가는 것이 인간능력 중 가장 소중한 것이라고 생각했고, 이것을 담당하는 인간의 능력을 이성이라고 불렀다. 실재론의 관점에서 보자면, 플랫폼의 반복적이고 지속적인 생태적 이머징을 설명할 수 없다고 할 수 있다.

실재론에서 시장(market)은 무엇이며, 전략(strategy), 고객(customer), 관계(relationship), 관리(management)는 무엇이며 과연 실재하는가? 실재한다면 고객과의 관계를 관리하기 위한 노력의 일환인 CRM은 도대체 어떻게 가능한가?

1990년대 후반부터 2000년대에 이르기까지 고객과의 관계 강화를 위해 자원을 쏟아부은 기대와 실제를 다룬 Darrell Rigby와 Dianne Ledingham의 "CRM Done Right"에서 그 실행(implementation)에서 나타난 다양한 이슈들을 살펴보자.

조직 내 CRM 실행에 있어서 비즈니스와 전략의 전략적 연계, 성과 측정 그리고 조직과 기술의 조화를 냉정하게 바라보면, 인식 수준에 따라 CRM이라는 개념에 의존하여 CRM에 기대했던 것과 실제의 차이를 실감할 수 있다. 동굴 안에서 그림자만 바라볼 것이 아니라 노력에 의하여 군더더기를 배제하고, 지혜를 정련한다면 보다 이상적인 CRM에 다가갈 수도 있겠다.

임베디드 기기(Embeded/Embeding Device) (I)

임베디드 시스템은 다른 장비에 의해 완전히 모듈처럼 캡슐화된 특정 목적의 시스템으로 해당 장비를 컨트롤하는 역할을 수행하며, 때로는 다양한 센서로 분석에 이용할 수 있는 데이터를 수집하기도 한다.

일반적인 목적일 때 저전력, 작은 크기, 저비용의 시스템으로 일반 시스템과 비교될 수 있다. 제한된 프로세싱 자원으로 프로그램을 처리하거나 복잡한 상호작용을 하기는 어렵지만, 하드웨어의 인텔리전스 메커니즘을 통제하고 장비에 장착된 센서와 네트워크를 통제할 수 있다는 이점이 있다.

따라서 특정의 목적과 작업에 집중된 임베디드 시스템은 설계 엔지니어에 의해서 최적화될 수 있다. 구체적으로, 제품의 크기나 비용을 줄일 수 있어서 비용측면에서 규모의 경제도 가능해지며, 장비의 성능이나 신뢰도를 높일 수도 있다.

최근 들어, 임베디드 시스템은 스마트폰이나 디지털 워치 등의 포터블 장비로 확산되고 있지만, 이미 교통 신호등, 공정 컨트롤러, MRI, 하이브리드 운송장비 등 광범위하고 복잡한 시스템에서 적용되어 왔다.

자료처리론(Data Processing) (K)

자료처리론이란 의미있는 정보를 도출하기 위해 데이터 세트를 수집(collect)하여, 유효성을 검증(validation)하고, 조작(manipulate)하며, 정렬(sort), 요약(summary), 집계(aggregate), 분석(analysis), 분류(classify), 보고(report)하는 각각의 방법에 관한 이론이다.

자유로움(Freedom) (A)

오늘날에는 글로벌 시장에서 고객이 요구하는 제품과 서비스를 먼저 파악하고, 이를 만들어내기 위해 무엇이 필요한 역량인지를 파악한 다음 그러한 역량을 스스로 확보하기도 하고 필요하면 공급자를 파악하여 하나의 파트너십으로 묶어낸다. 이것을 가치네트 또는 가치네트워크(value net 또는 network)라고 한다.

IT 인프라와 네트워크의 발달로 비즈니스가 기존의 다소 폐쇄적인 가치사슬 경로와 달리 시간과 공간의 제약에서 자유로워지고, 비즈니스 참여자들이 국가와 시장, 플랫폼과 기타 시스템 등의 여러 가지 체계에서 보다 덜 의존적인 행태로 가치네트워크 경로를 수행하는 특성을 **자유로움**(freedom)이라 할 수 있다.

오늘날 개방되고 공유되며 누구나 참여 가능한 네트워크 구조나 연결망에 깔린 공통된 믿음이 있다. 복잡성은 자유로움을 통해 관리될 수 있고, 자율적인 참여에 의한 협력은 경제적으로 효율적이며, 그 과정에서 쌓는 지식은 참여자의 태도와 자유로운 기회에서 비롯된다는 믿음이다.

이러한 믿음은 일찍이 효율성과 민주주의를 조합해 온 영국 및 스칸디나비아 국가들을 통해 배울 수 있다. 영국 정부는 미래의 산업 구성(organization)을 위한 두 가지 대안으로 '연결망의 세계'(wired world)와 '똑똑한 마초'(macho)('built to last')를 만들었다. 첫 번째 대안 '연결망의 세계'(wired world)는 글로벌 환경에서 개별 기업들이 홀로 일하는 것이 아니라 네트워크를 통한 커뮤니케이션과 신뢰를 통한 콜래보레이션으로 불확실한 복잡성에 대처한다는 것이다. 연결망의 세계는 각 기업들이 능력을 배양하여 연결망의 중심이 되는 센터 기업의 가치사슬에 스스로 자유롭게 참여할 수 있도록 한다. 이들은 능력을 교환하며 기회와 위험을 공유한다.

이러한 가치네트워킹의 성공은 자유롭고 안정적인 커뮤니케이션의 구조와 신뢰 기반의 관계를 구축할 수 있어야 비로소 가능하다. 먼저 테크놀로지 발전에 따른 디지털화가 엔터프라이즈 내에 다양한 커뮤니케이션 채널을 만들어 주었으며 프로세스 실행에 자유로움과 유연성을 제공한다.

이러한 역량들이 많은 부분 디지털화되어 있다는 점은 오늘날 혁명적인 기업경영의 행태인 '엔터프라이즈 2.0'의 자유로움을 뜻한다. 이러한 흐름은 1990년대부터 폐쇄적인 내부 가치사슬(value chain)을 확장한 외부 콜래보레이션의 형태로 나타나기 시작했다.

재설계(Reengineering) : 골든 룰 9가지 (G)

–구조, 업무 프로세스, 구성원, 테크놀로지 재설계와 함께 해야 성공할 것

엔터프라이즈 재설계 또는 조직 재설계는 여러 형태로 범위와 깊이를 달리한다. 조직 변경, 합병 후 지배구조 단일화, 프로세스 통합, 그리고 좀 더 범위를 좁혀서는 비용절감, 그리고 테크놀로지 채택 등 유형이 다양하다. 이러한 유형에 공통적으로 적용할 수 있는 일반적인 룰이나 원칙이 있을 수 있을까? 맥킨지(McKinsey)가 일반적으로 알려진 방안들(예를 들면, 자주 나오는 벤치마킹 등 20가지)을 모아 전문가들과 검토한 바에 의하면, 이들 중 반 이상의 방안들이 재설계 프로젝트의 성공과 상관관계가 없다는 흥미로운 결과를 전한다. 그 방안들 모두가 중요한 고려사항들임은 인정하지만 각 산업, 지역, 규모에 따라 프로젝트의 결과는 다르다는 것이다. 또한 조직 구성요소들의 전반적인 다이나믹스를 고려해야 한다는 의미이다.

맥킨지는 2014년 자체연구와 성공사례의 비교 조사를 통하여 새로운 '9가지 골든 룰'을 만들었고 이들을 1,323개 기업에 서베이를 통하여 확인해 보았다. 결과는 9개 룰 중:

- 5–6개를 적용한 199개 기업 중 재설계 당시의 목표를 달성한 기업 수는 57%,

- 6개 이상의 룰을 적용한 62개 기업 중 목표를 달성한 기업 수는 73%,
- 9개 모든 룰을 적용한 14개 기업 중 목표를 달성한 기업 수는 86%,
- 그러나 2개 이하의 룰을 적용한 전체 조사 기업 1,323개 중 절반을 넘게 차지한 578개 기업 중 목표달성에 성공한 기업은 겨우 14개 기업으로 1.7%에 해당된다.

조사에 적용된 룰들을 살펴보면 엔터프라이즈 비전과 연계된 중장기 전략과의 일치 여부, 재설계 범위 선정, 보고체계 검토, 성과 측정방안 제시, 효과적 리더십 파악, 그리고 위험요소 관리 등을 포함하고 있다. 이들 리스트를 보면 다음과 같다.

1. 초기에 지금 나타나는 단편적인 문제가 커 보이겠지만 장기적으로 중요한 핵심 문제에 초점을 맞춰야 한다. 진정 장기적 또는 전략적으로 연계된 문제에 집중해야 하며, 실질적 구체성이 있어야 한다. 예를 들면, 단순히 '고객 중심'이라고 접근하기보다는 '고객 경험 창출–마켓 세그먼트별 책임감을 갖는 관리자 역할 재설계'로 구체성을 갖춘다.
2. 현장을 가정하지 말고 확인하자. 나타나 있는 문제점, 숫자, 매뉴얼, 조직도를 그대로 믿지 말고 현장에 나가 살펴보는 시간을 충분히 가져야 다음을 위한 베이스가 올바로 형성된다. 구조조정 재설계가 필요하다고 하면서도 조직도를 기반으로 계획을 짜고 발표하고 실제로 보니 엉뚱하게 배치가 되어 있는 경우가 있다.
3. 검증되지 않은 가설이나 직관을 그냥 믿지 말고 사전에 준비하자. 편견, 정치적 판단에 그냥 의존하지 말고 미리 기준을 설정해 대안을 비교하자. 예를 들면, 의사결정을 '배짱'에 의존하는 경우 거의 5명 중 1명의 응답자 비율로 올바른 청사진 선택에 성공적이지 못했다고 인정한다. 최우량 엔터프라이즈들을 살펴보면 공통점이란 거의 발견되지 않고 각자의 기준설정이 독특(역할의 정의, 책임 중심점, 보상체계)하다.
4. 보고전달 체계는 가장 분명하고 통제 가능한 측면이다. 애플이나 픽사 같은 기업

은 데이터 흐름도에만 의존하지 않고 구성원들이 어디서 커뮤니티를 구성하고 조직 상황은 어떻게 구체적 행동을 유발해 내는가까지도 살펴본다. 서베이에서 재설계의 성공과 가장 상관관계가 높았던 요인은 각각 2개의 조직구조 관련 룰, 프로세스 관련 룰, 구성원 관련 룰을 종합적으로 적용한 경우였다.

5. 탤런트를 뽑는 데 철저하라. 재설계에서 가장 소홀히 취급되는 룰은, 역할을 먼저 정하고 그러고 나서 사람을 정하는 것이다. 말하기는 쉬워도 행하기는 어렵다. 유혹은 반대로 일어나서, 역할의 필요성이 정의되기도 전에 그럴듯해 보이는 스펙 소유자를 주요 위치에 미리 정해 두려고 한다.
6. 필요한 마인드-셋(마음자세)을 정하고 그렇게 바꾸도록 노력하라. 재설계 전문가들은 너무 흔히 자신들을 조직이라는 머신에 이리저리 옮겨 놓을 수 있는 톱니바퀴라고 생각한다. 하지만 엔터프라이즈란 신념, 감정, 희망, 두려움을 가지는 휴먼으로 구성되는 집합체이다. 부정적인 마인드-셋 소유자를 찾아 어떻게 조직이 운영되어야 하는지에 관해 생각을 바꾸도록 해야 하는데, 그럴듯한 새로운 이유가 되는 마인드-셋 롤모델을 통해 소통하고 강화한다. 새로운 상사를 임명하고 직무 기술서를 만든다는 것은 절대로 충분치 않다.
7. 단기, 장기 성과 측정방안을 설정하라. 대시보드 없는 자동차를 운전하고자 하는 사람은 없다. 새로운 변화에 맞는 측정방안은 목표달성에 기여한다. 재설계 목표에 관련된 재무적, 비재무적 성과 측정항목을 관련 기능과 관련 부서별로 설정하고, 서브-프로세스와 관련된 측정항목은 비용, 시간, 품질, 책임감 등으로 설정할 수 있다.
8. 최고경영자가 잘 소통하고 있는지를 확인하라. 재설계는 구성원들에게 깊은 개인적 영향을 미치며, 5W1H라고 하는 프로세스 속성 전반에 변경을 요한다. 집단적 또는 공식적 소통은 한계가 있으며 직접적이고 비공식적인 양방향 소통이 요구되며 시간, 노력, 그럴듯한 설득력 있는 메시지가 전달되어야 하는데 이것들이 몇 주, 몇 달간 계속된 후 잊혀지지 않도록 해야 한다.

9. 위험요소를 관리하라. 많은 경영자들이 성급한 나머지 비즈니스, 구성원, 엔게이지먼트, 실행에 관련된 계획을 준비하지 않음으로써 위기에 직면할 수 있다. 엔터프라이즈는 잘 진행되어 나간 후에도 지속적으로 이런 요소들을 미리 발견하고 모니터링함으로써 위험을 완화하고 피할 수 있다. 위험관리요소를 준비, 실천하는 책임정신은 매우 중요하여 해당 재설계 관련 구성원들의 일반 평가에 포함되어야 한다.

Aronowitz, s., Smet, A. D., Deirdre, "Getting organizational redesign right," *McKinsey Quarterly*, June 2015.

적응(Adaptation) (G)

오늘날 어댑테이션 또는 적응 개념도 이노베이션, 인포메이션 시스템을 포함하여 여러 분야에서 쓰여지고 있지만 찰스 다윈(Charles Dawin)의 적자생존의(survival of fitness) 법칙에서 출발한다. 어댑테이션에는 3가지 구성요소가 존재한다: 환경(environment), 적응계획(adaptation plan), 성과측정(measurement). 적응계획이란 당연히 개발계획을 의미하는 것이 아니라 적응 정도를 테스트하는 플랜을 의미하며, 성과측정이란 어떻게 달성한 내용을 정의할 것인가 하는 'fitness'를 의미한다.

어댑테이션 사고는 환경의 역할을 너무 소극적으로 취급하고 있다고 비판받기도 한다. 어댑테이션이란 의미는 원래 항상 무엇인가에 적응한다는 말로 자신은 무엇인가에 영향을 줄 능력이 없다는 말이 되기 때문이다. 그래서 이런 비판자들이 진화(evolution)나 다른 개념을 대안으로 내세우는 근거를 제공한다. 복잡한 시스템을 이해할 때 자기조직화가 아닌 어댑테이션 개념으로 보면, 생태시스템도 정부 규제 등 예를 들면, 정부의 정책, 관세에까지 맞춰야 한다. 정확히 말하면 환경이 변화할 때 생태계 시스템도 그 조건에 이머전스, 진화, 자기조직화 등을 통해 적응해야 한다. 조금 구체적인 예를 들면, 엔터프라이즈 의사결정권자가 ERP 시스템을 채택하기로 결정하면 그 도입된 시스템 기능 중 글로벌 스탠다드나 베스트 프랙티스에 내가 따라가야 할 모듈, 반대로 나에게 맞춤화해서 수정해야 할 모듈을 구분해야 한다. 이러한 과정이 새로운 복잡한 시스템을 채택(adoption)한 다음에 그리고 사용자들이 수용(acceptance)하고 실행하기 전에 거쳐야 하는 적응(adaptation) 활동에 해당한다.

전사적 자원관리(ERP systems) (D)

ERP(enterprise resource planning)는 상업적인 전사적 소프트웨어 패키지로서 분석 중심이 아닌 거래처리(transaction) 중심으로 데이터와 비즈니스 프로세스의 모듈을 전사적으로 통합하여 운영하는 시스템이다. 또한 모듈별로 구매가 가능하고 내부적으로는 모든 모듈들이 연계되어 구성된다.

ERP의 몇 가지 특성에 대해 알아본다. ERP는 패키지이며 여러 기능적 모델이 통합되어 있고 연계되어 있다. 또한 성공사례인 베스트 프랙티스의 절차적 시스템이 수용되어 있으며 도입하는 기업에 맞추기 위해 약간의 조정이 필요할 수 있다. 특정 분야에서 기업과 잘 맞지 않는다고 느껴지면 일종의 맞춤화 절차가 필요하다.

ERP가 부각된 것은 기술적 이유와 비즈니스적 이유가 있는데 먼저 기술적으로는 ERP를 통해서 응용시스템의 통합이 가능하다는 장점 때문이다. 만일 기업 내 시스템들이 통합되지 않는다면 효과와 효율적 측면에서 많은 문제가 발생할 수 있다. 예를 들어 판매관리시스템의 경우 주문을 받은 내용이 구매부서에 전달이 되고, 실시간으로 입출고, 재고의 내용이 생산 현장에 전달되어야 원활하게 시스템이 흘러갈 수 있다. 만일 각각 시스템이 중복되고 연계되지 않거나 재작업 처리를 해야 한다면 많은 비용이 발생하며 자료의 불일치를 초래할 수 있다. 따라서 통합은 시스템 개발에서 매우 중요한 내용이 된다. 또한 ERP는 화면이나 출력방법, 코드체계와 같은 인터페이스 역시 통합되어 있으며 ERP 패키지의 대량생산으로 인해 이미 제품 출시과정에서 많은 오류가 수정되었기 때문에 유지보수 비용이 감소된다. 그리고 자료입력의 중복이 배제될 수 있고 분석의 어려움이 해소될 수 있으며 기반이 확고하여 많은 전문가들이 이미 DB, 네트워크, 코드체계 등을 잘 만들었기에 IT 하부구조체계의 향상이 가능하다. 또한 기술적 역량의 한계를 극복할 수 있으며 컴퓨터 운영 비용을 감소시킬 수 있다.

기술적 이유의 중요성 못지않게 비즈니스적 요소 역시 ERP 부각에 있어 중요한 이유가 된다. ERP는 전문가 집단이 만들고 초우량 기업 성공사례와 베스트 프랙티스가 이미 포함되어 있어 이노베이션 효과를 동시에 달성 가능하다.

그리고 경우에 따라 비공식적인 비즈니스 프로세스를 관리할 수 있으며 데이터와 기록관리가 표준화되어 있어 이에 따라 경영비용 역시 감소될 수 있다.

이와 같이 다양한 기술적 이유와 비즈니스적 이유로 인해 기업들이 직접 시스템을 개발하지 않고 ERP를 도입한다.

전자상거래론(Electronic Commerce) (K)

전자 비즈니스(E-business)의 한 부분으로서 인터넷이나 네트워크, 다른 디지털 기술들을 이용해 전자적으로 제품이나 서비스를 사고파는 것을 말한다. 또한 전자상거래는 광고, 마케팅, 고객 지원, 배송, 지불 등과 같은 활동들을 포함한다.

이때 business란 가치의 교환(exchange of value)으로 정의된다. 물품을 구매함에 따라 지불하는 돈, 보너스포인트 등의 수단이 모두 가치의 교환에 해당된다고 할 수 있다. 이러한 가치를 교환하는 당사자들이 'player'(또는 partner)이고, 관련된 player 사이에 가치의 교환이 전자적으로 이루어지는 것이 전자상거래이다.

사실 전자상거래는 가치의 교환, 즉 단순한 고객과의 관계를 의미하지만 e-비즈니스는 가치교환, 주문, 처리뿐만 아니라 인사, 계약, 구매, 디자인, 배송 등 모든 비즈니스가 전자상으로 진행되는 형태를 말한다. 따라서 e-비즈니스란 '비즈니스 관계 창출과정의 관련자들 사이의 전자적 가치교환'이라고 정의할 수 있다. e-비즈니스 시스템이란 e-비즈니스 시스템을 지원해 주는 'Information System'을 말한다.

정보론(Information Theory) (K), 정보의 역할(the Roles of Information) (A)

정보론이란 정보의 전송(transmit), 처리(process), 추출(extract), 활용(utilize)에 관련한 이론으로, 추상적으로는 불확실성의 해소에 관한 사고와 이론이라 할 수 있다. 그 시작은 의사소통의 수리이론 영역의 Claude Shannon(1948)에 의해 잡음이 많은 채널을 넘어선 정보의사소통의 사례에서 '정보'란 '잡음을 넘어 전달 가능한 메시지의 집합'으로 추상적인 개념이 구체화되었다.

즉, 불확실한 의사소통이나 의사결정의 상황에 당사자에게 조금 더 구체화되고 간명해지는 대안(alternatives)을 제시할 필요가 있으며, 이에 따라 데이터의 집합을 처리 및 가공하여 의사결정의 당사자에게 유용하고 편리하게 제공하는 방법에 관한 이론이다.

정보는 의사결정에 사용될 목적으로 유용하고 편리하게 가공된 의미있는 자료를 말하며, 의사결정 상황에서 불확실성을 해소하는 역할을 한다. 특정 사건의 불확실성은 사건의 발생 확률에 의하여 측정된다. 불확실성이 커질수록, 불확실성을 해소하기 위한 정보는 더욱 필요로 된다. Bit가 정보의 전형적인 단위이긴 하지만 다른 단위로 nat와 같은 단위로 정보를 필요로 하며, 불확실성을 해소하기 위해 쓰여진다.

정보가 메시지(message)라는 주장은 다른 맥락(환경)에서 다른 의미를 갖는다. 정보의 개념은 다른 맥락(환경)에서 제약조건이나 의사소통, 통제, 데이터, 형식, 교육, 지식, 의미, 이해, 의식적 자극, 패턴, 인식, 표현, 엔트로피와 같은 개념과 밀접하게 관련된다. 정보는 기본적으로 신호적 입력(sensory input)이라는 의미와 함께, 표현과 복잡성(representation and complexity)의 의미로도 쓰이고, 변신을 주도하는 영향(an influence which leads to a transformation)의 의미(역할)을 보인다. 이 중 가장 현대적이며 지식과 밀접한 역할인 influence로서의 정보의 역할을 살펴보자.

영향력과 함께 트랜스포메이션을 향하여

정보는 다른 패턴을 정형화하거나 변신에 영향을 주는 어떤 유형의 패턴으로, 정보가 의식에 의하여 인지되고 의식에 의하여 해석된다는 'influence'의 기본 가정을 갖는다. 특정 환경이 이와 같은 의식에 의해 해석과 연계되면, 정보가 지식으로 트랜스포메이션 될 때 영향을 미칠지도 모른다. 정보와 지식의 정의 모두 어느 정도 의미론적이며 논리적인 분석을 하기는 어렵지만, 트랜스포메이션의 여건은 지식경영의 비즈니스 규칙에 있어 지식과 관련된 정보에 관한 연구에서 중요한 지점이다. 실무에서 툴이나 프로세스가 의사결정이나 연구를 수행하는 지식 노동자를 지원하는 데 사용되는데, 다음과 같은 단계를 포함한다.

- 효과적으로 가치와 의미를 추출하기 위해 정보를 검토
- 어떤 것이 활용도가 있다면 메타데이터를 참조
- 관련 환경 수립, 때로는 가능한 많은 환경들로부터 선택
- 정보로부터 새로운 지식을 유도
- 도출된 지식으로부터 의사결정이나 추천자료를 형성

정보를 지식으로 전환하는 것이 매우 중요하며, 이는 현대 엔터프라이즈에게 가치창

출과 경쟁우위의 핵심에 정보와 지식이 있기 때문이다.

Thomas, S., *Wealth of Knowledge*. Doubleday, New York, NY, p.379, 2001.

제품 라이프사이클(PLC: Product Life Cycle) (B)

산업에서 제품 생명주기 관리(PLM)는 디자인 기획과 제조, 그리고 제품의 서비스와 처분까지 제품의 완전한 생명주기를 관리하는 절차를 말한다. 제품 생명주기 관리는 사람과 데이터, 프로세스와 비즈니스 시스템을 통합하고 해당 기업이나 관련 기업을 위한 제품 정보 개략을 보여준다.

PLM 시스템은 글로벌 경쟁 시장을 위해 새로운 제품을 개발하는 기술적 도전과 복잡성에 봉착한 기업을 돕는다. PLC는 마케팅의 Product Life-cycle Management(PLM)와 구분되어야 한다.

PLM이 비용과 판매 관점에서 비즈니스 시장에서 제품의 수명을 상업적으로 관리하는 것과 관련되어 있는 반면, PLC는 제품의 개발과 그것의 유용한 수명을 통하여 제품의 속성을 관리한다. 제품 생명주기 관리(PLM)는 제조기업의 정보기술 구조의 네 가지

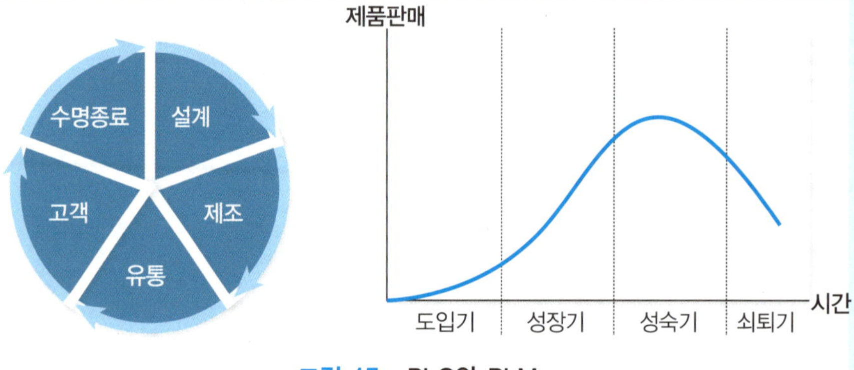

그림 15. PLC와 PLM

주축의 하나로 고려될 수 있다. 모든 회사들이 고객에 관한 정보와 소통을 관리(CRM: customer relationship management)할 필요가 있고, 재고와 공급자(SCM: supply chain management), 기업 내부 자원(ERP: enterprise resource planning) 그리고 제품 계획과 관리(PLM)를 필요로 한다. 전통적인 PLM이 출하단계 동안이나 출하에만 역점을 둔다면 사람중심 PLM(people-centric PLM)은 설계단계에 중점을 둔다.

증강현실(Augmented Reality) (I)

2000년대 후반부터 스마트폰, 태블릿 PC 열풍이 소비 성향을 비롯해 생활 패턴까지 변화시키며, IT 기기는 우리의 일상과 대단히 밀접한 관계를 갖는다. 영화에서나 볼 법한 신기술을 이제는 누구라도 쉽게 사용할 수 있게 되었다. 대표적인 신기술 중 하나가 바로 '증강현실'이다.

'가상현실(VR: virtual reality)'과 증강현실의 차이점이라면, 가상현실은 자신(객체)과 배경·환경 모두 현실이 아닌 가상의 이미지를 사용하는 데 반해, 증강현실(AR: augmented reality)은 현실의 이미지나 배경에 3차원 가상 이미지를 겹쳐서 하나의 영상으로 보여주는 기술이다.

증강현실을 가장 잘 표현한 앱으로 'Star Walk'라는 별자리 앱을 들 수 있다.

지속가능(Sustainability) (E)

일반적으로 지속가능이란 생태계가 미래에도 유지될 수 있는 제반 환경이란 의미로 '미래 유지 가능성'으로 요약된다. 이 용어는 로마클럽이 1972년 '성장의 한계(The

Limits to Growth)'란 보고서에서 처음 언급한 이후 인간활동, 경제나 경영, 기후와 환경, 국가정책 등에 광범위하게 사용되고 있다.

기업의 사회적 책임(CSR: corporate social responsibility) 경영이 바로 이에 해당한다. 지속가능 발전은 인간과 자원의 공생, 개발과 보전의 조화, 현 세대와 미래 세대 간의 형평 등을 추구하는데, 기업경영 특히 디지털 비즈니스에서도 화두이다.

기업경영에서 지속 가능한 성장이란 장기간 지속되는 실제 이익과 생산의 증가를 말하는데, 2000년 중반 이후 구글과 애플 등이 만든 디지털 플랫폼 생태계와 그 안에서 창출된 제품과 서비스의 성격이 바로 구성원 간의 공생이 가능한 지속가능 환경과 구체적인 산물의 좋은 예라 할 수 있다.

구체적으로 안드로이드와 iOS라는 운영체제로 대변되는 개발환경과 앱(APP) 스토어는 해당 기업이 초기 생태계를 조성하는 노력 이후 자발적인 개발자의 참여와 상호작용으로 형성된 장기적인 가치창출 환경이라 할 수 있다. 엔터프라이즈는 해당 모바일 혹은 데스크탑 운영체제에 관련한 시스템 개발 인터페이스와 연결 API를 제공하고 앱이 거래되는 환경을 조성하는 것으로도 지속적인 판매수익과 시장점유율을 확보할 수 있고, 기업만의 고유한 역량으로 경쟁우위를 확보하고 새로운 영역으로 민첩하게 뛰어들 수 있는 여지를 갖는다. 개발자(developer)는 기업이 제공하는 API를 이용하여 자발적으로 제작한 앱을 판매할 수 있는 마켓 플레이스를 이용하여 수익을 창출하고 지속적으로 접속과 운영체제의 지원을 받을 수 있다. 장기적으로 네트워크 효과를 통해 규모와 범위의 경제를 추구할 수 있다.

지식경영(Knowledge Management) (G)

지식이란 가치창출 목적의 행위를 실질적으로 일으킬 수 있는 일련의 체계화된 정보를 의미하는데 이는 정보와의 중요한 차이점이 된다. 집을 짓는 예를 들자면, 정보는 원자재를 이용해 만든 방, 부엌, 화장실, 지붕 등에 해당되고, 이들이 상호 잘 연계되어 체계화되어 주택을 이룰 수 있을 때 집은 지식이 된다. 시스템적 관점에서 '잘 만든다'는 것은 앎 자체만이 아니라 목표하는 일련의 행동을 유발시킬 수 있는 메커니즘까지 갖춘 것을 의미한다. 열심히 노력하여 규칙을 만들어 놓았다고 하더라도 해당 업무 담당자가 적절치 않다고 판단하여 이용하지 않으면 잘 만들었다고 할 수 없다. 지식은 자신 있게 행동을 유발할 수 있는 형태로서 설득력(persuasive power) 또는 영향력(influence)을 가져야 하며, 이 점이 바로 정보와 지식을 구분 짓는 체계화 정도의 의미이다. 그래서 지식경영은 자료와 정보를 엔터프라이즈에 체계적으로 내재화시키고 행동을 유발할 수 있는 지적 자산으로 변환시킬 수 있는 역량과 과정을 의미한다. 정리하면, 기록을 의미하는 원천 자료 또는 데이터가 의사결정에 도움되는 자료로 잘 가공되어 정보로 전환되고, 이어서 정보가 비즈니스 가치를 만들어내는 일련의 행위로 연결되도록 하는, 즉 창출과 활용 사이클을 지식경영이라고 한다.

지식시스템 구성요소와 성장단계(3P6C) (G)

지식시스템의 구성요소(component): 3P

지식시스템이란 엔터프라이즈의 지식경영을 가능하게 해주는 메커니즘을 말하는데 구성요소와 프로세스 흐름으로 나누어 볼 수 있다. 먼저, 지식시스템의 구성요소를 살펴본다.

- **피플**(people, 휴먼): 지식시스템의 다양한 구성원을 의미하는데 그들이 가진 지식 · 스킬 · 역할이 엔터프라이즈 문화 속에서 행동, 참여, 변화로 추진된다. 엔터프라이즈 구성원은 인적자원으로서, 그리고 지식경영의 추진체(agent)로서 역할을 하게 되

며 특히 혁신성을 통한 가치창출에 결정적인 요소가 된다. 또한 엔터프라이즈의 지식 분석능력 및 학습역량은 이들 다양한 구성원의 수준과 관계에 의존한다.

- **프로세스**(process, 비즈니스): 고객 라이프사이클과 제품 라이프사이클을 기반으로 엔터프라이즈는 업무의 처리절차로서 프로그램, 매뉴얼을 설정하고 이들을 체계적으로 분류한다. 미국의 생산성본부라 할 수 있는 APQC(American productivity quality center)는 정기적으로 산업별 프로세스 분류 프레임워크(process classification framework: PCF)를 무료로 업데이트해 공개하고 있는데 엔터프라이즈는 벤치마킹하면 많은 도움이 된다. 프로세스별 또는 연결 링크 트랜스포메이션, 테크놀로지 융합, 소싱 전략, 파트너십 등은 지식 프로세스와 밀접한 관련을 가지며 효과적으로 추진하기 위해서는 프로세스적인 접근이 필요하다.
- **플랫폼**(platform, 테크놀로지): 웹 2.0, 빅데이터, 분석론(analytics), 스마트 모바일, 클라우드 컴퓨팅, 앱, 디지털 기기는 인프라와 플랫폼의 기반을 형성해 주는 기술적 구성요소이다. 이들은 관련된 다양한 소프트웨어 툴(tool)을 이용하여 애플리케이션과 네트워크 인터페이스 연결뿐만 아니라 평가, 보안 및 인증 시스템 형태로 지식 및 혁신 시스템의 계층적 체계를 구성하게 된다.

지식시스템 성장단계(growth stage): **6C**

데이터를 정보로, 정보를 지식으로 전환하는 노력과 이에 수반되는 가치창출 과정은 원래 점진적이며 단계적인 모습을 띠게 된다. 그래서 지식과 관련된 가치창출 과정은 디지털 르네상스 시대에 더 이상 일반적이지 않지만 90년대 중반 초창기 지식시스템에서는 파이프라인처럼 가치사슬적 선순환 패턴을 보였다. 지식과 관련된 가치는 콘텐츠의 수집 · 저장, 접근, 상호작용, 평가, 수정 및 변환으로 발전하면서 증가하게 된다는 순차적 사고(thinking)로 시작되었다. 그러나 이러한 사고는 오늘날 웹 2.0의 개방, 참여, 공유의 확장(extended)되고 향상(enhanced)된 새로운 플랫폼 시대(비즈니스 공동체에서 다양한 플레이어들이 수시로 역할을 바꿔 가며 그것도 동시에 참여하는)에는 더 이상 파이프라인적 속성보다는 플러그-플레이적 역동적 속성을 가지지만 여기서는 일단 순차적 6단계로 성장과 성장 과정을 구분하면 다음과 같다.

• 1단계: **인지**(cognition)

엔터프라이즈 구성원들이 지식과 혁신 경영과 관련 시스템의 필요성을 충분히 인지하는 단계이며 여기서의 필요성이란 기회와 위기를 모두 포함함.

• 2단계: 인프라 **구축**(container)

지식과 혁신 경영에 필요한 시스템적 구성요소의 확보로 구성원의 역할과 범위가 결정되는 단계. 여기서의 인프라는 기술적 인프라(예: 연결망)와 함께 사회적 인프라(예: 신뢰)를 의미함.

• 3단계: **표현/저장**(content)

지식과 혁신 경영을 위한 구체적인 활동의 일환으로 엔터프라이즈 내의 전문가가 지식 제공자의 지식과 지식의 원천에 대한 정보를 적절히 표현하며, 지식 저장소나 가치네트워크 및 소셜 네트워크 연결망에 핵심지식을 확보하는 단계.

• 4단계: **이전 및 공유**(communication)

엔터프라이즈 내의 전문가와 생태계 참여자들을 중심으로 활발한 지식의 이전과 공유를 위하여 자율적이며 다소 비공식적으로 다양한 의사소통을 하는 단계.

• 5단계: **콜래보레이션**(Collaboration)

엔터프라이즈 중심으로 생태계에 참여하는 사용자 및 플레이어들이 협력 업무 달성을 위하여 적절한 의사소통 채널을 이용하여 공식적이며 제도적인 지침과 매뉴얼, 소프트웨어 형태로 지식을 공유하고 활용하는 단계.

• 6단계: **창출**(creation)

엔터프라이즈 내, 비즈니스 동반 생태계, 가치네트워크 또는 소셜 네트워크에서 수집되는 지식을 활용하여 새로운 제품과 서비스를 창출하는 단계이다. 기존 지식 또는 업무 프로세스를 뛰어넘어 제품과 서비스의 개선이나 혁성을 달성할 수 있도록 기존 지식의 성과분석과 새로운 지식의 창출에 적극적임.

이상의 6C 성장단계를 두 단계로 구분하면, 전반은 지식과 혁신 경영에 대한 필요성 인지와 이를 위한 자원 확보, 하부 구조인 인프라 기반 구축에 초점을 맞추고 있으며, 후반은 앞 단계의 자원을 활용하기 위해 초점을 맞추고 있다. 특히 커뮤니케이션(4단계)은 자율적 · 비공식적 시스템의 지식관리이며, 콜래보레이션(5단계)은 4단계에 더하여 조직적 · 공식적 시스템의 지식기반 경영에 초점을 맞추고, 궁극적으로, 창출단계(6단계)는 지식 활용 이후의 행위학습을 통한 창의적 활용을 의미한다.

참여(Participation) (C)

디지털 비즈니스는 평가와 리뷰, 그리고 댓글 등의 수단에 의해 사이트 소유자와 사이트 사용자 간에 두 방향으로 흐른다. 사용자의 입력에 반응하는 동적인 콘텐츠들은 사용자에게 다양한 경험을 제공하여 소셜 네트워크상의 참여를 증진시킨다. 기본 원리는 웹 서비스를 수행하는 서버에 이미 작성된 콘텐츠만을 보여주는 정적인 웹페이지만을 게시하지 않고, 사용자의 반응에 따라 반응을 적용하여 해당하는 답을 제시하는 쌍방향 의사소통 방식의 동적인 웹페이지 구현으로 가능해진다. 참여가 지속되는 동안 생성되는 로그(log)와 콘텐츠는 해당 웹페이지의 속성을 규정하고 참여하는 사용자 간의 관계를 형성하며, 나아가 웹에서 벌어지는 사건들의 가상환경에서의 커뮤니티까지 형성한다. 점차적으로 형성되어 다원화된 커뮤니티는 사회적 현상이나 문화에 영향을 미치고 때로는 참여자 주도권을 형성하기도 한다.

참여자(Participants) (G)

플랫폼 기반의 비즈니스 네트워크에 내부 및 외부로부터 플러그-플레이 방식으로 참여하고 상호작용하여 가치를 생성, 교환, 엔게이지먼트하는 유연하고 자유로운 가치공유자들을 **참여자**(participants)라고 한다.

네트워크상의 다양한 플레이어들이 다양한 가치의 생산과 소비에 참여(participation)하고 상호작용(interaction)한다.

디지털 비즈니스를 위한 플랫폼이 네트워크 인프라, 애플리케이션/솔루션, 서비스 그리고 구조적/비구조적 데이터를 연계시키는 모델로서 역할을 다하기 위하여 참여자들이 어떻게 플러그-플레이하는지 알아둘 필요가 있다. 이들은 API(application programming interface)라는 연결과 통제 기능을 포괄하는 내외부 통합 운영모듈을 활용한다.

창의성(Creativity) (A)

창의성(creativity)이란 비즈니스 아이디어, 과학적 이론, 문학 등과 같이 개인이나 조직 혹은 집단적인 사고로 기존의 패턴과 달리 새롭게 가치를 형성할 수 있는 특성이나 역량을 말한다. 창의성은 혁신성(innovativeness)과 혼용되기도 하지만 실천적 행동 이전의 아이디어 단계라는 점에서 구분된다. 창의성이 지성(intelligence)에 포함되기도 하고 때로는 지성을 포함하기도 하며, 같은 성격으로도 혹은 다른 성격으로 분류하기도 한다. 사람들이 '만일 ~라면' 하고 생각할 때, 실체(reality)에 대한 대안들(alternatives)을 스스로 상상하곤 한다. 이와 같이 기존 패턴과 다른 사고는 매일 벌어지는 창의적 프로세스의 예로 보여진다. 특히 조직은 문제해결을 위해 하나의 정확한 해법을 목표로 하는 수렴적 사고(convergent thinking)와 한 문제의 창의적인 다양한 답변들의 생성을 가져오는 분기적 사고(divergent thinking)를 할 수 있으며, 분기적 사고의 형태가 심리학 연구에서는 창의성(creativity)과 동의어로 자주 사용된다. 다양한 사회적 환경과 경영 등의 실무환경에서도 창의성을 유발하는 분기적 사고의 여러 가지 현상과 행태가 발견되고 있으며, 가장 대표적인 유형이 다양한 네트워크를 이용한 집단 지성(collective intelligence) 또는 집단해결(collectivism)의 현상이다. 현대의 복잡성을 해결하기 위한 천재 과학자는 존재하지도 않고, 존재하더라도 홀로 일하지 않는다. 특정의 구성원(man)이나 기계(machine)의 처리보다 다수의 다양한 참여 형태인 콜래보레이션(collaboration)과 같은 집단적인 노력이 요구된다. 그리고 많은 개인들의 경쟁으로부터 발생하는 공유되거나 집단화된 지성으로 집단적인 총의(consensus decision making)를 만들어낼 때, 민주적이고 창의롭다고 할 수 있다.

조직 내 구성원의 참여와 의사소통으로 창의성이 높아지는 과정을 보려면, Jake Levirne의 The Most Overlooked Way of Stimulating Team Creativity에서 창의성을 유도하는 환경과 구체적인 다섯 가지의 단계를 참조할 수 있다.

1. 의사소통에,
2. 누구나 참여하도록 하라.
3. 신뢰하라.
4. 다시 보고, 다시 평가하고, 반복하라.
5. 창의로워라.

채택 후 수용(Acceptance After Adoption) (G)

새로운 테크놀로지와 툴의 도입은 생산성 증가, 판매 증가, 그리고 신속하고 좋은 의사결정을 하게 한다. 그러나 채택 또는 어돕션(adoption) 후 모든 관련 구성원들이 활용에 동참하게 한다는 것은 쉽지 않은 일종의 도전이다. 물론 활용을 강제하면(예: 거래처리, 문서결재) 이용도는 높아지겠지만 모든 잠재적 장점과 효과들은 묻히게 된다. 그래서 채택 후 모든 예상했던 또는 잠재적 사용자들의 수용(acceptance)이 이루어져 업무 프로세스 전반에 확산되어 극대화되어야 함이 굳이 비용효과 분석을 따로 하지 않아도 중요한 이유이다. 먼저, 배경을 알려야 한다. 테크놀로지가 무엇인지, 무엇을 하려고 하는지 설득력 있는 비전 제시가 필요하다.

새로운 시스템은 영업사원의 할당량 달성을 도와줄 것인가? 생산성을 증가시켜 주말 작업을 줄여줄 것인가? 새로운 테크놀로지 도입에 있어 역점사항은 일하는 삶의 질(quality of working life)을 향상시켜 줄 것이라는 기대가 되어야 한다. 그러면 과업 달성(task accomplishment)은 따라올 것이라는 사고가 유럽의 사회기술적 시스템 설계(socio-technical system design)의 핵심이 된다. 도입 효과를 알린 다음, 교육과 훈련에 초점을 맞추어 필요한 지식과 스킬을 지원하여 변화에 대한 두려움을 자연스러운 것으로 인식하게 하여 이를 해소시켜 주어야 한다. 어떤 사람은 온라인을 어떤 사람은 개별적 오프라인 방식을 선호할 것이며 진행의 방안을 종합적으로 설계하고 맞춤화하여야 한다.

이러한 방식은 전달과 전파에 상호 보완적이 될 것이며 사용자 커뮤니티에서 영향자를 파악하여 사용자가 사용자를 도와주는 네트워크 효과(network effect)(예: 얼리어답터, 오피니언 리더 활용)를 가져야 한다.

Knight, R., "Get Your Employees on Board with New Technologies," *Harvard Business Review Management Tip*, June 2015. http://legacy.hbr.org/tip/2015/06/16/get-your-employees-on-board-withnew-technologies

컨테이너(Container) (G)

디지털 비즈니스 가치창출 구조에서 컨테이너란 다양한 스마트 모바일 테크놀로지, 케이블링, 클라우딩을 활용하여 빠르고 싸고 유용한 테크놀로지 능력 등 플랫폼의 시스템적 구성요소를 확보하는 상태이며 구조이다.

생태 플랫폼에서 엔게이지먼트와 엠파워먼트를 위한 참여자들의 역할과 책임의 범위가 결정되어 있고, 참여자들은 내용을 잘 알고 있다. 또한 엔게이지먼트와 엠파워먼트를 위한 조직적 기반에 투자를 하고 있는 상태이다.

그러나 아직 다양한 가치의 창출 및 공유를 위한 구체화된 노력은 없다. 플랫폼에서 제품이나 서비스 등의 가치창출을 위한 표준, 프로세스, 업무 등의 기준을 명확히 정의하고 있으며 플랫폼 내 · 외부에서 가치를 창출하고 공유하기 하기 위해서 하드웨어 · 소프트웨어 · 서버 · 네트워크 등이 잘 갖추어져 있지만 저장된 콘텐츠가 충분하지 못한 상태이다. 때문에 가치의 공유와 활용은 활성화되어 있지 않다.

콘텐츠(Contents) (G)

디지털 비즈니스 가치창출 구조에서 참여자들이 디지털 테크놀로지와 기기를 이용하여 지식정보, 문서, 아이디어, 노하우 등의 베이스를 구축하여 공유하는 것처럼 제공자의 가치의 원천에 대한 정보를 적절히 표현하는 단계이다. 플랫폼 생태계를 위한 구체적인 활동의 일환으로 창출된 가치 표현 및 다양한 분야별 플랫폼 내 전문가를 파악하고 있으며, 핵심가치를 중심으로 플랫폼 내의 내용을 확보하고 있지만, 아직 생태계에 기반을 둔 가치의 이전과 공유가 활성화되고 있지 않다.

생태 플랫폼에서 사용될 수 있도록 가치의 코드화, 처리 규정화를 통하여 신뢰할 수 있는 플랫폼과 이에 대한 가치경로를 구축하고 있으나, 가치의 이전과 공유의 활성화나 가치의 활용은 아직 충분하지 못한 상태이다.

생태 플랫폼을 위한 자료, 문서, 사진, 영상, 사운드, 아이디어를 다양한 저장매체를 이용하여 충분한 내용을 저장하고 있으며, 사이트 맵 및 콘텐츠 맵을 통하여 플랫폼의 체계를 보여주고 있는 상태이다. 그러나 이를 효과적으로 사용하기 위한 검색 · 공유 · 재사용은 아직 활성화되어 있지 않다.

콜래보레이션 파워(Collaboration Power in Platform) (D)

네트워크, API 등의 플랫폼 테크놀로지 기반에서 플랫폼 생태계 참여자들이 비즈니스 지식이나 관련 프로세스 그리고 거래나 파트너십 등의 다양한 관계를 콜래보레이션 넷(collaboration net)을 통해 상호작용하며 자가조직적인 가치창출 경로(value path)를 형성하는 역량을 플랫폼의 콜래보레이션 파워라고 한다.

이렇듯 참여자들의 자발적인 생태적 속성 때문에 많은 기업들이 혼란스럽거나 두려워하기도 하지만, 플랫폼 내의 콜래보레이션이라는 생태적 자발성이 네트워크상의 다원화된 참여자 요구의 자기조직화(self-organization)를 가능케 하는 힘이다.

플랫폼은 API와 같은 필요한 툴을 기계적으로 내부에 모아놓는 공학적 조직(organization)의 시각이 아닌, 생태 공동체의 가치로 내부가 채워지고 환경의 변화에 유연하게 적응하고 반응할 수 있도록 결속(참여, engagement)과 엠파워먼트(empowerment), 자기조직화(self-organization)의 환경을 갖추어 나가야 한다.

클라우드 컴퓨팅(Cloud Computing) (D)

클라우드 컴퓨팅의 개념은 1965년 미국의 컴퓨터 학자인 존 매카시가 "컴퓨팅 환경은 공공 시설을 쓰는 것과도 같을 것"이라며 제시한 개념에서 유래했으며, 근본적인 아이디어는 전력망(그리드)처럼 규모의 경제를 달성하기 위하여 자원을 공유하는 데에서 비롯되었다.

클라우드 컴퓨팅은 보다 넓은 인프라의 집중과 서비스의 공유 개념이라고 할 수 있다. 다양한 사용자에 의해서 공유되는 클라우드 자원은 수요에 따라 동적으로 재배분 가능한 장점까지 가지고 있다.

이와 같은 접근법은 컴퓨팅 전력의 활용을 최대화함으로써 환경파괴를 줄일 뿐만 아니라 에너지를 아끼고 공기를 정화하는 등의 효과가 있다.

클라우드 컴퓨팅과 함께 동시에 여러 사용자들이 다른 애플리케이션을 사용하기 위해 라이선스를 구매하는 절차 없이 데이터를 불러와서 수정하기 위해 개인 서버에서도 접근할 수도 있고 다양한 방식으로 공유활동을 함으로써 네트워크 효과를 더한다고 할

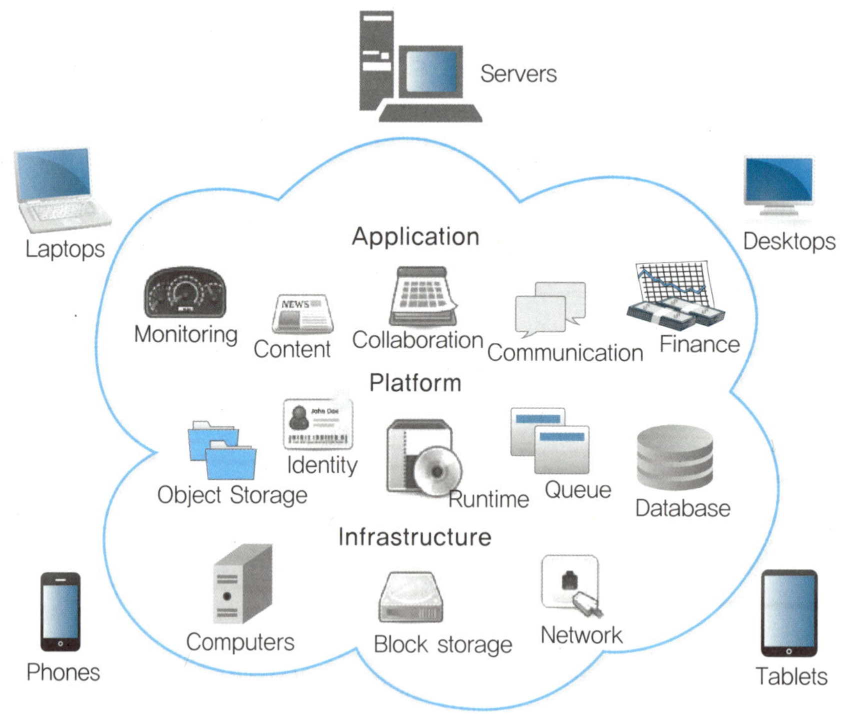

그림 16. 클라우드 컴퓨팅의 구조

수 있다.

클라우드 컴퓨팅(cloud computing)은 인터넷 기반(cloud)에서 애플리케이션과 소프트웨어가 작동 가능한 고도의 기술적 배경에서 기인했다.

네트워크상에 애플리케이션이나 데이터를 두고, 원하는 시기에 데이터의 하드웨어나 소프트웨어에 대한 종속성을 최소화하여 컴퓨터나 휴대폰 등에 데이터를 불러와서 사용하는 웹 기반 서비스라고 할 수 있다. 데이터를 넘어 애플리케이션까지 운영체제나 기기에 종속되지 않고 활용할 수 있는 시기가 도래했다. 그 형태로는 개방 수준이나 공공성 수준에 따라 public cloud, private cloud, 그리고 이 중간형인 hybrid cloud로 구분할 수 있으며, 폐쇄조직에서는 private cloud를 대형포털이나 사업자들은 public cloud를 주로 서비스로 제공하는데, 네트워크상의 대부분의 클라우드는 이 중간형인 하이브리드형 클라우드에 해당한다고 할 수 있다. 즉, 개인이나 조직의 영역을 일부 보안영역으로 보장받고, 필요하다면 그 외의 영역을 공유·공개하는 형태의 cloud라고 할 수 있다.

예를 들자면, dropbox를 개인이나 조직의 웹스토리지 형태로 데이터와 응용프로그램을 활용할 수 있으면서 동시에 원하는 자료를 원하는 사람과 공유하고 공개하는 클라우스 서비스를 제공하고 있다. 대부분 클라우드를 웹스토리지 수준으로 인지하고 있으나 구글이나 애플, 네이버 등도 다양한 형태의 응용프로그램(워드프로세서, 스프레드시트 등)을 네트워크에서 사용할 수 있도록 제공하고 있다.

메인프레임, 서버/클라이언트 시대를 지나 네트워크에 가상화되어 있는 데이터와 응용프로그램을 사용하는 클라우드 컴퓨팅 시대에 조직 내 업무의 흐름과 지식의 관리를 위한 투자계획 우선순위가 무엇인지는 이미 드러나 있다. 이와 함께 지속적이고 안정적인 클라우드 컴퓨팅을 위한 기술적 검토와 조직 그리고 타 조직과의 정합까지 고려할 필요가 있다.

탐색(Exploration)과 탐구(Exploitation) (C)

엔터프라이즈 내 여러 가지 변화의 전파와 확산 양면성은 탐색(exploration)과 탐구(exploitation)에 의해서 달성된다. 탐색(exploration)은 조직이 창의적이고 적응적이도록 하며 반면 탐구(exploitation)는 더욱 전통적이며 이미 검증된 비즈니스 방법에 지속적으로 의존하도록 한다. 탐색(exploration)은 검색과 변동, 위험 처리, 실험, 유연성, 발견이나 혁신과 같은 것들을 포함하는 반면에 탐구(exploitation)는 정재, 선택, 생산, 효율, 선별, 실행 등을 포함한다. 단지 탐색에 초점을 두는 기업들은 개발되지 못하고 유용하지 못한 아이디어에 자원을 낭비하는 위험에 직면한다. 반면, 단지 탐구에 초점을 맞추는 기업은 현 상태의 성과와 제품을 수용할 뿐 최적 수준의 성공에 도달하는 데에 실패할 수 있다. 이 두 가지 조직의 행동 방식은 조직의 학습이나 기술 혁신, 조직의 적응, 전략 경영, 조직 리더십, 그리고 조직 설계와 같은 영역에서 넓게 정의되어 쓰인다.

비슷하지만 중요한 차이점을 가지고 있다. 이 차이점은 'lean과 agile'의 차이와 관계가 있으며, IT 관련 플래닝, 확산 그리고 투자를 하기 위한 접근방법에서도 차이를 드러낸다.

먼저, 탐구(exploitative)는 'lean'과 관련된 개념으로 비용 대비 효과를 추구하는 노력이며 능률을 개선하기 위한 것이다. 이는 운영의 개선을 중심으로 하는 효율(efficiency)에 관한 내용이다. 반면 탐색(exploratory)은 혁신과 성장의 의도로서 기업가정신을 통한 모험을 중심으로 한다. 여기서 기업가정신이란 새로운 비즈니스 모델, 혁신적인 프로세스의 개선 등을 추구함을 의미한다. 탐구는 공식적이고 기계적이지만 탐색은 적응에 있어 유연하다. 또한 탐구는 주로 하향식(top-down) 방식이고 현존하는 시스템 개선에 관한 것이라면, 탐색은 미래지향적이고 모든 구성원들이 민주적인 참여를 함으로써 실제 현장에서 얻어진 경험을 학습하여 그에 맞는 새로운 혁신을 가능하게 하는 방법이다. 이상은 이노베이션과 트랜스포메이션 시대에 매우 중요하고 새로운 전략적 행동방안이다.

테크니컬 플랫폼(Technical Platform) (D)

가치네트워크 내에서 공유되는 IT 플랫폼은 크게 두 영역으로 구분된다. 먼저, 기술적 플랫폼은 앞에서 언급한 하드웨어 장비, 시스템 소프트웨어, 통신 네트워크 등 IT 인프라 자원도 포함되며, 인적 플랫폼은 IT 자원 공유 및 관리에 필요한 전문지식, 응용기술, 경험 등이 포함된다.

IT 플랫폼에 대한 중요한 이슈는 환경 변화에 창의적인 적응력(innovative adaptability)을 위한 동적 안정성(dynamic stability)을 확보하는 것이다. 이는 엔터프라이즈에 새로운 제품과 서비스를 개발할 수 있도록 하며, 결과적으로 혁신적인 적응력을 빠르게 개발할 수 있도록 해준다. 반대로, IT 플랫폼의 경직성(inflexibility)은 필요한 사용자의 요구를 해결하기 어렵게 만들고 새로운 제품과 서비스 개발을 위한 트랜스포메이션을 복잡하게 하여 결국 고객을 잃게 된다.

IT 플랫폼에서는 적응성(adaptability), 역동성(dynamics), 응답성(responsiveness) 유연성(flexibility)을 가능하게 해주는 것은 중요하며, 특히 기술적으로는 다음과 같은 역량이 강조된다.

- 연결성(connectivity)은 하드웨어, 소프트웨어가 내 · 외부적으로 전자적 연결을 만들어내는 능력이다.
- 호환성(compatibility)은 어떤 형태의 정보라도 공유할 수 있는 능력이다.
- 모듈성(modularity)은 하드웨어, 소프트웨어, 데이터를 쉽게 변경할 수 있는 능력으로, IT personnel competency는 IT 활동을 수행하기 위해 IT 부서가 가져야 할 기술과 경험 능력이다.
- 조정성(scalability)은 하드웨어와 소프트웨어가 기존의 플랫폼에서 크기가 변경되거나 업그레이드될 수 있는 능력이다.

- 계속성(continuity)은 하드웨어, 소프트웨어, 데이터, IT 부서가 어떤 방해 없이 기업 내 사용자에게 매끄럽게 제공될 수 있는 능력이다.
- 긴급성(rapidity)은 하드웨어와 소프트웨어가 필요하다면 언제나 정보를 제공해 줄 수 있는 능력이다.

마지막으로, 현대성(modernity)은 현시성(currency) 개념으로 하드웨어 소프트웨어가 기술적 트렌드와 잘 알려진 제품을 기반으로 하는 능력이다.

토마스 쿤(Thomas S. Kuhn) (J)

토마스 새뮤얼 쿤(Thomas Samuel Kuhn)은 미국의 과학사학자이자 과학철학자이다. '과학혁명의 구조'로 잘 알려졌다.

철학, 심리학, 언어학, 사회학 등 여러 분야를 섭렵하여 과학철학에 큰 업적을 남겼다. 그에 따르면 과학의 발전은 점진적으로 이루어지는 것이 아니라 패러다임의 교체에 의해 혁명적으로 이루어지며 이 변화를 '과학혁명'이라고 불렀다.

특정의 주도적 패러다임에 의하여 '정상과학'의 시기에 이루어지는 과학연구의 특징은 그 패러다임의 근본원리에 대한 검증이나 반증이 허용되지 않는다는 것이다. 과학연구를 하다 보면 변칙사례(anormaly)가 존재하지만 연구자들은 이러한 변칙사례를 자신의 패러다임에 대한 반증으로 인정하지 않는다. 우선 특정 시점의 어떤 연구 전통도 모든 문제를 해결할 수 없으므로 변칙사례가 등장할 때마다 자신의 연구의 기반이 되는 패러다임을 던져 버린다는 것은 효율적이지 않다. 또한 변칙사례로

남아 있던 문제들이 그 문제에 대해 도전한 과학자들에 의해 성공적으로 풀린 사례도 있다. 게다가 패러다임이 처음 등장하는 시기에는 경쟁 패러다임에 비해 연구전통이 짧기 때문에 해결하지 못하는 변칙사례의 수도 많기 마련이다. 그럼에도 불구하고 지나치게 변칙사례의 수가 증가하면, 주변 과학자들을 중심으로 대안적인 패러다임(혁명적 과학)을 모색하게 된다. 이때 대안적 패러다임이 성공사례를 통해 유능한 학문 후속세대를 끌어당기는 데 성공하면 새로운 정상과학이 탄생하는데 이를 '과학혁명(scientific revolution)' 이라고 한다.

트랜스포메이션(Transformation) (E)

비즈니스 트랜스포메이션은 비즈니스가 시장환경에서 변화에 적응하는 것을 돕기 위해 어떻게 수행되어야 하는지 기본적인 변화를 만드는 것에 관련되어 있다. 비즈니스 트랜스포메이션 요구는 조직의 제품이나 서비스가 유행에 뒤쳐지거나, 재무상황이나 현금흐름이 변경되거나, 새로운 규정이 도래하거나, 시장 경쟁이 더욱 심해지는 것과 같은 시장에서 발생하는 조직 외부 변화에 기인한다. 이와 같은 관리 접근법은 넓게는

- 수익 증대와 시장 점유율 확보를 위해
- 고객 만족도 향상을 위해
- 비용 절감을 위해 활용된다.

각각을 관점의 수준에 따라 나누어 보면, 조직 전체의 비즈니스 위치와 영역 또는 영역 내 상호 밀접한 프로세스들의 연계와 단순화 또는 업무처리의 속성과 방식을 바꾸어 다시 만들어내는 수준을 의미하나 트랜스포메이션으로 구분된다. 기업들은 특히 프로세

스를 혁신하고 집행하는 플레이어들(휴먼과 머신)의 역동적이고 창의적인 가치 생산 역할을 강조한다.

트랜스포메이션은 하나 또는 그 이상의 변화로 달성되는데, 직원들이 일하는 방식이나 조직이 어떻게 구조화되고, 핵심제품이나 서비스 포트폴리오를 어떻게 선정하며, 기술이 어떻게 사용되는지에 대한 변화가 트랜스포메이션 내용에 해당한다. 일반적으로 조직들은 트랜스포메이션을 위해 몇 가지 단계를 거친다.

- 극적인 변화가 필요하다는 이해관계자 사이의 의견일치를 얻거나 변화를 필요로 한다는 인식
- 더 나은 미래를 그리는 비전이나 변화의 목적을 갖는 구성에 동의
- 조직이 무엇으로부터 변화하는지 그리고 상세한 변화가 무엇인지 이해
- 새로운 조직의 작업방식과 지원과 관리를 설계
- 보통 반복하여 몇 년에 걸쳐 변화를 테스트하거나 실행
- 조직이 과거 상태로 돌아갈 수 없도록 하며 의도한 이득을 달성하기 위해 변화를 정착

파이프라인-플러그-플레이(Pipeline, Plug-Play) (H)

파이프라인 방식이란 특별한 관계에 있는 외부 파트너가 접근하고자 하는 소유 주체의 허락을 받아야만 패쇄적으로 닫혀 있는 타 시스템에 접속하여 새로운 가치창출이라기보다는 단순 활용 또는 가치교환할 수 있는 것을 말한다.

반면에, **플러그-플레이 방식**이란 외부 파트너가 별도로 허락받을 필요 없이 공개된 플랫폼 접속 프로그램을 이용하여 타 시스템 기반 위에서 가치창출과 가치교환을 할 수 있는 방식을 말한다.

이들 파트너들은 묵시적으로 동반 참여자의 자격을 가진다. 예를 들면, 제공자는 플랫폼에 접속하여 콘텐츠를 올려 놓을 수 있으며, 소비자는 플랫폼에 접속하여 원하는 것을 찾아 볼 수 있다. 응용프로그램 개발자는 안드로이드 체제 위에 앱을 올려 놓을 수도 있으며, 작가라면 디지털 미디어 위에 논문이나 글을 올려 놓을 수 있다. 여유의 방이나 자동차를 공유할 수 있는 사람은 Airbnb + 게스트 하우스나 Uber 택시에 각각 게재할 수 있다. 팔 물건이 있으면 옥션, Ebay, Taobao (Alibaba), Amazon 등에 올려 놓으면 원하는 소비자가 자유로이 사갈 수 있게 됨으로써 플랫폼은 마켓 플레이스, 즉 시장의 역할을 하게 된다.

파트너 라이프사이클 (G)

➜ PLC(Partner Life Cycle) **(B)**

프로세스 (G)

프로세스란 기업에서 일어나는 여러 가지 행위, 활동, task를 의미한다.

프로세스의 분류와 핵심 프로세스의 파악, 프로세스의 구성이나 모델링, 전략적 관점에서의 프로세스 분류 등 다양한 이슈가 논의되어 왔다.

초기에 정보시스템은 기업의 일부 기능영역, 주로 거래처리 영역에 있어서 자동화를 구현하는 수준에서 시작되었지만, 현재는 기업의 다양한 기능영역이 외부환경적 요인을 고려하여 넓은 영역에 걸쳐 다양한 프로세스의 형태로 구현되고 있다.

'프로세스의 늪(swamp)(Keen, 1997)'과 같이 표현된 다양한 경영의 영역은 기업이라는 광범위한 시스템 내에 영역별 시스템으로 구축될 수 있으며, 시스템을 구축할 때 현실의 시스템을 모방하기도 하지만, 때로는 완전한 구현이 불가능하여 현실의 시스템을 압축하기도 한다.

업무 프로세스는 또한 지식 프로세스와 밀접한 관련을 가지며, 엔터프라이즈의 업무 처리 과정에서 처리절차와 의사결정의 룰을 규정하게 된다. 따라서 지식경영을 효과적으로 추진하기 위해서는 프로세스적인 접근이 필요하다. 이 구성요소에서 엔터프라이즈의 업무수행 활동에 관련된 가치창출의 흐름이 나타난다.

프로세스 디자인(Process Design) (C)

프로세스가 기업에서 '해야 할 일'이라면, 프로세스의 설계(design)는 일을 하는 절차와 방식 그리고 담당자를 구성한다. 담당자는 사람과 테크놀로지의 두 가지 유형으로 크게 나뉘며, 구체적으로 기업에서 다양한 일을 하고자 할 때, "무엇을 할 것인가"도 중요하지만, "사람이 처리할 것인가", "기술적으로 처리할 것인가" 혹은 "사람과 기술이 적절하게 믹스(mix)되어 처리 가능한가"라는 이슈에 전략적으로 판단할 수 있어야 한다.

그러기 위해서는 먼저 현재의 조직 내 업무 프로세스가 어떻게 이루어지고 있는지 현상분석을 통해 문서화할 필요가 있으며 이를 AS-IS 모델링이라 한다. 특히 현재 프로세스를 잘 이해하고 있음은 업무흐름을 5W1H로 적절하게 나타낼 수 있는지를 의미하는데 what: 어떠한 프로세스가 where: 어느 부서(위치)에서 who: 어느 담당자를 통해 when: 언제 어떤 순서로 how: 어떻게 why: 왜 처리되는지 종합적이며 간결하게 표현하는 능력을 의미한다고 할 수 있다.

AS-IS 분석 이후 프로세스가 어떠한 새롭고 혁신적인 형태로 바뀔 것인지에 관한 설계 방법을 TO-BE 모델링이라 하며, 미래의 업무프로세스 흐름을 여러 가지 원칙에 따라 적절하게 표현하여 설계안으로 새롭게 제시한다. 결국 프로세스 디자인의 결과물인 새로운 설계안에는 해당 기업의 업무 절차와 담당자 특히 지리적 한계나 시간적 한계를 무시하거나 순차적으로 처리되어야 할 일을 동시에 병행 처리하는 방식 등이 포함된다.

프로세스 분류체계(PCF: Process Classification Framework) (G)

프로세스는 전통적으로 대분류, 중분류, 소분류 등 업무의 단위와 눈높이에 따라 다양하게 가능하다. 수직적으로 기획, 운영, 관리 등으로 또는 수평적으로 경영의 기능에 따라 설계/개발, 구매, 생산, 통제, 유통, 지원 등으로 분류되지만, 분류에 따른 효익이 무엇인지 먼저 이해해야 하며 어떤 프로세스가 더 중요하며 우선되어야 하는지 전략적으로 살펴볼 필요가 있다.

전략적으로 시장 점유율 확대나 고객 중심의 업무 수행 등 투자 대비 효과가 크게 나타나는 분야에 정보자원을 투자하는 선택과 집중이 바람직하다. Keen(1997, 2000)이 제안하는 전략적 분류는 '중요도'와 '가치'에 따라 프로세스를 정체적(identity), 우선적(priority), 지원적(background), 제도적(mandated) 프로세스로 나눈다.

APQC(미국 생산품질 센터, www.apqc.org)가 개발하여 20여 년간 많은 기업에서 사용해 오고 있는 APQC PCF(process classification framework)는 기업이 타 경쟁사 또는 타 연관 산업과 비교하여 벤치마킹함으로써 프로세스 이노베이션을 가능하게 해주는 프레임워크 툴이다. 수많은 프로세스가 가득찬 '프로세스 늪(swamp)(Keen, 1997)'을 탈피하여 기업의 프로세스들을 체계적으로 설계하고, 성과를 측정하고, 창의적인 통찰력을 갖는 것은 경쟁력의 핵심이 된다. 이러한 측면에서 PCF는 기업의 프로세스를 설계하는 데 베이스가 될 수 있는 유용한 프레임워크이다. APQC는 PCF를 1990년대 초에 개발하여 현재까지 정기적으로 업데이트하고 있다.

PCF 프레임워크는 크게 운영(operation) 프로세스 5개, 지원(support) 프로세스 7개로 총 12개의 프로세스 그룹 카테고리로 구성되어 있다. 그리고 각 카테고리는 하위 3개 수준, 즉 총 4개 수준(level)으로 기업의 프로세스를 체계적으로 분류하고 있다. 이러한 프로세스 체계는 세상의 모든 프로세스를 다 포함할 수는 없으며, 또한 각 산업이나 기업이 모든 프로세스를 필요로 하지도 않는다. 따라서 APQC는 PCF를 기본적인 프레임워크로 사용하도록 권장하고 있으며, 요즘은 모든 산업에 적용하는 기본 PCF뿐만 아니라 항공방위산업, 자동차산업, 금융산업, 방송산업, 소비재산업 등 다양한 산업별 PCF도 제공하고 있다.

이러한 APQC PCF는 실제로 사용해 본 결과 혁신적인 프로세스 트랜스포메이션(예: ABM, TQM, CRM, SCM, BPR)에 매우 유용하여 여기에 소개한다.

APQC PCF (version 3.0), June 2005, www.apqc.org

프로세스 재설계론(Process Reengineering) (K)

업무 프로세스 재설계(BPR: business process reengineering)는 경영혁신기법의 하나로서, 기업의 활동이나 업무의 전반적인 흐름을 분석하고, 경영 목표에 맞도록 조직과 사업을 최적으로 다시 설계하여 구성하는 것이다.

비즈니스-테크놀로지 융합에 있어서 시장의 역동성이 높고, 경쟁성이 낮은 경우 전략적 포지셔닝으로 업무 재설계를 선택할 수 있다. 재설계 이후, 반복적이고 불필요한 과정들을 제거하기 위해 작업 수행의 여러 단계들이 통합되고 단순화된다.

오늘날의 경영환경은 수요자 중심의 시장으로 변화하고 있으며, 이는 시장의 주도권이 판매자 또는 공급자에서 고객으로 이동했음을 고려한다면 기업은 이익의 원천인 동시에, 제공되는 재화와 용역의 최종 수혜자인 고객의 요구사항을 고려하여 프로세스를 정비하여야 한다.

해머와 챔피(Hammer & Champy, 1993)는 BPR 추진을 위하여 반드시 지켜야 할 7가지 원칙을 제시했다.

- 업무 자체보다는 업무의 결과를 중심으로 조직화하라.
- 프로세스의 결과를 이용하는 사람이 해당 업무를 수행하게 하라.
- 정보처리 업무는 정보를 실제로 생산하는 업무에 포함시켜라.
- 지리적으로 분산되어 있는 자원을 마치 중앙에 집중되어 있는 것처럼 취급하라.
- 병행 업무에 대해서는 결과의 통합이 아닌, 과정의 연결을 시도하라.
- 의사결정점을 실제로 업무가 수행되는 곳에 두고, 통제를 처리과정의 일부로 만들어라.
- 정보는 한 번만 그 원천(발생지역)에서 파악하라.

프로세스 재설계(BPR)와 전사적 품질경영(TQM)의 활용(mix)과 혼용(match) (H)

전략적 비즈니스(B)–테크놀로지(T)의 융합을 위한 전략적 위치선정 방법과 관련하여 두 가지 방법론을 비교할 수 있다.

'시장 경쟁성'과 '시장 역동성' 두 가지 척도의 2×2 매트릭스이다.

(1) 현상유지(status quo) 전략 영역은 경쟁이 크지 않고 시장의 변화 또한 크지 않은 시장 상황의 경우에 적절하다.

현상유지 전략의 경우, Network, DB, 메시징 시스템과 같은 IT 인프라 구축에 투

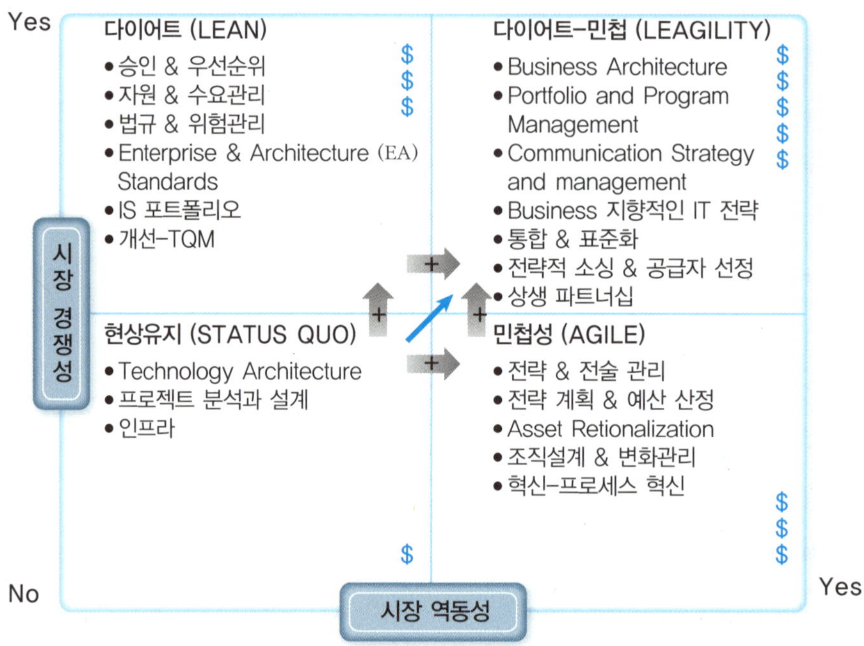

그림 17. **전략적 위치와 비즈니스(B)-테크놀로지(T) 투자**

자를 하는 것이 유리하다.

(2) 시장의 변화가 크고 경쟁이 크지 않은 경우에는 민첩하게 대응해야 하기 때문에 민첩성(agile) 전략이 필요하다.

다이어트(lean) 전략의 경우는 TQM(total quality management; 품질경영, 품질혁신)과 같은 경영에 대한 점진적 개선(improvement) 전략이 유리하다. 즉, 경비절감을 위한 IT 프로젝트 포트폴리오를 선정할 필요가 있는데 이는 자원절감 전략이라고 이해할 수 있다.

(3) 경쟁은 크고 시장의 변화는 크지 않을 경우에는 경쟁자에 대응하여 적절한 경비절감, 개선전략과 같은 점진적 변화에 맞는 다이어트(lean) 전략이 적절하다.

민첩성(agile) 전략은 프로세스와 기술에 대한 혁신을 경영과 융합시키는 것이다.

예를 들어 프로세스 재설계인 BPM(business process management)이 있다.

(4) 시장의 경쟁성이 크고 시장환경의 변화 역시 크다면 다이어트 전략과 민첩성 전략을 동시에 이루는 전략을 취해야 하는데, 이를 다이어트–민첩성(leagility) 전략이라고 부르기로 한다.

다이어트–민첩성(leagility) 전략은 전략적 소싱과 공급자를 선정하고 그들과 함께 상생 파트너십을 구축하는 전략이다. 파트너로서의 공급자 선정이 중요한 이유는 그들과의 단순 거래 중심의 처리가 아닌 지속적인 관계가 필요하기 때문이다. 지속적인 관계가 유지되면 상호 신뢰가 이루어지고 불필요한 거래비용이 들지 않으며 계약관계가 보다 유연해질 수 있다. 그렇기 때문에 지식의 도입이라는 측면에서 공급자 선정은 투자되는 비용이 최소화될 수 있게 된다. 따라서 다이어트 전략이 되는 동시에 내가 기술을 만들어 축적하는 것이 아니라 다른 기업이 축적해 놓은 기술을 도입할 수 있기 때문에 빠르게 외부지식을 도입할 수 있어 민첩성이 확보될 수 있다.

프로토타입/프로토타이핑(Prototype/Prototyping) (G)

본래 프로토타입은 '원형'을 의미한다. 그러므로 프로토타이핑은 '원형을 만드는 것'을 의미하는데 이것을 시스템 개발에 적용하는 것이다. 프로토타이핑은 SDLC 방식의 문제를 해결하기 위한 방법이 될 수 있다.

[그림 18]은 시스템 프로토타이핑의 절차를 나타낸 것이다. 가장 먼저 사용자의 요구분석이 이루어지는데 그 후 바로 초기 프로토타입 시스템을 개발한다. 이는 'quick & dirty' 방법으로 만들고 체험해 볼 수 있도록 기능이 대략 갖추어진 초기 버전이다.

프로토타이핑의 장점은 시스템의 구현 형태를 문서상에서만 살펴보고 예측하는 것이

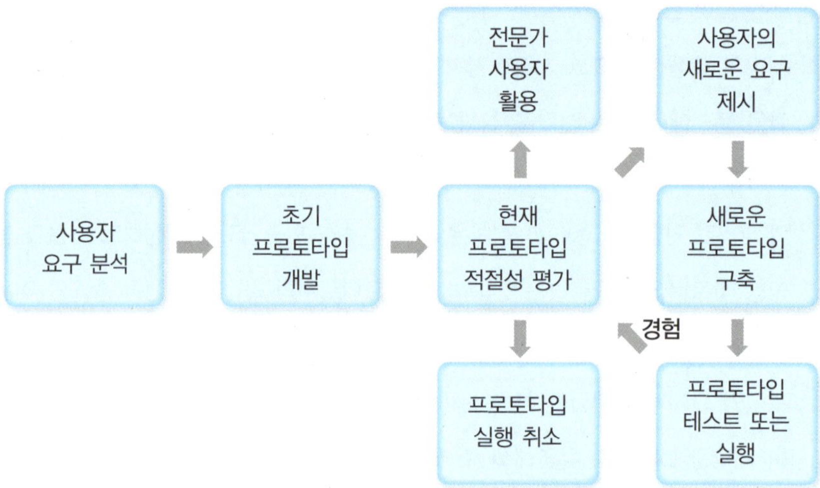

그림 18. **프로토타이핑 방법론**

아니라 실제로 초기 형태의 모양(원형)으로 시험 삼아 구현해 살펴본 후 다음 단계를 진행할 수 있다는 것이다.

그림에서 보듯이 초기에 만들어진 프로토타입(prototype)은 사용자들의 평가를 거쳐 평가가 반영된 새로운 프로토타입으로 구축되고 테스트된다. 다시 프로토타입의 적절성을 평가하는 단계로 이어지며 이러한 과정의 반복은 초기에 목표한 시스템이 만들어질 때까지 그리고 사용자 요구사항이 만족될 때까지 이루어진다. 이러한 사용자 피드백의 반복 반영이 프로토타입 방법론의 장점이다.

프로페셔널리즘(Professionalism) (G)

미국 경영학의 아버지 피터 드러커(Peter Drucker)는 저서 '프로페셔널의 조건'에서 능력, 신뢰 그리고 책임을 프로페셔널리즘의 세 가지 요소로 들고 있다. "이젠 천재 과학자도 홀로 일하지 않는다"는 Dean Keith Simonton의 말처럼 더 이상 개인이나 개별 기업 간의 경쟁이 이슈가 되지 않는다. 스카이팀, 스카이 얼라이언스 등의 제휴 네트워크 또는 Apple, Google 등의 생태계 구축을 통한 집단의 힘이 경쟁력 원천이 된다. 글로벌화는 많은 기업과 고객들에게 소싱과 마케팅의 기회를 주고 있지만, 남보다 먼저 그리고 학습 효과를 혼자서 발휘할 능력을 소유하는 것은 쉽지 않다.

가치사슬이 필요로 하는 능력을 키워, 그곳에 공동으로 참여하고, 결과를 별 문제 없이 공유해 나갈 수 있다면, 경쟁력 자체 생성과 지속 가능성이 함께 커질 수밖에 없다. 그러한 제휴와 파트너십에는 기회와 위기가 공존한다.

피터 드러커가 말하는 능력, 신뢰 그리고 책임은 파트너 선택과 파트너와의 협업에서도 갖추어져야 할 프로페셔널리즘의 조건이다. 남보다 먼저(first in moving) 그리고 빠른 학습(fast in learning)을 만들어 나갈 수 있다는 것은 빌려오는 능력만의 문제는 아니다. 상호 커뮤니케이션, 응집력, 믿음, 대처, 유연성, 조합, 스피드 등 휴먼 그리고 테크놀로지의 공동 기반 플랫폼이 사회적 자본(social capital)으로 구축되어 있을 때 그 효과는 만들어질 수 있다.

플랫폼(Platform) (G)

비즈니스 네트워크에 내부 및 외부로부터 플레이어들이 플러그-플레이 방식으로 참여하고 상호작용하여 가치를 생성, 교환, 엔게이지먼트할 수 있도록 하는 유연하고 자유로운 공유 기반이다.

플랫폼 구축의 목적은 네트워크상의 다양한 플레이어들이 다양한 가치의 생산과 소비에 참여(participation)하고 상호작용(interaction)하도록 환경(인터페이스)을 제공한다

디지털 비즈니스를 위한 플랫폼이 네트워크 인프라, 애플리케이션/솔루션, 서비스 그

리고 구조적/비구조적 데이터를 연계시키는 모델로서 역할을 다하기 위하여 어떻게 플러그-플레이를 구성하는지 알아둘 필요가 있다. 이들은 API(application programming interface)라는 연결과 통제 기능을 포괄하는 내외부 통합 운영모듈을 구성한다.

IT 플랫폼에 대한 중요한 이슈는 환경 변화에 창의적인 적응력(innovative adaptability)을 위한 동적 안정성(dynamic stability)을 확보하는 것이다. 이는 엔터프라이즈에 새로운 제품과 서비스를 개발할 수 있도록 하며, 결과적으로 혁신적인 적응력을 빠르게 개발할 수 있도록 해준다.

오늘날 지속적인 가치사슬 활동의 증가는 IT를 통하여 혹은 IT의 지원으로 가능해진다. 기본적으로 종업원들이 디지털화된 비즈니스 플랫폼을 통하여 데이터와 도구에 접근하여 업무를 수행하는데 이와 같은 디지털 비즈니스 플랫폼은 특정 가치사슬 활동을 지원하거나 가능하게 하는 디지털화된 메커니즘과 도구의 집합으로 나타난다.

플랫폼의 플러그-플레이(plug-play) 사례 (F)

플랫폼 사고(platform thinking)는 플레이어 간의 상호작용에 의한 생태계의 형성, 즉 플레이어들의 자가조직적 생태계 형성과 가치창출을 해명해 주고 있다.

플랫폼 안에는 특정의 콘텐츠 생성자가 존재하는 것이 아니며 사용자가 스스로 생성하고 소비하는 자기조직적 환경을 조성한다는 점이 특징이며, 그 안에서 스스로 가치를 유발하고 서로 공감하는 생태계를 형성하는데 이 과정을 상세하게 살펴보면 다음과 같다.

콘텐츠 생성자(producers)가 플랫폼에 **'plug-in'** 하여 새로운 가치를 생성할 수 있으며, 콘텐츠 이용자(consumers, users)가 플랫폼에 'plug' 했을 때, 플랫폼은 생성자와 이용자에게 더욱 적절한 것을 제공한다. 예를 들어, 안드로이드 마켓에 개발자가 앱(app)을 생성하고, 작가는 미디엄(Medium.com)에 작품을 생성하고, 호스트는 Airbnb에 이용 가능한 방을 제시한다. 마찬가지로 Etsy, Ebay, Taobao(알리바바)의 경우도 이에 해당한다. 이용자는 플랫폼에 'plug-in' 하여 그들이 찾고자 하는 것들을 서비스 받을 수 있다.

이와 같이, 플랫폼에 접근하는 플레이어들의 연결과 사건을 요약하여 'plug-play' 라고 할 수 있다.

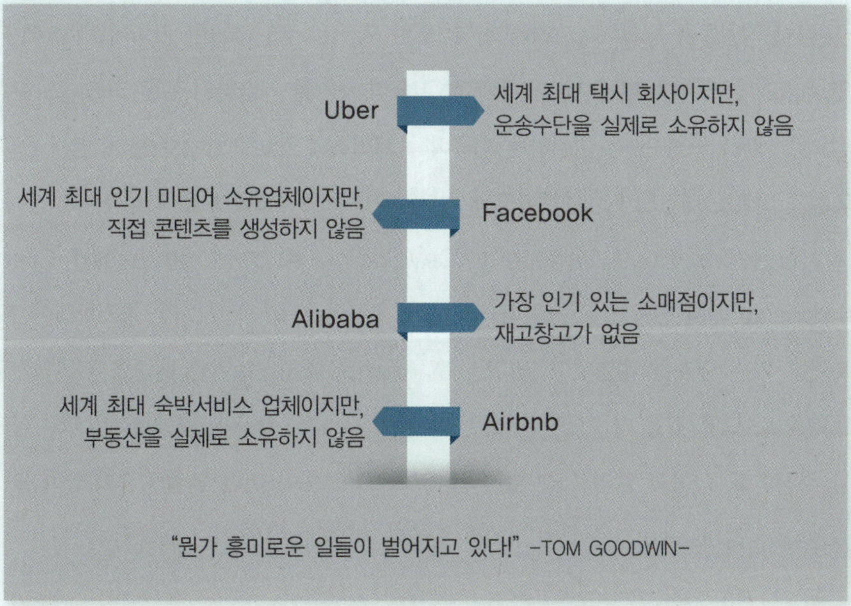

그림 19. 플랫폼의 가치생성 사례

플레이어(생태계, 가치네트워크, 파트너십) (B)

무어(Moore, 1993)는 비즈니스 세계의 구성 조직원들인 개인들이나 조직들 간의 상호작용 기반에 의해 떠받쳐지는 경제 공동체를 비즈니스 생태계(business ecosystem)라고 정의했다. 이에 따르면, 시간이 지남에 따라 구성원의 역량과 역할이 동시에 진화하며 하나 또는 그 이상의 중심 기업(central companies)에 의해 그들의 방향성이 정해지고 구성 조직원들은 정합(align)하려 한다. 또한 P. Keen이 제안한 가치네트워크에 따르면, 비즈니스 단위 내부나 사이의 사회적 기술적 자원을 기술하기 위한 비즈니스 분석 관점으로 네트워크를 통해 생성되는 제품이나 서비스의 전반적인 가치를 설명해 준다. 기업들은 이렇듯 내부의 가치네트워크와 외부의 가치네트워크를 모두 가진다.

유사한 논리로 Ross Dawson이 'Developing Knowledge based Client Relationship'에서 전략적 요구에 따라 기술적 플랫폼 구축 후, 사회적 콜래보레이션이 성숙되어 가는 단계를 설명하고 있다면, P. Keen은 가치네트워킹 개념을 제안하면서 어느 기업도 모든 것을 다 가질 수 없고, 다 잘할 수 없기 때문에 콜래보레이션의 필요성을 주장한다. 다음과 같이 다섯 플레이어(player) 그룹이 어떤 역할로 참여하여 플랫폼 기반에서 콜래보레이션을 통해 가치를 증폭할 것인지를 강조하고 있다.

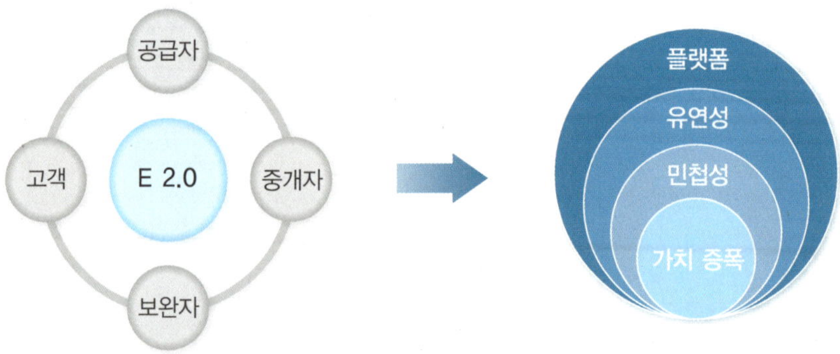

그림 20. 가치네트워크에 참여하는 생태계 플레이어

엔터프라이즈(enterprise) **센터**: 가치네트워크 내 중심(E 2.0)에서 가치센터로 활약하며 **가치네트에 참여하는 플레이어들**이 공유할 플랫폼을 관리한다.

1. 전반적인 네트워크 관리 운영, 정보공유, 협력, 조인트 벤처 유인
2. 능력, 신뢰, 책임 소유
3. 플레이어들을 거리감 없이 긴밀히 함께하도록 연계시킴
4. 전통적인 아웃소싱-서비스 계약서에 사인
5. 고객과의 관계에서 때로는 중심이나 허브 대신 허브를 받치는 스포크 역할도 수행함. 공급자, 중개자, 고객 역할(예: 인텔은 한 달에 일 조원 이상의 칩을 파는 판매상이지만, 다른 B2B 리더 기업의 공급자가 될 수도 있고, 칩을 파는 회사의 컴퓨터 구매 고객이 될 수도 있음)

고객(customer): 개인 고객, 비즈니스 고객으로 소비자를 의미한다.

1. 가치네트워크가 존재하는 이유는 고객이 존재할 때 가능하므로 중요
2. 개인(B2C) 또는 기업(B2B)이 고객으로 가능
3. 고객은 온/오프라인상에서 가격, 품질, 평판, 관계 등을 고려
4. 고객을 행복하게 해야 하지만 엔터프라이즈 혼자 모두를 수행하려는 시도는 부적절하며 할 필요도 없고 해보려고 해도 시간이 기다려 주지 않음

공급처(supplier): 부품 또는 반제품의 공급과 협력 파트너를 의미한다.

1. 엔터프라이즈에 원료와 서비스를 제공하고 엔터프라이즈는 생산을 실행하지만 앞에서 말했던 것처럼 가치네트워크의 센터 엔터프라이즈가 경우에 따라 공급처(즉, 허브(hub) 대신 스포크(spoke)가 될 수 있음
2. 공급처(supplier)가 민첩하고 유연할수록 엔터프라이즈는 원활한 역할을 수행
3. 서플라이 체인(supply chain)이라는 말이 있지만 정보가 공유되면 체인(chain)의

의미는 없어지고 역동성(dynamic)이 경쟁력이 됨

중개자(intermediary): 서비스와 제품 영역 수준을 중개하여 확장시킨다.

1. 중개를 통하여 고객의 범위(reach)와 콘텐츠 공유 범위(range)를 확장해 줌. 즉, 자기 시장의 거리와 넓이를 확장
2. 시장의 확장은 현존하는 시장의 규모보다 점점 더 중요해짐
3. 엔터프라이즈가 할 수 없거나 할 필요가 없는 역량을 채워줌
4. 중개자에는 다음과 같은 역할을 수행하는 여러 유형이 가능:
   A. 소매상, 대리점, 유통 채널 등
   B. 배송회사, 카드 결제
   C. 정보 및 커뮤니케이션, 여론 조사, 홍보, 커뮤니티 운영

보완자(complementor): 가치와 매력도를 보완하여 풍부하게 한다.

1. 제품이나 서비스 제공
2. 고객 및 공유 콘텐츠의 범위를 확장(reach & range)
3. 엔터프라이즈를 더욱 매력 있게 함
4. 가치네트워크를 더 가치 있게 함(예: 참여 제품이나 서비스 그리고 정보 소스 다양화, 평판)

P. Keen이 제시하는 비즈니스 생태계의 메타포 외에도 다양한 구성요소를 고려하여 연결하고 협업함으로써 비즈니스 생태계를 풍부하게 할 수 있고 더 많은 아이디어가 꽃피우고 창업을 통해 고용을 창출하고, 기업들은 더욱 숙련된 자원과 혁신을 수행하고 글로벌 시장에서 경쟁할 수 있게 된다. Rosabeth Moss Kanter의 "Enriching the ecosystem"에서 제시한 네 가지 흥미로운 연계점을 고려해볼 필요가 있다.

Dawson, R. *Developing knowledge-based client relationships: the future of professional services*, Routledge, 2012.

Kanter, R. M., "Enriching the Ecosystem," *Harvard Business Review*, Mar 2012, Vol. 90 Issue 3, pp.140-147.

피터 드러커(Peter Drucker) (J)

피터 드러커(Peter Ferdinand Drucker, 1909~2005)는 오스트리아 빈 출신의 미국인이며, 작가이자 경영학자였으며 스스로는 '사회생태학자(social ecologist)'라고 불렀다. 그의 저서들은 학문적으로나 대중적으로 널리 읽혔는데 주로 어떻게 인간이 사업과 정부기관과 비영리단체를 통하여 조직화되는가에 대한 탐구였다. 그의 저작들은 20세기 후반의 많은 변화들을 예측했는데, 이를테면 민영화와 분권화, 일본 경제의 발전, 사업에서의 마케팅의 중요성, 정보화 사회의 발현과 평생 교육의 필요성들에 대해 역설했다. 대부분의 경영자들이 기업은 무엇인가에 대한 대답으로 '영리를 추구하는 조직'이라고 하는 반면 피터 드러커는 '영리를 추구한다'는 말이 '기업'에 대해 정의하는 데 적합하지 않으며, 기업의 존재 이유는 '고객'이며 목적은 '시장'이라고 주장했다. 이 주장을 '뉴 포디즘(new-fordism)'이라고 한다. 고객을 기업경영의 중심에 두고, 근로자를 비용이 아닌 자산으로 인식시키려 했다는 점이 피터 드러커가 현대 경영학에 남긴 가장 큰 업적으로 평가받고 있다. "마케팅의 목적은 소비자들의 충족되지 못한 욕구를 발견하고, 그것을 충족시킬 방법을 마련하여 욕구 해소하는 것"이라는 말도 이러한 표현이다.

피터 킨(Peter Keen) (J)

학부에서 영문학을 전공한 후 하버드대에서 IS(information system) 1세대로 박사학위 후 하버드대, 스탠포드대, MIT, 런던 비즈니스 스쿨에서 교수를 지낸 바 있다. ICIT, Keen innovation을 설립해 IT 컨설턴트로도 활약했다. 전문 잡지 포브스 및 인포메이션 위크로부터 '낙원에서 온 컨설턴트(consultant from paradise)' 라고 불리우기도 한 그는 학문과 현장에서 IT 경영 1세대로서 선구자적 수많은 저서와 업적을 남겼다. IT 경영의 초기에는 MIS의 학문으로서의 바람직한 좌표와 위상을 끊임없이 지적하고 발전하도록 했으며, *Competing in times*(1988), *Shaping the future*(1991), *The Process Edge*(1999), *The eProcess Edge*(2000), *Every manager's guide to business process*(2000), *The value path*(2012)이 대표적 저서이다.

하워드 올드리치(Howard Aldrich) (J)

올드리치는 조직연구에 대해 조직은 관리대상이 아니라 생태 환경에서 진화하는 주체라고 인식하고 이를 조직사회학(organizational sociology)에 도입하는 데 새로운 문을 연 세계적 인물이다. 미국 North Carolina at Chapel Hill 대학의 경영학과 사회학 교수인 그는 조직과 기업은 적자생존의 자연환경 속에서 진화하는 것이며 밈(meme)처럼 분열하여 환경에 의해 거부될 때까지 세력을 이룬다고

보았다. 이를 통하여 조직을 관리와 경쟁의 대상으로 인식하는 전통에 혁명적인 시각과 시야의 문을 열었으며 수천 건의 사례를 제시하며 입증하고 있다. 그에게 전략적 경영자라는 개념은 존재하지 않거나 아주 제한적일 뿐이다. 올드리치는 조직연구에 다음의 일곱 가지 인식과 접근방법이 있다고 보았다. 생태 환경, 인스티튜션 제도, 해석, 조직학습, 자원 의존, 거래 비용, 진화. 그 복잡함에는 그럴 수밖에 없는 다양성과 필요성이 존재한다고 인정하며 그는 이처럼 퍼즐 같은 조각들을 우산처럼 통합하는 명쾌하고 기념비적인 4단계 프레임워크를 만들었다. 그 프레임워크는 변이(variation), 선택(selection), 점유(retention), 투쟁(struggle)이었다. 스웨덴과 미국 학회에서 영예로운 연구자상을 받았고, 그의 저서 *Organization in Environments*로 이름을 알렸고, *Organizations Evolving*으로 경영학회(Academy of Management) 그리고 사회학회(American Sociological Association)로부터 각각 수상하며 학제의 범위를 넘나들었으며, North Carolina 대학에서 Entrepreneurship 프로그램을 만들어 연구와 현장에 기여하고 있다.

하향식, 상향식(Top-Down, Bottom-Up) (H)

정보시스템 설계접근 방법에 해당하며,

상향식(bottom-up) **접근방식**은 새로운 시스템을 구축하고자 하는 것이 아니라 현재 사용하고 있는 시스템의 문제점을 파악하기 위해 데이터를 수집하여 추가로 필요한 정보가 무엇이고 배제하여야 하는 정보가 무엇인지를 파악한 후 문제점 발견시 이를 해결하는 전통적인 접근방법이다.

상향식 방법은 하향식(top-down)의 전략분석과 대비하여 사용되는 자료분석(data

analysis)이 중심이 되는 시스템 계획방법이다. 기존 시스템의 문제점 발견과 개선이 주 목적이므로 시스템 사용자에 대한 이해가 중요하며, 평가적 작업이 주를 이룬다. 이를 통해 기업 내부의 강점과 약점(S/W)을 도출해낼 수 있다. 이러한 상향식 접근방식은 1960~1970년대에 가장 일반적으로 사용했던 방법이다.

하향식(top-down) **접근방식**은 기업에서 새로운 업무를 지원(support)하고 IS를 새롭게 구축하기 위한 전략분석 중심의 방법이다. 이것은 결국 전략적 의사결정을 지원하는 시스템 구축을 말하므로 'decision analysis'라고도 말할 수 있다. 이러한 새로운 IS는 경영적인 측면에서 필요하다.

즉, 기존에 존재하고 있는 시스템적인 문제점을 해결하는 것이 아닌 새로운 시스템 구축의 접근방법이다. 이처럼 하향식 접근은 경영활동을 함에 있어 주요한 의사결정(decision)이 어떤 것들이 있는지 파악한다. 그리고 파악한 부분이 현재 정보시스템으로 지원받지 못하고 있다면 'decision making model'을 만들어 그에 필요한 자료(data)를 수집하여 IS를 구축할 수 있다. 그러므로 시스템 구축시 경영의 전략적 의사결정들에 대해서 분석하는 작업이 주를 이루며, 이 과정에서 기업의 기회와 위협(O/T)이 도출될 수 있다.

혁신(Innovation) (E)

일반적으로 **혁신**(innovation)이란 새로운 아이디어, 더 효율적인 장치나 프로세스를 말한다. 또한 혁신은 기존의 시장의 필요나 새로운 요구사항을 만족시키는 더 나은 응용 솔루션으로 보여질 수도 있다. 그러므로 더 효율적인 제품이나 프로세스, 서비스, 기술 또는 아이디어를 통해서 실행되기도 한다.

경영이나 경제의 영역에서 혁신이란 주로 성장의 촉매를 말한다. 운송이나 통신에 있어서 지난 수십 년간 빠른 성장으로 과거의 한 지역에 집중한 비교우위의 개념은 오늘날 글로벌 경제에서 구시대적 발상이 되고 말았다. 이때 운송이나 통신은 성장의 촉매로 혁신이라 할 수 있다. 조직적 환경에서 혁신이란 효율성, 생산성, 품질, 경쟁, 그리고 시장 점유율에 있어서 긍정적인 변화와 연계될 수 있다. 하지만 최근의 연구결과는 효율이나 생산성과 같은 가시적인 성과를 내는 혁신활동에 조직의 문화가 보완적인 역할을 한다는 점을 밝혔다. 조직은 또한 혁신을 위한 자원과 작업 단위에 대한 기회 제공으로 이득과 성과를 향상시킬 수 있다.

피터 드러커(Peter Drucker)는 "혁신은 기업가정신의 특별한 기능으로 기존의 비즈니스이든 소규모 가족기업이든 개인의 노력에 의해 새롭게 시작하는 벤처이든 간에 상관없다. 기업가는 자원을 생산하는 새로운 부를 창출하거나 부를 창출하기 위한 더 나은 잠재력을 기존의 자원에게 부여한다"라고 했다. 클레이톤 크리스텐센(Clayton Christensen)에 따르면, 교란적 혁신(disruptive innovation)이 비즈니스에서 미래 성공을 위한 키이다. 조직은 경쟁우위를 확보하기 위해 적절한 조직을 필요로 한다. 조직은 혁신환경을 만들거나 키워야 할 필요가 있다. 중역들이나 관리자들은 전통적인 사고방식으로부터 빠져 나와 그들의 우위에 변화를 줄 필요가 있다. 기술의 발달은 점차 빨라지고 비즈니스는 점차적으로 경쟁이 심화되는 환경에서 경영은 많은 위험이 따르지만 그와 동시에 더 큰 기회 또한 따른다.

혁신-변신(Innovation-Transformation) (H)

혁신(innovation)이란 개인 혹은 조직이 새롭다고 인식하는 아이디어, 사례나 관행, 또는 사물을 말한다.

인간 행위에 관한 한, 어떤 아이디어가 최초로 사용되거나 발견된 이후에 시간이 지남에 따라 그 아이디어가 객관적으로 새로운 것인지 아닌지 판단하는 것은 별로 문제되지 않는다. 개인이 지각한 아이디어의 새로운 정도는 그 개인의 반응을 결정한다. 만일 어떤 아이디어가 개인에게 새롭다고 느껴지면, 그 아이디어는 혁신이라고 할 수 있다.

변신(transformation)은 비즈니스가 시장환경에서 변화에 적응하는 것을 돕기 위해 어떻게 수행되어야 하는지 기본적인 변화를 만드는 것과 관련되어 있다.

비즈니스 트랜스포메이션 요구는 조직의 제품이나 서비스가 유행에 뒤쳐지거나, 재무상황이나 현금흐름이 변경되거나, 새로운 규정이 도래하거나, 시장 경쟁이 더욱 심해지는 것과 같을 시장에서 발생하는 조직 외부 변화에 기인한다.

트랜스포메이션은 하나 또는 그 이상 변화로 달성되는데, 직원들이 일하는 방식이나 조직이 어떻게 구조화되고, 핵심제품이나 서비스 포트폴리오를 어떻게 선정하며, 기술이 어떻게 사용되는지에 대한 변화가 트랜스포메이션 내용에 해당한다.

혁신 개발모형과 혁신 의사결정모형 (G)

혁신확산이론의 아버지 E. Rogers는 혁신을 만들어내는 개발 과정과 혁신을 활용하는 의사결정 과정을 제시하는데, 전자는 개발자(developer)의 시각을 표현하고 있으며, 후자는 사용자(user)의 시각을 표현하고 있다.

두 과정중심 모델은 경영혁신을 추구하는 지식경영의 개발자와 사용자 사이의 지식경영시스템의 개발과정, 수용과정 및 변화관리과정에서 일어나는 단계를 그대로 나타내고 있으며, 거시적인 엔터프라이즈 수준의 지식경영 성장모델을 기반으로 사용했다.

그림 21. 혁신개발 모형

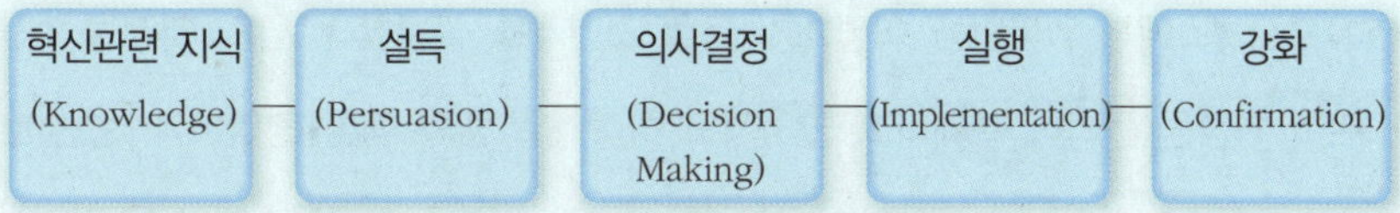

그림 22. 혁신의사결정 모형

혁신개발 모형에서 혁신의 출발은 needs pull 또는 technology push의 형태를 가질 수 있으며 연구개발을 통하여 제품화되고 성과를 달성하게 되는데, 필요성에 대한 인식, 투자, 그리고 인프라(container 구축)가 만들어지는 과정으로 이해할 수 있다. 또한 혁신의사결정 모형에서 혁신과 관련된 지식과 메시지가 설득단계를 통하여 사용자에게 받아들여지고 실행되어 그 결과에 따라 강화 또는 폐기되는데, 지식 표현/저장(content), 이전 및 공유(communication)/콜래보레이션(collaboration), 그리고 학습되는 과정으로 이해할 수 있다. 이들을 단계적으로 통합하여 6단계로 지식경영의 성장과정을 구분했다.

휴먼(Human) (D)

시스템 구성요소로서 휴먼은 머신에 대비되며 개발자(developer)와 사용자(user)로 크게 구분된다. 개발자는 Information analyst, System analyst, 프로그래머, 관리자 등이 포함되고, 그들이 개발해 놓은 IS를 사용하는 사용자가 존재한다. 이들 중 프로그래머(programmer)는 프로그래밍 언어를 이용하여 소프트웨어를 만들어내며 주로 컴퓨터 공학을 전문영역으로 한다. 정보분석가(information analyst)는 경영업무 내에서 효율성과 효과성을 분석하여 문제점과 기회를 찾아내고 개선방안을 추가 정보요구(information needs)와 정보흐름(information flow) 측면에서 분석하는 일종의 경영진단을 전문영역으로 한다.

반면에 시스템 분석가(system analyst)는 앞 단계에서 파악된 요구사항을 위해 어떤 IT를 각 프로세스에서 얼마만큼 어떻게 사용할 것인가를 설계한다. 앞의 과정을 개념적 설계, 뒤의 과정을 물리적 설계라고 말하기도 하며 시스템의 핵심 영역이다. 반면에 사용자는 사내에서 제조되거나 외부에서 획득한 시스템을 업무 프로세스에 사용하는 사람을 의미한다.

시스템의 성공과 실패는 이 두 계층의 인식 체계, DNA, 교육과 훈련, 경험 측면에서 나타나는 격차 해소에 달려 있다. 그래서 민주적 참여와 학습 피드백이 중요하며 시스템의 복잡성과 난이도에 따라 협력의 정도가 달라져야 자원의 낭비나 결핍을 막을 수 있다. 특히 시스템 개발 테크놀로지의 자동화와 툴의 발전으로 사용자가 직접 개발을 시도할 때 이를 사용자 컴퓨팅(user computing)이라고 하며, 시장에 나와 있는 토탈 패키지인 ERP(전사적 자원관리)를 구입해 사용할 수도 있다.

3D 프린터(3D printer) (I)

3차원 프린팅(3D printing)은 3차원의 물체, 즉 입체형상을 만들기 위한 과정으로, 컴퓨터의 제어에 의해 ABS 플라스틱이나 레진, 쇠, 돌, 또는 바이오 물질을 연속적인 층(면)으로 놓는 부가 프로세스(additive processes, additive manufacturing)를 사용한다. 이 물질은 거의 모든 모양이나 형태로도 가능하며, 컴퓨터에서 설계한 3차원 모델 또는 다른 전자적인 데이터에 의해서 만들어진다. 3차원 프린팅을 가능하게 하는 3D 프린터는 산업용 로봇의 한 형태라고 할 수 있다.

"3D 프린터부터 레이저 커터(laser cutters)까지 디지털 웹 기반의 민주화된 혁신처럼 '신속 프로토타이핑(rapid prototyping)' 기술의 새로운 장을 열었다."

–와이어드지 편집장 크리스 앤더슨

최근 3D 프린팅의 진화는 기술혁신의 변화에 직면한 경영자나 중역들에게 매우 중요한 이슈를 제기하고, 그것이 비즈니스에 어떤 의미가 있는지 파악할 필요가 있다.

기업들은 오픈소스(open-source) 3D 프린팅이라 불리는 발빠른 움직임과 함께 협업 온라인 커뮤니티에 의한 오픈소스 혁신을 향한 일반적인 트렌드에 어떻게 적응할지가 주요 관심사이다. 오픈소스 혁신이 산업 내에서 발생한다면, 기존 기업들은 온라인 커뮤니티의 오픈소스 혁신에 어떻게 반응할 수 있을까? 그런 협업 위주의 오픈소스 혁신 프로젝트가 기존 비즈니스에 위협 또는 기회일 수 있다. 왜냐하면 온라인 협업이 기존 제품 사양에 대한 정보를 공개하고 어떤 부분이 여전히 부족한지 공개적으로 논의하면, 이와 같은 논의를 이용해 선제적인 기업들은 관련 역량을 확보하고 경쟁우위에 설 수 있기 때문이다.

이에 대해서 "Innovation Lessons From 3-D Printing", Jeroen P.J. De Jong and Erik de Bruijn, *MIT Sloan management reviews*는 혁신경쟁과 보조적 혁신이라는 두 가지 형태와 monitor, attack, adopt, acquire, and facilitate라는 다섯 가지 기존 기업들의 반응 방식을 예로 들었다.

4V(빅데이터의 특성과 조건 – Volume, Velocity, Variety, Veracity) (G)

메타그룹(현재 가트너)의 애널리스트 더그 레이니(Doug Laney)는 2001년 그의 연구 보고서와 관련 강의에서 데이터의 급성장에 따른 이슈와 기회를 데이터의 양(volume), 데이터의 입출력 속도(velocity), 데이터의 다양성(variety)이라는 세 개의 차원으로 정의했다. 이 '3V' 모델은 이후 가장 널리 사용되는 빅데이터의 정의가 되었다. 2012년 가트너는 기존의 정의를 다음과 같이 개정했다: "빅데이터는 큰 용량, 빠른 속도, 그리고 (또는) 높은 다양성을 갖는 정보 자산으로서 이를 통해 의사결정 및 통찰 발견, 프로세스 최적화를 향상시키기 위해서는 새로운 형태의 처리방식이 필요하다." 이에 더해, IBM은 진실성(veracity)이라는 요소를 더해 4V를 정의했고, 브라이언 홉킨스(Brian Hopkins) 등은 가변성(variability)을 추가하여 4V를 정의했다.

일반적으로 빅데이터 분석 기술이 효과를 발휘하는 조건으로서 4가지 V를 꼽는다.

첫째는 **규모**(volume)이다. 현재 빅데이터 분야에서 사용되는 데이터의 양은 평균 1테라바이트에서 1페타바이트 사이이다. 그러나 앞으로 시간이 흐를수록 처리해야 하는 데이터도 비계획적/비구조적 도메인 그리고 사물인터넷/산업인터넷의 영향으로 그만큼 빠르게 성장할 것으로 예측된다.

둘째는 **다양성**(variety)이다. 빅데이터 분석에 사용되는 데이터의 종류와 원천이 그만큼 많다는 의미이다. 글자로 이루어진 텍스트 데이터뿐만 아니라 소리, 음악 등의 사운드 데이터 그리고 그래픽, 사진, 동영상 등의 영상 데이터가 추가된다. 각종 센서에서 수집된 위치와 움직임도 빼놓을 수 없다. 데이터의 형태는 이제 단순한 계산법으로는 다룰 수 없을 정도로 다각화되고 있다.

셋째는 **속도**(velocity)이다. 빠르게 분석할 수 없다면 빅데이터라는 이름도 소용이 없다. 결과값이 산출되지 않아 마냥 기다려야 한다면 그만큼 결정이 늦어지고 대처능력도 떨어지게 된다. 기존의 데이터를 분석하는 동안에도 새로운 데이터가 끝없이 밀려드는

특성	의미	속성	동인
Volume (발생량)	완전한 데이터 분석에 기반한 의사결정을 위해 도입되고 분석되고 관리되어야 하는 데이터 강도나 생성된 데이터의 양	IDC의 Digital Universe 연구에 따르면, 세계의 'digital universe'는 1.8제타바이트를 생성 중이며 2020년에 35제타바이트에 넘어설 만큼 지속적인 지수적 성장을 한다.	데이터 원천과 높은 해상도의 센서 증가
Velocity (발생 속도)	데이터가 얼마나 빨리 생성되고 변경되며 수집하여 이해되고 처리되는 속도	접근 가능: 사용자들이 원하면 언제 어디서나 어떻게든 정보를 얻음 이용 가능: 압도적인 속도로 기업에 적절하고 가치 있는 정보가 실시간 확보되는 현상 시간가치: 실시간 분석이 향상된 의사결정을 산출	데이터 원천 증가 연결을 통해 향상 데이터 생성장비의 향상된 컴퓨팅 능력
Variety (데이터 원천)	정보의 발생이 기업의 외부와 내부 모두에 해당하는 새로운 원천에서 비롯되며, 조직은 IT에 통합과 관리, 거버넌스와 구조적 압력을 생성한다.	구조적: 데이터의 15%가 구조적인 행, 열 데이터 비구조적: 데이터의 85%가 비구조적이거나 사람이 생성하는 정보 반구조적: 구조적 · 비구조적 데이터의 혼합이 대부분 복잡성: 데이터의 원천이 변동적임	모바일, 소셜 미디어, 비디오, 채팅, 유전자, 센서
Veracity (진정성)	수집한 데이터의 상세한 원천과 품질	빅데이터의 품질은 데이터의 불완전성이나 비일관성, 애매함, 잠재성, 사기, 모델 추정에 기인하여 좋거나, 나쁘거나 정의 내릴 수 없기도 함	데이터 기반 의사결정은 추적 가능성과 정당성이 필요

세상이다. 트위터를 통해 하루에 오가는 단문의 수만 해도 5억 건에 달한다. 다량의 데이터를 신속하게 분석하는 것은 빅데이터 기술의 필수조건이다.

넷째는 **정결성**(veracity)이다. 분석 결과가 정확하지 않다면 아무리 노력해봐야 별 의미가 없다. 어느 상황에서든 불확실성을 완전히 제거하는 것은 어렵지만 데이터를 만들어낸 휴먼과 머신의 상황을 정확히 반영할수록 신뢰도가 높아지고 기술이 유용해지는 것은 당연하다. 앞의 3가지 조건은 지속적으로 충족되고 있지만 정결성만큼은 획기적으로 높이기가 힘들어 데이터 내용(contents)보다 원천(source)에 대한 타당성(validity)과 신뢰성(reliability)을 판단함이 대안이 된다.

ADS(Automatic Decision System) (E)

엔터프라이즈 내 업무 시스템의 분류로서 PDS(programmed decision system) : PDS는 ADS(automatic decision system)라고도 하는데 DB에 저장된 데이터를 받아 자동화된 절차를 통해 사용자들이 하고 있는 의사결정을 대행해 주는 프로그램화된 시스템이며 활용이 증가하고 있다. man-machine(사람-컴퓨터)의 관계로 본다면 IRS와 PDS는 machine의 역할이 크며, DSS는 man의 역할이 크며, TPS와 다음의 CSS는 그 중간이라고 할 수 있다.

APP-API(Application-Application Programming Interface) (H)

APP(application software)는 넓은 의미에서는 운영체제에서 실행되는 모든 소프트웨어를 뜻한다. 따라서 워드프로세서, 스프레드시트, 웹브라우저들뿐만 아니라 컴파일러나 링커 등도 응용 소프트웨어인 셈이다. 좁은 의미에서는 OS 위에서 사용자가 직접 사용하게 되는 소프트웨어들을 뜻한다. 이런 경우 컴파일러나 링커 등 시스템 소프트웨어를 제외한 워드프로세서 등의 소프트웨어들만을 주로 뜻한다. 이렇게 뜻을 한정할 경우 응용 소프트웨어는 시스템 소프트웨어의 여집합이라고도 생각할 수 있다. 간단하게 줄여서 애플리케이션이라고 하며, 더 줄여서 앱(app)이라고 부르기도 한다.

2000년대 후반 스마트폰의 확산으로 인해 모바일 애플리케이션의 개발과 사용이 급증하게 되었으며, 애플리케이션의 마켓플레이스 '앱 스토어(app store)'에서 사용자와 개발자 사이에 '앱(app.)'이라는 표현으로 자주 사용되기에 이르렀다.

API(application programming interface, 응용 프로그램 프로그래밍 인터페이스)는 응용 프로그램에서 사용할 수 있도록, 운영체제나 프로그래밍 언어가 제공하는 기능을 제어할 수 있게 만든 인터페이스를 뜻한다.

Microsoft의 PC 운영체제인 Windows는 창, 입력란, 목록상자, 콤보상자, 라디오버튼, 체크박스 등의 다양한 컨트롤을 제공하여, 개발자들이 이와 같은 컨트롤들을 이용하여 프로그램 인터페이스를 만들고, 이어서 사용자가 데이터를 조작하고 가공하고 저장할 수 있도록 했다. Apple사의 Mac 운영체제나 iOS 운영체제는 터치방식이나 다이얼(콤보상자 대신) 등의 형태로 타사와 다른 컨트롤들을 개발자에게 제공한다. 이와 같이 운영체제 개발 회사의 API는 파일 제어, 창 제어, 화상 처리, 문자 제어 등을 위한 인터페이스를 제공한다.

CSS(Communication Supporting System) (E)

엔터프라이즈 내 업무 시스템의 분류로서 CSS(communication support system)는 2000년대 후반 다양한 스마트, 모바일, 소셜 테크놀로지를 매체로 하여 Peer-Peer(s) 커뮤니케이션 채널을 지원하거나 가능하게 해주거나 증강시켜 주는 시스템이라고 할 수 있다.

이러한 시스템은 새롭게 등장한 중요한 시스템을 대표하여 커뮤니케이션 기능을 넘어 콜래보레이션을 위한 능력 확장을 가능하게 함으로써 증폭된 엔터프라이즈 형성을 실현할 수 있도록 한다.

또한 업무 시스템의 분류로서 PS와의 차이점은 DB에 데이터를 적재하는 역할 이외에도 거래의 현황을 그대로 보여주는 거래처리 리스트, 조회하고 싶은 자료에 대한 리스트, 이벤트별 리스트를 보여주는 시스템이다. TPS는 단순한 거래처리시스템이지만, TPS가 존재하지 않으면 DB가 존재하지 않고, DB가 존재하지 않으면 기타 응용 시스템들이 존재할 수 없다. 즉, TPS는 기업이나 조직의 데이터라는 자원을 하나의 저장소에 쌓아주는 역할을 하기 때문에 단순하지만 중요한 역할을 하는 시스템이다. 여기에 CSS는 다양한 기업 생태계 내부 및 외부의 구성 멤버 등과 다양한 방식으로 소통하는 E 2.0 시대의 새로운 기반 시스템이다.

DSS(Decision Support System) (E)

엔터프라이즈 내 업무 시스템의 분류로서 DSS(decision support system) : DSS는 의사결정자가 비(반)구조적 문제를 해결할 수 있도록 DB를 통해 자료를 입력받아 분석하고 상황별 의사결정 지원(situational support of decision process, 'What-if' 유형)을 위해 보고서와 조회(query)를 지원하는 시스템이다.

구체적으로 과거의 사례와 선례 혹은 추세와 같은 데이터를 바탕으로 분석하여 어떤 결정을 내려야 하는지 선택 가능한 대안(alternatives) 형태로 의사결정권자 또는 경영자, 관리자에게 제시하는 체제이다.

이때 의사결정자는 여러 대안을 정보의 형태로 지원받아서 자신이 DSS에 반영되어 있지 않은 사항을 추가로 고려하여 종합적인 의사결정을 내리게 되므로, DSS 자체가 의사결정을 대신하는 것이 아니라 지원하는 것이라 할 수 있다.

IRS(information reporting system)가 지원해 주는 미리 사전에 정의된 보고서와 달리, DSS는 상황에 따라 경영자의 의사결정을 지원하는 시스템이다.

IRS(Information Report System) (E)

엔터프라이즈 내 업무 시스템의 분류로서 IRS(information report system): IRS는 TPS로 수집 · 저장된 DB의 데이터를 미리 규정해 놓은 형태로 가공하여 전달하는 'what-is?' 유형의 정보 보고 시스템이다. 예를 들면, 재무제표와 같이 회계기준 등에 의해 미리 정의된 보고서, 예외보고서(예: 조기경보 보고서), 요구보고서(예: 임원회의 보고서)의 3가지 형태를 만들어낸다.

NIH(Not Invented Here syndrome) (G)

NIH 증후군(not invented here syndrome)은 말 그대로 '여기서 개발한 것이 아니다'라는 의미로, 제3자가 개발한 기술이나 연구 성과는 인정하지 않는 배타적 조직 문화 또는 그러한 태도를 말한다. 따라서 주어진 문제에 대한 해법을 자신 또는 조직 내부의 역량만을 고집하여 해결하려는 배타적인 현상이 나타난다.

NIH 증후군은 타인이나 다른 조직에서 나온 기술이나 아이디어는 무시하거나 수용하지 않으려 한다는 점에서 소통과 협업을 어렵게 만드는 장애 요인으로 작용한다.

TPS(Transaction Processing System) (E)

엔터프라이즈 내 업무 시스템의 분류로서 전통적으로 엔터프라이즈가 비즈니스 환경에서 당면하는 문제는 의사결정(decision making) 문제의 연속으로 받아들여져 왔다. 실제 기업 내에는 수많은 이름의 컴퓨터 시스템들이 존재하며 이들을 지칭하는 전통적인 MIS(MIS 1.0)의 개념도 '의사결정을 위한 정보 시스템'으로서 이해되어 왔다.

일찍이 불확실성의 관점에서 경영관리자가 취할 수 있는 세 가지의 접근방법을 제시했는데, 이는 복잡성의 감소, 정보의 증대, 여유자원 추가(buffer)였다. 환경으로부터 불확실성은 주어지며, 이를 쉽게 통제할 수 없다는 생각에 정보 제공을 늘림으로써 문제해결을 시도했다. 여기서 여유 자원의 단순한 증대는 전략의 부재를 의미하는 것이기도 했다. 그래서 시도된 최적화 모형은 데이터를 집계 · 분석하여 최적의 대안을 제공하는 것이었고 주로 컴퓨터공학, 인적자원 및 조직, OR 그리고 결국은 MIS로 발전하게 되었다.

이러한 움직임 속에서 또한 전통적인 정보시스템(IS)이란 기업의 주어진 목적을 위하여 '사람과 기계가 상호 의사소통을 하여 의사결정을 도와주는 시스템'으로 원래 정의되었다. 이러한 의사결정 시각에서 보는 가장 그럴듯한 MIS(또는 IS)의 4가지 기본 유형은 TPS, IRS, DSS, PDS(ADS)이다. 그러나 여기에 1990년대의 e-mail, voice-mail 그리고 2000년대 후반기에서부터 오늘에 이르기까지 등장한 다양한 포터블 디바이스, 스마트 모바일 디바이스와 커뮤니케이션 및 메시지 시스템의 진화는 또 하나의 새로운 IS 유형 커뮤니케이션 지원 시스템(CSS : communication support system)을 추가하고 있다.

P2P(Peer to Peer) (F)

소셜 Peer to Peer(P2P) 프로세스는 사람이나 컴퓨터에 해당하는 네트워크상 단위의 인터랙션을 의미하며, 넓게 분산된 네트워크 참여자들이 동등한 잠재력(equipotency)을 가지고 자유롭게 공통된 목표를 추구하거나 공통의 관심 제품이나 서비스에 대한 가치창출을 위해 의사결정한다는 가정 하에 상호작용을 바라보는 관계역학의 한 유형이다.

원래 P2P는 사용자 간의 분할 업무나 작업들을 조율해 주는 분산된 컴퓨터 애플리케이션으로 알려진 개념으로 애플리케이션의 구조는 Napster라는 파일공유 시스템에 의해서 1990년대 후반에 인기를 얻었다.

차차 이 개념은 여러 지역에 있는 사람들의 상호작용에 필요한 새로운 구조와 철학으로 관심을 끌기 시작했다. P2P 관계역학(human dynamic)은 권위주의자나 중심화된 사회구조를 비판하는 관점을 가지며, 여러 사례에서 나타나듯이 사람들이 신뢰하는 정치적 사회적 프로그램이기도 하다. 이후 네크워크 참여자들은 공동체가 제품이나 프로젝트의 수행을 관장하는 peer governance 개념을 생성했고, 제품이나 서비스 개발에 있어서 자원의 배분을 결정하는 기존 계층구조와는 달리 자원을 참여자들에 의해 광범위한 소유의 형태로 공유하고 배타적이기보다 이타적으로 가치를 공유하는 peer production 개념을 형성했다.

P2P는 특정의 구조가 없지만 환경의 변화에 따라 다음 단계의 변화에 적응하기 위해 동적이고 지속적으로 변화하는 특성을 가졌으며, 다양한 소셜 네트워크에서 영향자를 형성하고 집단 영향력을 행사하는 기본 관계역학으로 작용한다고 할 수 있다.

PLC(Partner Life Cycle) (B)

비즈니스 파트너링(business partnering)의 목적이나 수행에 있어서 중요한 측면들이 최근 들어 개발되고 있다. 비즈니스 파트너링의 단계는 파트너십 생성, 조직, 개발, 강화라는 단계로 이루어져 있고(Droli, 2007), 파트너링은 두 개 또는 그 이상의 개체들이 도전과제를 위해 시너지 효과를 발휘하는 해결책을 만들어내는 과정이다. 파트너링의 수준에 따라 운영적(operative, 단기), 전술적(tactical, 중기), 전략적(strategic, 장기) 파트너십으로 분류된다.

장기 전략적 콜래보레이션 플레이어를 파트너 관계로 긴밀히 유지하기 위해서 관계 구축과 더불어 관계를 적절하게 관리해야 그 본래의 목적을 달성할 수 있다.

왜냐하면 파트너십이란 기회와 함께 위험 또한 존재하기 때문이다. 상호 아직 경험하지 못한(unknown) 당사자들이 처음 만나 산업 내에서 친밀한(industrial intimate) 관계로 발전하기 위해서 4RMM과 같은 거시적 관점(개념화)의 로드맵 내에 미시적 관점(행동화)의 파트너 가치사슬(PLC: partner life cycle)이 적절히 관리되어야 하기 때문이다.

즉, 실질적인 관계란 비즈니스 파트너가 선정되는 것에서 출발하여, 결과적으로 상생(win-win)의 가치 혁신과 창출이라는 산출물이 만들어져야 함을 의미한다.

PLC 프로세스와 정책은 예비 파트너 풀 구축, 파트너 선정, 운영, 평가의 4단계 프레임워크에 따라 관리된다.

PLM/PLC로 콜래보레이션 프로세스를 관리하기 위한 가이드로, 먼저, 기업 전체

그림 23. 비즈니스 관계 성숙 4단계 모형(4RMM, Relationship Maturity Model)

PLM 영역으로 파트너 시각의 모든 PLC 영역을 커버할 수 있도록 구성해야 한다. 예를 들면, 파트너사인 플레이어의 계약 이전(before) 활동 및 계약 종료 이후(after) PLC 활동에 대해서도 관리가 필요하다. 이렇게 함으로써 PLC의 핵심 프로세스 영역을 발견할 수 있다. 여기서 핵심 프로세스란 파트너사가 자사와 실질적으로 느끼는 PLC, 즉 파트너 인터페이스 전체를 의미하며, 만일 이 프로세스를 지원하는 담당자가 자사에 없을 때에는 담당자나 부서를 신설하여 타겟으로 삼아야 한다. 이때 타겟 프로세스를 5W1H (what, who, where, when, why, how) 관점에서 분석하여 이상적인 새로운 to-be 디자인을 실현시켜야 된다. 즉, 실질적인 협업이란 비즈니스 파트너가 선정되기 이전에서 출발하여, 결과적으로 상생(win-win)의 가치 혁신과 창출이 지속될 수 있도록 만들어져야 함을 의미한다.

구체적인 PLC 프로세스는 다음과 같다.

첫째, 협력 대상에 대한 전략과 파트너 선정에 대한 전략으로 크게 구분할 수 있다.

먼저, 어떠한 품목을 파트너와 협업할 것인가에 대한 협력 대상 품목의 기능과 정도를 결정하기 위한 전략이 세워져야 한다. 다음, 장기적인 협력관계에 대한 의지와 가치

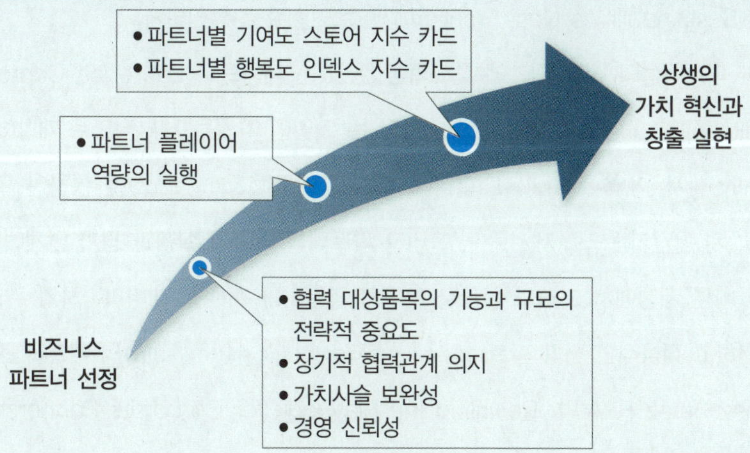

그림 24. 파트너 라이프사이클 관리(PLM)

사슬상 약점을 보완할 수 있는 파트너 선정 전략이 있어야 한다.

둘째, 파트너 조건에 맞게 선정된 파트너는 하나의 가치네트워크를 이루어 그 역량을 실행하게 된다. 실행의 과정 중 상황의 변화에 따라 맞춤성과 유연성을 발휘하여 조정해 나갈 수 있다면 목표달성과 함께 보다 깊은 신뢰관계로 발전된다.

셋째, 실행 후에는 파트너의 기여도와 파트너 만족도 평가가 이루어져야 한다. "측정할 수 없으면 관리할 수 없다"는 피터 드러커의 말처럼 측정은 매우 중요하다. 관계 기여도(contribution score card)란 상대 파트너가 나에게 기여한 정도를 말하며, 관계 행복도(happiness index card)란 내가 상대 파트너에게 만족한 정도를 의미한다. 결국 이 두 가지 척도의 균형이 이루어질 때 파트너십은 적정 경로를 통해 발전된 관계로 나아가게 된다.

비즈니스 협력관계를 통해 실제 행동들이 이루어질 수 있도록 하는 파트너 라이프사이클 관리(PLM: partner lifecycle management)는 여러 형태의 전략적 제휴의 트렌드로 확산되고 그 성과가 나타남에 따라 점점 더 중요한 콜래보레이션 과제가 되고 있다.

독자적인 경영활동의 한계와 양적인 힘, 그리고 경쟁자와의 파트너링이 필요한 근거에 대해 MIT Sloan Management Review와 Boston Consulting Group이 구성한 보고서 Sustainability' s Nest Frontier에서 주요 이슈를 확인하자.

또한 파트너십의 선정 단계에서 고려할 수 있는 내용으로 Laurence Capron and Will Mitchell의 'Finding the Right Path' 는 기업이 자원을 내부적으로 개발(develop internally)할지, 계약(contracts), 협약(alliances), 인수(acquisitions)을 통하여 획득할지를 세 가지 판단기준으로 제시한다. 그리고 파트너십 역량의 실행과 평가 단계에 있어서 변화가 빠른 시장에서 고객과 공급자 모두의 역량이나 자원을 레버리지하기 위한 더욱 더 유연하고 적응적인 전략 파트너십(adaptive strategic partnership)의 개발과 관련하여 Martinez-Jerez F. A.의 "Rewriting the Playbook for Corporate Partnerships"를 참조할 필요가 있다.

SDLC(System Development Life Cycle) (B)

SDLC(system development life cycle)는 시스템 개발 수명주기를 의미하며, 정보시스템 개발 프로젝트의 주요 단계와 시간을 설명하는 구조적 방법론이다.

구조적 방법이라는 것은 순차적인(step by step) 과정을 거친다. 징검다리를 건너는 것과 같이 SDLC의 한 과정을 건너뛰려고 하면 실수가 발생할 수 있다. SDLC는 매우 구조화되어 있고 표준화되어 있어서 체계적이라는 장점을 가지고 있기는 하지만 너무 경직되어 있다는 단점 역시 가지고 있다. 시스템 개발 수명주기(SDLC)의 단계를 구분하는 방법은 학자마다 그리고 컨설팅 회사의 방법론에 따라서 다르다. 그 단계들을 보면 적게는 5단계에서 많게는 11단계까지도 구분되는데 전체의 내용을 보면 기본적인 과정 자체는 서로 비슷하다.

시작(initiation) **단계**

첫 번째 단계는 프로젝트의 시작(initiation)이다. 프로젝트 시작 단계는 SDLC의 초기 단계로 현 시스템의 문제점이나 새로운 시스템의 필요성을 인지하여 프로젝트 추진이 시작되는 단계이다. SDLC의 프로젝트 시작 단계에서는 프로젝트의 팀을 구성하여 PM(project manager), 팀장, 구성 멤버, 자문위원, 실무참여자 등을 결정한다.

타당성 조사(feasibility studies) **단계**

두 번째 단계는 타당성 조사(feasibility studies)단계이다. 이 단계에서는 문제를 정의하고, 요구사항들을 분석하며 시스템 개발에 실현 타당성이 있는지를 확인하는 단계이다. 일반적으로 실현 타당성은 크게 세 가지의 부분에서 조사한다. 첫째는 기술 타당성 부분으로 시스템 구현에 필요한 기술적 부분(예: DB S/W, 통신 기술, RFID, 최신기술 도입 등)이 실현 가능한지에 대한 판단이 필요하다. 또한 시스템 구현에 따라 예상되는 비용

그림 25. SDLC 6단계

대비 효과에 대해 추상적이 아닌 구제적인 수치를 통해 분석하고, 실행 결과가 긍정적이라고 예상되면 프로젝트 비용에 대한 조직의 능력도 평가하는 경제적 타당성 조사가 실행되어야 한다. 마지막으로 만들어진 시스템을 제대로 흡수하여 사용할 수 있는 역량이 되는지를 파악하는 운영적 타당성을 조사한다.

논리적 분석(logical analysis) **단계**

논리적이라는 의미는 물리적이 아니라 개념적인 분석을 의미하는데 본 단계에서는 'AS-IS 분석'이 수행된다. 이것은 현재 시스템을 분석하여 문제점을 찾아내 어떤 기능과 정보들이 필요한지를 분석하는 현황분석을 의미한다. AS-IS 분석을 하기 위해서는 실제 조직에서 활용되는 문서들을 살펴보고, 업무가 수행되는 실제 작업장을 관찰하고, 담당자 면담을 하거나 설문 등을 진행한다. 이를 통해 파악된 조직의 업무 프로세스를 도식화하기 위해서는 일정한 툴을 활용한다. 정보의 흐름을 모델링하기 위해서는

DFD(data flow diagram)를, DB를 정리하기 위해서는 ERD(entity relationship diagram)를 활용한다.

물리적 설계(physical design) **단계**

물리적 설계는 논리적 단계의 AS-IS와 대비되는 'TO-BE 분석'을 진행한다. 이 단계는 새로운 시스템의 요구사항을 실제로 어떻게 물리적으로 구현할 것인지를 디자인하는 청사진을 그리는 단계로서 보통 입력, 출력, 처리방법 등을 설계한다. 또한 물리적으로 시스템을 구축하는 단계이기도 하다.

그리나 때로는 시스템 '개발'을 위한 물리적 설계 단계를 진행하지 않고 앞의 논리적 설계 후 그에 맞는 시스템을 구매하는 경우도 있기 때문에 시스템 '획득'이 물리적 설계의 부분을 대신하는 경우가 있다.

실행(implementation) **단계**

물리적 설계 단계까지를 거쳐 만들거나 획득된 시스템을 사용 가능하도록 구현하는 단계이다. 교육과 훈련, 시스템에 대한 설치 등이 필요하며 이러한 작업이 거의 동시에 이루어진다. 전문가들에 의한 S/W 혹은 H/W 설치방법에는 여러 가지 방법이 존재한다. 병행 전환, 직접 전환, 파일럿 전환, 단계 전환 등이 있다. 각각의 기업이 처한 상황에 따라 시스템을 실행하는 방법이 달라야 하는데 예를 들어 현장에서 운영되고 있는 구형 시스템과 새로 만들어진 혹은 새로 구입한 신형 시스템이 같이 존재해야 하는 경우에는 병행 전환방식을 채택한다.

유지보수(maintenance) **단계**

마지막 단계는 유지보수이다. 이미 완성이 되었다고 하더라도 완벽한 것은 아니기 때문에 수정 및 보완을 하는 단계에 해당한다. 즉, 이 단계는 성공적인 운영과 업데이트를 통해 무결점의 신형 시스템을 사용할 수 있도록 하는 단계이다.

시스템을 개발하는 여러 가지 방법론 중 SDLC 방법론의 장점은 구조적이고 체계적이며 책임의 소재가 명확하다는 것에 있다. 이 방법론에서 실행되는 업무들은 모두 단계별로 연계되어 처리되기 때문에 SDLC를 이용하면 그때그때 담당자와 책임자가 분명하게 드러나는 것이 가능하다. 반면 SDLC는 일단 한번 시작되면 마지막 단계, 즉 개발이 되어 실행되는 단계에서야 비로소 잘못된 사항을 확인할 수 있다는 단점이 있다. 따라서 환경의 변화 같은 원인에 따른 중간 단계의 업무 변경이 매우 어렵다. 이는 역동적 방법이 아닌 순차적인 방법으로 인한 단점이라고 할 수 있다.

SDLC의 일정을 관리하는 것 역시 중요한 사항이다. 일반적으로 SDLC의 일정관리 툴은 간트 차트(Gantt chart)와 단계별, 행위별 걸리는 시간을 화살표를 이용해 그리는 PERT(program evaluation & review technique) 기법 등이 있다.

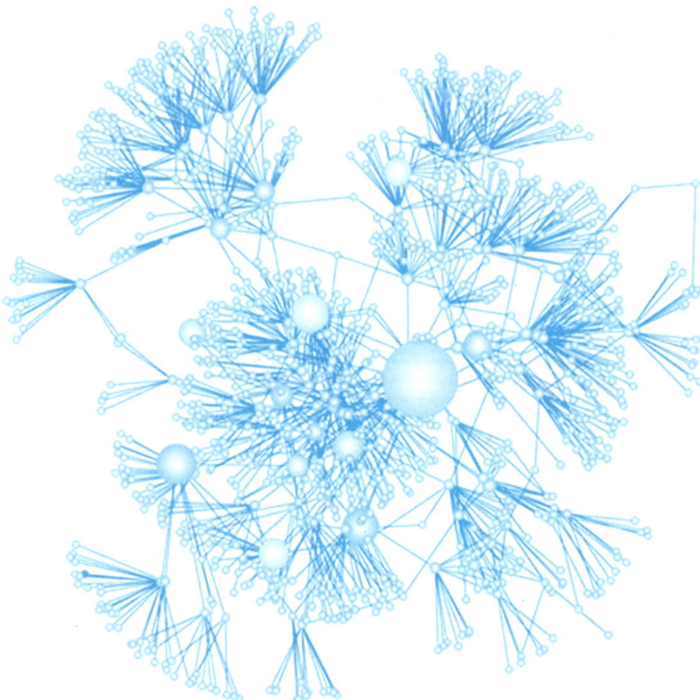

결어 : 새로운 가치경로의 조건
(Concluding Remarks : Conditions for the new value path)

4

아주 오래 전 'MIS(management information systems)란 무엇인가' 가 국내 시사잡지에 뉴스로 게재되던 시절, 저자가 첫 세미나에서 삼았던 주제가 IT 경영의 경영정보시스템이 추구하는 'MIS의 민주화(democracy of management information systems)를 어떻게 할 것인가' 였다. 시스템 개발자이든 현업의 사용자이든 시스템으로 구축하려는 목표에 대한 서로 다른 시각의 이미지를 참여를 통해 공감해야 성공할 수 있다는 생각이었다. 그 후 테크놀로지 및 경영 환경에 엄청난 많은 변화가 이루어진 지금, 'Biz 생태기반에서 테크놀로지와 비즈니스를 어떻게 사회경제적으로 창의롭고(creativeness), 민주적으로 정의롭게(justice) 하여 새로운 가치를 창출할 것인가' 하는 이야기로 정리하고 싶었다. 긴 답변과 긴 이야기를 앞에서 했지만, 이제 여기서 짧게 말하자면 자유로움이 아닌가 싶다.

그동안 세상은 좁아지고 평평해졌으며, 엔터프라이즈는 내부의 벽(wall)도 외부의 경계(boundary)도 허물어져 개발자와 사용자, 클라이언트와 프로바이더가 구분되지 않는 복잡계의 시대를 맞이했으며, 놀라운 기술의 발전으로 디지털화는 가속화되어 왔고, 가상의 팀(team)과 얼라이언스(alliance)는 혼자서는 이룰 수 없는 무한한 성과를 성취할 수 있게 했다. 초우량 경영의 교본인 잭 웰치 경영도 수명을 다한 만큼 뛰어난 **전략적 계획수립가**(strategic planner)에 의존하는 대신, 엔터프라이즈는 점점 **비즈니스 생태계의 연결망**에 의존하게 되었다. 우리는 테크놀로지-비즈니스 생태계 민주화(democratization of Tech-Biz ecosystem)의 핵심인 사회적 경제적 **창의로움**과 민주적 **정의로움**을 참여라는 아름다움으로 실현시킬 수 있으리라 생각한다. 그래야 우리가 구축하려는 구체적 목표 가치에 대하여 넓고 깊이 있는 풍요로운 사고로 멘탈/비즈니스 모델을 생성하고 생태계 전반에서 소싱함으로써 기여할 수 있으리라 생각한다.

마켓, 제품, 프로세스, 기기, 심지어 고객 등 모든 것의 디지털화가 가속화되는 시대에 새롭게 대두되는 디지털 비즈니스는 플랫폼으로 플레이어 간의 프로세스 역량을 결속하는 네트워크 구축과 기술적 링크(technical link)로 소셜 파트너십 소통을 요구한다. 왜냐하면 기술적이고 공식적인 소통만으로는 불완전하며, 아이디어와 지식정보 그리고 이노베이션 창출의 원천으로서의 공유는 사회적 소통의 기반인 진정성(authenticity)을 요구한다. 기술적 소통은 실체에 대한 메시지 시그널의 전달과 데이터의 일부는 될지라도 전체는 아니며, 특히 **복잡계**(complexity)에 대한 소통은 비구조적 속성까지도 전달되어야 결집을 통해 실체에 접근할 수 있다. 이는 디지털 비즈니스에 테크니컬 링크(예: 공식적, 강제적) 이외의 또 하나의 소셜 링크(social link)(예: 비공식적, 자발적)를 요구하는 것이 된다.

디지털 비즈니스의 필요조건에서 능력이란 결국, 플랫폼, 플레이어, 파트너십이 프로세스에 행위로 접속되고 결속(engagement)되어 형성되는데 여기에 상호 진정성이라고 하는 소셜 인프라가 있어야 능력(예: 지식공유, 콜래보레이션)이 최대한 발휘될 것이다. 예를 들면, **미시적 관점**에서, 프로세스 트랜스포메이션의 경우도 최고경영자가 특히 중간관리자와 예를 들어 가며 소통하고, 직원들과 진심으로 결속하고, 끊임없이 개선하려고 노력하는 모습을 적극 보여주어야 한다. 또한 **거시적 관점**에서, 프로세스 이노베이션(process innovation)에 대한 수많은 연구는 플레이어의 다른 플레이어에 대한 책무정신(accountability)을 처리시간, 처리비용, 품질과 더불어 전문가 정신(professionalism)의 핵심으로 본다. 실제로 테크니컬 링크(예: 데이터 흐름, 물류) 이외에 소셜 링크의 핵심으로서 책무정신은 플레이어 사이의 **표현의 정직성**(honesty), **마음의 진정성**(authenticity), **언행의 일치성**(integrity), **상호 친밀성**(intimacy), 즉 소통의 기본 원칙을 지킴으로써 플레이어 각자의 책임정신 또는 책임감을 만들어 파트너십을 형성하게 된다. 지속 가능한 혁신이란 생태계 플레이어들 간의 단순 의사소통이나 아웃소싱을 넘어 파트너 라이프사이클(PLC: partner life cycle)[27] 내 참여자들의 인식, 추진 엔진, 성과 측정, 공정한 보상, 피드백 학습, 그리고 새로운 미래지향적 투자 기회 측면에서 기회와 위험을 고려하여 가정(assumption)을 설정하고 판단·확인함으로써 이노베이션과 트랜스포메이션을 추구하는 것을 말한다.

결국, 이러한 조건과 과정으로 형성되는 디지털 엔터프라이즈는 테크놀로지를 채택한 후에도 여전히 견제와 균형(checks-balance)으로 관리되어야 함을 보여주지만 또한 이전과는 완전히 다른 새로운 모습을 나타내 준다. 최신 맥킨지 리포트는 **디지털 엔터프라이즈의 새로운 황금의 시대 5S**(science, substance, story, speed, simplified)로 이상적인 모습을 설명하고 있다.[28]

---

27. 권태형, MIS 세미나 2.0, 8장, 이프레스, 2014.
28. Gordon, J., Perrey, J., "The dawn of marketing's new golden age," *McKinsey Quarterly*, Feb 2015.
http://www.mckinsey.com/insights/marketing_sales/the_dawn_of_marketings_new_golden_age.

디지털 엔터프라이즈는:

- **과학적**(science): 빅데이터란 빅 리서치를 의미하는 것이며 필요한 가정(조건)과 전략적 행동을 체계적인 모델링을 통해 설득하고 지원한다. 또한 소셜 시스템의 다양한 네트워크 내에서 대중 영향자(influencer)를 발견해 핵심 고객의 가치체계를 알려 팬(fan)을 증폭한다. 전통적으로 OR/MS(계량경영) 지식을 가진 데이터 분석가(analyst)뿐만 아니라 비계량적 사회인지과학과 시맨틱(semantic)/신택틱(syntactic) 프로그래밍 지식을 가진 데이터 과학자(scientist)를 활용한다.
- **실질적**(substance): 단순한 아이디어나 메시지보다는 통찰력을 찾아 새로운 제품이나 서비스, 상품 디스플레이, 유통 채널 활용을 제시해 준다. TV나 PC도 이미 새로운 유통망의 역할을 하고 있고 개인 고객의 발자국을 다 기억하고 있다. 제품과 서비스 경쟁을 넘어 엔게이지먼트로 소통하여 고객을 생태계 플레이어로 인식한다.
- **스토리텔링**(storytelling): YouTube, SNS, 클라우드 등의 스마트 모바일 멀티미디어 테크놀로지 결합은 더욱 파워를 가지게 되어 생생한 고객의 경험과 체험을 전달하고 또는 매혹적인 광고와 홍보의 콘텐츠를 전파한다. 이러한 내용을 네트워크 분석으로 찾은 대중 영향자의 SNS를 통하여 전파를 증폭시킨다. 생태계를 구성하는 고객을 포함한 플레이어들과 관계를 강화시켜 나간다.
- **신속성**(speed): 디지털 비즈니스는 끊임없는 흐름을 의미하며 제품 라이

프사이클(product life cycle)과 고객 라이프사이클(customer life cycle)을 항시 추적하는 신속성을 요구한다. 따라서 플랫폼상의 플레이어들은 비전, 데이터, 정보의 공유로 처리시간을 줄이고 유휴 대기시간을 배제하는 트랜스포메이션을 실현하고 기회를 플러그-플레이 방식으로 소싱하여 선도 진입, 빠른 학습(first move, fast learning)을 할 줄 아는 민첩성(agility)을 발휘한다.

- **단순성**(simplicity): 비즈니스의 전문화와 차별화는 복잡성을 내포하게 되는데 바람직하지 않은 모습이다. 디지털 엔터프라이즈는 지식 소싱으로 프로세스를 혁신하고 단순화하려 한다. 이러한 속성은 파트너십으로 복잡함을 단순화하고 거래비용(transaction cost)을 축소하고, 소셜 미디어와 클라우드를 이용한 스마트 모바일 서비스, 원스톱 처리, 예외 처리, 센서 처리, 산업/사물 인터넷을 실현하고, e-북, e-티켓 등 제품을 디지털화하여 단순화한다. 다만 예외적인 처리는 책임 중심점에 엠파워먼트하여 유연성을 갖도록 설계한다.

이상과 같이 디지털 비즈니스를 추구하는 엔터프라이즈 2.0의 모습은 예전과는 다르다. 해당 엔터프라이즈의 성향, 사이즈, 소싱 전략에 따라 담당할 역할은, 예를 들면 가치네트워크 내 견제와 균형(check-balance), 거버넌스 구조(governance)와 네트워크 수준 내 영향자(influencer) 유형(예: mass maven, mass connecter, salesman 분류)에 따라 달라질 것이다. 하지만 플랫폼 기반이나 네트워크 연결망 위에서 플레이어들이 파트너십을 유지해야 한다는 것은 앞으로 이노베이션과 트랜스포메이션으로 비즈니스의 지속 가능성을 추구할 때 성공과 실패를 가르는 분기점이 되리라 생각한다. 새로운 디지털 엔터프라이즈 2.0은 자유로운 이미지 체계를 이용하여 새로운 멘탈/비즈니스 모델을 창출하고 네트워크 수준 통찰력으로 가치를 실현할 수 있으리라고 본다. 이것이 또한 노벨 경제학상 수상자인 오스트롬과 윌리암슨이 강조하는 동반자적 생태계의 정의로움을 아름답게 추구하는 길이라고 저자들은 믿는다.

생태시스템(ecosystem) 중심의 동반자적 사고는 우리로 하여금 500년 전의 르네상스, 200년 전의 영국 산업혁명, 50년 전의 정보혁명을 거치면서도 꾸준히 제기되어 온 사회경제적 분리격차와 자본주의의 위기탈출 경로를 **제2의 르네상스적 플랫폼 혁명**으로 제시하고 있다. 복잡한 것은 **자유로움**으로 풀 수 있지만, 자유로움은 **판단력**과 **비판력**을 필요로 하는데 르네상스적 인식과 지식 기반이 없으면 어렵다. 모르면 용감해지는 법이다. 이러한 위험을 탈피할 줄 아는 것이 CEO/CIO 등 최고경영자의 자격조건이라고 생각한다.

마지막으로, 우리 사회가 진정으로 나아가고 나아지기 위해 떨쳐 버려야 할 위기의 문제로 지적한 소셜, 시간, 공간, 경험의 4가지 갭을 극복하는 데 이바지해야 할 르네상스적 테크놀로지가 어쩌면 아직 자본주의적 횡포에서 벗어나지 못할지도 모른다는 의심이 생길 수 있다. 하지만 이제 그런 불안감도 그만 떨쳐 버릴 수 있기를 기원하며, 새로운 가치경로 플랫폼과 디지털 르네상스 시대의 비즈니스 가이드가 도움이 되기를 바라며, 여러분들과의 즐거웠던 여정을 여기서 마치고자 한다.

부록
(Appendix)

I. 도대체 책무정신은 어디로 갔는가?
(What ever happened to accountability?)

II. 토의(Discussion)

I. 도대체 책무정신은 어디로 갔는가?(What ever happened to accountability?)—제2차 세계대전 미 육군 5성 장군 Marshal vs. 그 후 4성 장군 Taylor: 미국 역사에서 훼손되고 결여되고 있는 책무정신

— by Tom Ricks

"제2차 세계대전 후 미국 장성들은 목적도, 미션도, 전략도 이해하지 못하고, 오너십도 없고, 정치에 물들었을 뿐이다. 우리가 무엇을 원하고 무엇을 할 수 있는가의 차이점도 이해하지 못하고 NIH(not invented here) 신드롬이 만연할 뿐이다. 실패에는 징벌을 받고, 성공에는 상을 받았어야 했다. 이러한 때, 우리에게 필요한 것은 난상토론을 하고 차이를 규명하고 성과를 따져보는 것이다."

원래 소통이, 그것도 적절한 소통이 중요함은 우주 왕복선 챌린지호가 대면회의가 아니라 겨우 화상회의를 통해 점검과 토의가 이루어지고 나서 발사되자마자 바로 폭발한 예에서 찾을 수 있다. 중요하고 내용이 복잡한 미팅은 평화롭지 못하고 격렬해야 하는 법이다. 진정한 소통을 통한 규명은 웹 2.0 시대 엔터프라이즈의 임원회의에서도 적용되어야 할 것들이라고 생각한다. "리더십은 책무에 따르는 정신에서 나온다(Leadership comes from accountability)" 라고 하는 어느 영화의 대사처럼 디지털 시대의 중요한 역량인 지적 능력은 네트워크 시대 어느 위치에서라도 책무정신이 표출되어야 비로소 형성된다고 본다. 오늘의 리더십은 책무감을 보여야 신뢰가 형성되고 그래야 지식도 집단 지능/지성화가 가능하다. 즉, 올바른 목표를 설정하고 소통하고 책임감을 가질 줄 알아야 하며 패쇄적인 카리스마와는 상관이 없다. 책무감이란 그런 의미에서 우리나라의 왕따와 일본의 이지매에서도 차이점을 보여줄지도 모른다. 엔터프라이즈의 주어진 목표와 역할의 올바름이 항상 제일 중요하지만, 그 다음에는 의미있는 책무수행을 위한 정신의 유무가 중요한 기준으로 판별되어야 하는데 이지매와 달리 왕따에는 그런 정신이 결여되어 있다는 것이다.

Ⅱ. 토의(Discussion)

1. 사물과 현상에 대한 인식 과정에서 의사결정자의 이미지-메시지 사고(thinking) 패턴은 비즈니스 모델링과 실행에 중요한 영향을 끼친다. 최고경영자가 가질 수 있는 대안은 무엇이 있을까?

2. 멘탈 모델(mental model)이란 "특별히 관심을 갖는 대상에 대한 지식과 경험을 어떻게 생각하고 전달하고 행동할 것인가를 구체적으로 표현하여 목표를 달성하고자 하는 방법론"이다. 따라서 말이 좀 어렵지만, 그 멘탈 모델의 구성체계인 멘탈 맵핑(mental map)을 향상시킨다는 것이 중요한 의미를 가지지 않을 수 없는데 여기에 세 가지 방안이 있다고 한다. 멘탈 모델을 명료하게 가시화(explication)하는 것 이외에 두 가지 방안은 무엇일까?

3. 비즈니스 분석에 많이 활용되는 가치사슬(value chain)은 무엇에 도움이 되고, 무엇에는 도움이 안 되는가?

4. 테크놀로지는 전통적인 가치경로(value path)와 새로운 가치경로에 어떻게 영향을 미쳤는가?

5. 디지털 비즈니스에서 많이 활용되는 모델링 툴인 가치사슬, 가치경로, 가치네

트워크의 차이점은 무엇이고 어떻게 달리 사용되는가?

6. 이노베이션과 경영정보시스템(MIS)의 공통점과 차이점은 무엇인가?

7. 데이터처리, 정보관리, 지식경영에서 구조적-비구조적(structured-unstructured) 차이와 특성을 이야기하는데 차이점은 무엇이고 구분과 활용의 의미는 무엇인가?

8. 데이터, 정보, 지식의 차이점과 공통점은 무엇이며, 왜 차이점을 알아야 하는가?

9. 디지털 테크놀로지를 이용하여 대변혁을 뜻하는 트랜스포메이션에서 리더십과 스폰서십 각각의 역할은 누가 무엇을 하는 것일까?

10. 테크놀로지와 이노베이션의 전파(transfer)와 전개(deployment)에서 흔히 구분하는 '리이치(reach)-리치(rich)' 속성이란 어떻게 다른가?

11. 콜래보레이션에서 플레이어들 간 의사소통이나 커뮤니케이션이 필요할 때 보내는 사람이 전달하고자 하는 의미(meaning)를 메시지화하여 전달하고, 받는 사람이 정확히 해석함에 있어서 어의적(semantic)-어법적(syntactic) 표현이란 어떻게 다르고, 무엇이 더 어려운가?

12. 빅데이터에서 무엇이 빅(big)이며, 빅데이터는 왜 디지털 비즈니스의 트렌드가 되고 있는가?

13. 데이터 과학자(data scientist)와 데이터 분석가(data analyst)의 공통점과 차이점은 무엇인가?

14. 유럽의 유명한 사회-기술적 시스템(socio-technical system) 접근방법과 디자인은 이노베이션 확산, 정보시스템 구축, 지식시스템 전파에서 중요시된다. 여기서 특별한 점은 무엇인가?

15. 가치네트워킹, 커뮤니티 형성, 파트너십, 콜래보레이션에서 소셜 링크-테크니컬 링크를 구분하는 이유는 무엇일까?

16. 수용/억셉턴스(acceptance)와 채택/어돕션(adoption)은 이제 트렌드 언어가 되었는데 그들은 같은가, 다른가? 다르다면 왜 구분해야 하는가?

17. 빅데이터 분석은 비즈니스 인텔리전스-비즈니스 애널리틱스를 통하여 아이디어와 통찰력을 얻고자 한다. 각각 무엇을 어떻게 하자는 것인가?

18. 왜 과거에는 오너십이, 최근의 디지털 비즈니스에는 파트너십이 필요할까?

19. 비즈니스 트랜스포메이션에서 인사이드-아웃 방식, 아웃사이드-인 방식을 이야기할 때 인과 아웃은 무엇을 말하며, 두 방식의 특성과 유효한 상황은 어떻

게 다른가?

20. 필요 자원 또는 필요 프로세스를 실행하기 위하여 소싱(sourcing) 전략을 펼칠 때 인소싱-아웃소싱-아웃태스킹은 적절한 적용(match)과 혼용(mix)이 필요하다. 왜 그런가?

21. 플랫폼 기반의 비즈니스에서 적절한 소싱 이외에 추가하여 성공조건으로서 진정성(authenticity)과 책무정신(accountability)을 강조하는 이유는 무엇인가?

22. 플랫폼 기반의 비즈니스에서 플러그-플레이와 파트너십에서 책무감(accountability)과 책임(responsibility)은 어떻게 다른가? 다르다면 무엇이 왜 중요한가?

23. 비즈니스에서 파이프라인(pipeline) 방식과 플러그―플레이(plug and play) 방식은 엔터프라이즈가 연결망 구축과 관리통제, 경영의 개방성, 민첩성, 유연성을 작동시키는 분기점이 된다. 왜 그럴까?

24. 프로세스 재설계(BPR: process redesign/innovation)와 전사적 품질경영(TQM: total quality management)은 디지털 비즈니스에서도 유용한가? 그들의 공통점과 차이점은 무엇인가?

25. 트랜스포메이션의 하향식(top-down) 방식과 상향식(bottom-up) 방식에서 아래와 위는 무엇을 말하며, 두 방식의 특성과 유효한 상황은 무엇인가?

26. 디지털 비즈니스가 강조하는 혁신(innovation)과 변신(transformation)은 같은가, 다른가?

27. DB(데이터 베이스)와 DW(데이터 웨어하우스)와 DM(data mining)의 연관성과 차이점 무엇인가?

28. 디지털 엔터프라이즈는 기존의 엔터프라이즈에 비하여 '5S' 속성을 가진다고 하는데, 'Scientific' 외 네 가지는 무엇인가?

29. 플랫폼 구조의 계층을 구성하는 커뮤니케이션과 콜래보레이션의 기능은 어떻게 다른가?

30. 플랫폼 구조의 계층을 구성하는 컨테이너와 콘텐츠는 기능이 어떻게 다른가?

31. 디지털 비즈니스란 어떻게 진화하여 왔으며 '디지털 봉이 김선달' 을 포함한 성공 사례들을 분석해 보면 현재 어떤 패턴 유형을 가지고 진행되고 있는가?

32. 민첩성(agility)과 유연성(flexibility)을 뜻하는 '선도 진입-빠른 학습(first move-fast learning)' 역량을 갖춘다면, 비즈니스 생태계 그리고 플랫폼 사고를 통하여 어떠한 혜택을 얻겠는가?

33. 오늘날 비즈니스 모델링에 있어서 전략(strategy) 수립과 가정(assumption) 설정은 어떤 관계인가?

34. 사물인터넷(IOT: internet of things)이란 무엇이며 활용의 대상은 무엇인가?

35. 소셜 테크놀로지(ST)는 인포메이션 테크놀로지(IT)와 어떤 공통점과 차이점을 가지고 있는가?

36. 단순 메시지 전달이 아닌 소통의 기본원칙은 무엇인가? 소통은 왜 플랫폼 환경이나 파트너십 환경에서 특히 중요한가?

37. 디지털 기기와 SNS 활용에서 강조되는 임파워먼트(empowerment)와 엔게이지먼트(engagement)는 무엇을 의미하는가?

38. 아날로그 시대 엔터프라이즈 1.0과 디지털 시대 엔터프라이즈 2.0의 특성은 무엇인가?

39. 소셜 네트워킹과 이노베이션 확산, 집단지성에서 영향자(influencer)의 확보와 활용은 결정적으로 중요한 패러다임이다. 그들은 어떻게 분류되며 각각 어떤 역할을 가지는가?

40. 이노베이션을 추구하지 않는 엔터프라이즈는 없다. 하지만 이의 구축은 왜 쉽지 않을까? 아이디어 문제일까, 구축 문제일까, 실행 문제일까?

41. 특정 이노베이션이 엔터프라이즈에(그 주변 생태계에도) 다양한 트랜스포메이션을 전개시킬 때, 여러 번의 빠른 피드백 학습 과정이 필요하며 그럼으로써

초기의 프로토타입(prototype) 시스템은 비로소 잠재력을 극대화한 모습으로 보편화 · 고도화된다. 이러한 단계로 채택과 확산이 이루어지는 것을 무엇이라고 하는가?

42. 디지털 비즈니스가 새로운 가치경로를 구축하기 위해서 세 가지 핵심적인 소통이 비즈니스 생태 환경(예를 들면 네트워킹 기반)에서 이루어져야 목표했던 콜래보레이션이 원활하게 가능하다. 세 가지 소통은 각각 무엇과 무엇의 소통을 말하는가?

43. 클라우드 컴퓨팅의 장점과 단점은 무엇인가?

44. APP(application)와 API(application program interface)는 어떻게 다른가?

45. 21세기의 가장 매력적인 직업이라고 하는 데이터 과학자(data scientist)에게 요구되는 지식과 기술 그리고 역할은 무엇인가?

46. 네트워킹을 구축하고 활성화하기 위해 연결성(connection) 이외에 필요한 두 가지 속성은 무엇인가?

47. 가치네트워크(value network)의 플레이어(player)란 구체적으로 고객을 말하는가? 아니면 누구를 말하는가?

48. 디지털 비즈니스는 공동 목표를 가진 엔터프라이즈들이 네트워킹하여(말하자

면 축구팀 플레이어들처럼) 역할을 담당하는데 기회에 따른 위협이나 리스크는 어떤 부분에서 발생할 수 있을까?

49. 디지털 비즈니스는 고객 대상(모집단 분포)에서 과거의 주요 타겟이었던 헤드(head) 그룹 이외에 롱테일(long tail) 그룹을 강조하는데 롱테일 그룹 타겟팅은 소셜 테크놀로지 발전과 어떤 관계가 있을까?

50. 소셜 네트워크 분석에서 네트워크 효과(network effect)와 결정적 다수 효과(critical mass effect)는 디지털 경영과 마케팅에서 매우 중요한 의미를 가지는데 의미하는 바는 무엇이고 어떻게 활용할 수 있는가?

51. 마지막으로, '교란적' 비즈니스 모델이란 어떠한 경우에 사용하는 의미이며, 사례를 들고 방법론으로 제시될 수 있는 것은 무엇인가?

참고문헌

강신철, 모델링, 한남대학교 출판부, 2015.

권태형, IT경영 the MIS: IT이노베이션 BIZ트랜스포메이션, 이프레스, 2013.

권태형, MIS 세미나 2.0: 소셜시대 엔터프라이즈 2.0을 향한 패러다임과 아카데믹 엣세이, 이프레스, 2014.

변다니엘, "혁신 저해요소와 기업의 혁신활동 그리고 기업 성과의 관계," 디지털산업정보학회, 2013, vol.9, no.2, pp.151-163.

우현종, 빅데이터의 정체성 규명과 의사결정 만족도에 관한 연구와 함의, 경영정보학 박사 학위 논문, 2014.

장철웅 · 권태형, "역동적 경쟁우위에 영향을 미치는 개방형 혁신활동 전략에 관한 연구: 디지털 융복합 환경과 파괴적 혁신 환경에서," 디지털융복합연구, 2014. vol.13, no.5, pp.119-127.

정병호 · 권태형, "소셜미디어는 캐즘(chasm)과 구매가치에 얼마나 영향을 미치는가?," 한국IT서비스학회지, 2014, vol.13, no.1, pp.221-251.

조남재, 기술기획과 로드매핑, 시그마프레스, 2014.

최재웅, 7S 관점의 ISO9001 품질경영시스템 경영성과 영향 연구, 경영정보학 박사학위 논문, 2015.

현준호, 웹 접근성 표준 준수에 영향을 미치는 요인과 함의에 관한 연구, 경영정보학 박사 학위 논문, 2015.

Allen, J. P., "Democratizing Business Software," *Communications of the*

Association for Information Systems, 2012, Vol. 30, pp.483-496.

Ambler, S., "Agile Data Modeling," *Software Development*, Jul 2004, Vol. 12 Issue 7, pp.57-59.

APQC PCF (version 3.0), June 2005. www.apqc.or.

Armano, D., "Six Social-Digital Trends for 2013," *Harvard Business Review*, December 2012.

Aronowitz, S., Smet, A. D., and Deirdre, "Getting organizational redesign right," *McKinsey Quarterly*, June 2015.

Baxter, G., and Ian S., "Socio-technical systems: From design methods to systems engineering," *Interacting with Computers*, 2011, pp.4-17.

Ben, P., "The world of outsourcing," *Charter*, Jun 2013, Vol. 84 Issue 5, pp.26-28.

Bingham, C. B., Furr, N. R. & Eisenhardt, K. M., "The Opportunity Paradox," *MIT Sloan Management Review,* Fall 2014, Vol. 56 Issue 1, pp.29-35

Bonabeau, E., "Decision 2.0: The Power of Collective Intelligence," *MIT Sloan Management Review,* Winter 2009, Vol. 50 Issue 2, pp.45-52.

Bonchek, M., Sangeet, P. C., "Three Elements of a Successful Platform Strategy," *Harvard Business Review*, January 2013. https://hbr.org/2013/01/three-elements-of-a-successful-platform

Bonnet, D., Westerman, G., "The Best Digital Business Models Put Evolution Before Revolution," *Harvard Business Review*, January 2015.

Boulding, K. E. *The image: Knowledge in life and society*, Vol. 47, University of Michigan Press, 1961.

Castronova, E., "Real Products in Imaginary Worlds," *Harvard Business Review*. May 2005, Vol. 83 Issue 5, pp.20–22.

Christopher, B., Furr Nathan R, Eisenhardt, Kathleen M, "The Opportunity Paradox," *MIT Sloan Management Review*, Fall 2014, Vol. 56 Issue 1, pp.29–35.

Chui, M., Manyika, J., Bughin, J., Dobbs, R., Roxburgh, C., Sarrazin H., Sands G., Westergren M., "The social economy: Unlocking value and productivity through social technologies," *McKinsey Global Institute*, July 2012.

Dawson, R. *Developing knowledge-based client relationships: the future of professional services*, Routledge, 2012.

Davenport, TH., Barth P., Bean R., "How 'Big Data' Is Different," *MIT Sloan Management Review*, Fall 2012, Vol. 54 Issue 1, pp.43–46.

Davenport, TH. Patil, D. J., "Data Scientist—the sexist job of the 21st century," *Harvard Business Review*, Oct 2012, Vol. 90 Issue 10, pp.70–76.

Deb, B., Bannur, S. G., Bharti S., "Rich Internet Applications," *Infosys*, January 2007.

Drucker P., *The Essential Drucker on Individuals—To perform, to contribute and to achieve*, 2001.

Dyer, J., "The DNA of Disruptive Innovators: The Five Discovery Skills That Enable Innovative Leaders to 'Think Different'," July 2011, *Harvard Business Review*. https://hbr.org/product/the-dna-of-disruptiveinnovators-the-five-discovery-skills-that-enable-innovative-leaders-to-think-different/8369BC-PDF-ENG

Edelman, B., "How to Launch Your Digital Platform," *Harvard Business Review*, Apr 2015, Vol. 93 Issue 4, pp.90-97.

Ferguson, R. B., "Luminar Insights: A Strategic Use of Analytics.," *MIT Sloan Management Review*, 55.3, 2014.

Fischer, G., Herrmann, T., "Socio-technical systems: a meta-design perspective." *IGI Global*, 2011, pp.1-33.

Formiconi, L., Lösch, M., Talmon, J., Ziegler, M., "Value-creating purchasing," *McKinsey*, January 2014.

Frosch, R.A., Gallopoulos, N.E. "Strategies for Manufacturing," *Scientific American*, Vol. 261(3), 1989, pp.144-152.

Gallagher, J. and Ramsbothan, S., "Social Media and Customer Dialog Management at Starbucks," *MIS Quarterly Executive*, December 2010, pp.197-211.

Gene, H., Jim R., Judy, W., "How to Make Reengineering Really Work," *Harvard Business Review*, Nov/Dec 1993, Vol. 71 Issue 6, pp.119-131.

Gérard, K., "Business Ecosystems Revisited," *Management*, 2012, Vol. 15 Issue 2, pp.209-224.

Gordon, J., Perrey, J., "The dawn of marketing' s new golden age," *McKinsey Quarterly*, February 2015.

Hartmann, B., King, W.P., Narayan, S., The revolution will be virtual, McKinsey, August 2015.

Harris, J., Mehrotra, V., "Getting Value From Your Data Scientists," *MIT Sloan Management Review*, Sep. 16, 2014.

Hippel, E. V., "The User Innovation Revolution," *MIT Sloan Management Review*, September 2011.

Hirt, M., Willmott, P., "Strategic principles for competing in the digital age," *McKinsey Quarterly*, May 2014. http://www.mckinsey.com/insights/strategy/strategic_principles_for_competing_in_the_digital_age

Holland, J. H. *Adaptation in Natural and Artificial Systems*, The University of Michigan, 1992.

Hoque, F., Sambamurthy, V., Zmud, R., *Winning the 3-legged Race: when business and technology run together*, Prentice-Hall, Inc., 2005.

Huizenga, R., "Top 5 Data Architecture Challenges," *Embarcadero*, April 2015.

Iansiti, M., Levien, R. *The Keystone Advantage: What the New Dynamics of Business Ecosystems Mean for Strategy, Innovation, and Sustainability*, Harvard Business School Press, 2004, pp.145-161.

Ibarra, H., "Expand Your Network Beyond the Usual Players, How to Revive a Tired Network," *Harvard Business Review Management Tips of today*, 2014. http://legacy.hbr.org/tip/2015/05/05/expand-your-network-beyond-the-usual-players

Jacquemont, D. et. Al., "How to beat the transformation odds," *Mckinsey*, Digital article, April 2015. "http://www.mckinsey.com/insights/organization/how_to_beat_the_transformation_odds

Jeremy, H., Harrie, V., "The challenge of innovating for sustainable development," *MIT Sloan Management Review*, Fall 2003, Vol. 45 Issue 1, pp.61-68.

Jeroen, P.J. De Jong, De Bruijn E., "Innovation Lessons From 3-D Printing," *MIT Sloan management reviews*, Winter 2013.

Jong, M. D., Dijk, M. V., "Disrupting beliefs: A new approach to business-model innovation," Mckinsey Insights & Communications, July 2015.

Josh, B., Ted, S., "Empowered," *Harvard Business Review*, Jul/Aug 2010, Vol. 88 Issue 7/8, pp.94-101.

JTBC, 모바일로 보고 듣고 산다 … 스마트폰, PC 보급률 추월, 1/20/2015. http://joongang.joins.com/article/310/16981310.html?ctg=1100&cloc=joongang|home|jtbcroom2.

Judith, S., Claire, P., "Critical mass for long term," *Harvard Business Review*, Feb 2006, Vol. 84 Issue 2, pp.62-64.

Kane, G. C., "Are You Ready For the Certainty of the Unknown?," *MIT Sloan Management Review*, 2015. http://mitsmr.com/1BtPqDR.

Kanter, R. M., "Enriching the Ecosystem," *Harvard Business Review*, Mar 2012, Vol. 90 Issue 3, pp.140-147.

Kao, John, "Tapping the World' s Innovation Hot Spots," *Harvard Business Review*, Mar 2009, Vol. 87 Issue 3, pp.109-114.

Katz, Robert L., "When It Comes to Data, Skepticism Matters," *Harvard Business Review*, Jul/Aug 1956, Vol. 34 Issue 4, pp.61-72.

Keen P., *The process edge: creating value where it counts*, Harvard Business Press, 1997.

Keen, P., Knapp, E., *Every manager's guide to business process: a glossary of key terms & concepts for today's business leader*, Harvard Business School Press, 2000.

Keen, P., Sajda, Q., "Organizational Transformation through Business Models: A Framework for Business Model Design," *Hawaii International Conference on System Sciences*, January 2006.

Keen, P., Williams, R., "Value Architectures for Digital Business: Beyond the Business Model," *MIS Quarterly*, Jun 2013, Vol. 37 Issue 2, pp.643-647.

Kiron, D., Kruschwitz, N., Rubel, H., Reeves, M, Fuisz-Kehrbach, S., "Sustainability's Next Frontier," *MIT Sloan anagement Review*, December 2013.

Kiron, D., Shockley, R., "Creating Business Value with Analytics," *MIT Sloan Management Review*, Fall 2011, Vol. 53 Issue 1, pp.57-63.

Knight, R., "Get Your Employees on Board with New Technologies," *Harvard Business Management Tips*, June 2015. http://legacy.hbr.org/tip/2015/06/16/get-your-employees-on-board-with-new-technologies

Kopka, U., Kruyt, M., "From bottom to top: Turning around the top team," *McKinsey Quarterly*, 2014, Issue 4, pp.78-87. http://www.mckinsey.com/insights/organization/from_bottom_to_top

Kumar, V., Pansari, A., "Measuring the Benefits of Employee Engagement," *MIT Sloan Management Review*, summer 2015. http://sloanreview.mit.edu/article/measuring-the-benefits-of-employee-engagement/

Kumar, V., Rohan, M., "Increasing the ROI of Social Media Marketing," *MIT Sloan Management Review*, Fall 2012, Vol. 54 Issue 1, pp.55–61.

Kwon, Tae H., "A Diffusion of Innovation Approach to MIS Infusion: Conceptualization, Methodology and Management Strategies," *In Proceedings of the Eleventh International Conference on Information Systems*. Association for Computing Machinery, New York, NY. 1990. pp.139-147.

Kwon, Tae H., and Zmud, R. W., "Unifying the fragmented models of information systems implementation." *Critical issues in information systems research*. John Wiley & Sons, Inc., 1987.

Lansiti, M., Levien, R. "The Keystone Advantage: What the New Dynamics of Business Ecosystems Mean for Strategy, Innovation, and Sustainability," Harvard Business School Press, 225p. System. *Ecological Economics*. 2004. Vol 39(1), pp.145–161.

Laurence, C., Will, M., "Finding the right path," *Harvard Business Review*, Jul/Aug 2010. Vol. 88 Issue 7/8, pp.102–107.

Leigh, B., Andrew, O., "A Brief History of Decision Making," *Harvard Business Review*, Jan 2006, Vol. 84 Issue 1, pp.32–41.

Levirne, J., "The Most Overlooked Way of Stimulating Team Creativity," *Harvard Business Review*, May 2015.

Lewin, R., *Complexity: Life at the Edge of Chaos*, The University of Chicago Press, 1999, 234p.

Marin, S., "How Doctors (or Anyone) Can Craft a More Persuasive Message,"

Harvard Business Review, Digital article, 1/29/2015. https://hbr.org/2015/01/how-doctors-or-anyone-can-craft-a-more-persuasive-message

Martínez-Jerez, F. Asís, "Rewriting the Playbook for Corporate Partnerships," *MIT Sloan Management Review*, Winter 2014, Vol. 55 Issue 2, pp.63-70.

McAfee, A. P., "Enterprise 2.0-The Dawn of Emergent Collaboration," *MIT Sloan Management Review*, Spring 2006, Vol. 47 Issue 3, pp.21-28.

McKinsey (survery), How to beat the transformation odds, April 2015. http://www.mckinsey.com/insights/organization/How_to_beat_the_transformation_odds?cid=other-eml-alt-mip-mck-oth-1504

McKinsey (survey), Transforming the business through social tools, January 2015. http://www.mckinsey.com/Insights/High_Tech_Telecoms_Internet/Transforming_the_bu siness_through_social_tools?cid=other-eml-alt-mip-mck-oth-1501

Michael, D. R., "The New Dynamics of Competition," *Harvard Business Review*, Jun 2013, Vol. 91 Issue 6, pp.80-87.

Mumford, E., "The story of socio-technical design: reflections on its successes, failures and potential," *Information Systems Journal*, Oct 2006. Vol. 16 Issue 4, pp.317-342.

Oehler, K., Stomski, L., Kustra-Olszewska, M., "What Makes Someone an Engaging Leader," *Harvard Business Review*, November 2014.

Osterwalder, A., Yves, P., *Business model generation: a handbook for visionaries, game changers, and challengers*. John Wiley & Sons, 2010.

Ovans, A., "What Is a Business Model?," *Harvard Business Review*, January 2015.

Park, Jong W., Hyunjong, W., Hyungyu, K., "Impact of information security strategy on information security compliance intention," *Decision Science Institute*, 2015 Annual Meeting, November 2015.

Pawlowski, S. D., Robey, D. & Raven, A., Supporting shared information systems: boundary objects, communities, and brokering. *In Proceedings of the twenty first international conference on Information systems*, Association for Information Systems, Dec 2000, pp.329-338.

Peltoniem, M., Vuori, E., *Business ecosystem as the new approach to complex adaptive business environments Complexity: Metaphores, Models, and Reality*, Westview, pp.419-449.

Redman, C., "When It Comes to Data, Skepticism Matters," *Harvard Business Review Management Tips of today*, Jan 22, 2015.

Ricks, Tom, "How a culture of accountability can deteriorate?," IdeaCast #319, *Harvard Business Review*.

Rigby, Darrell K., Ledingham, Dianne, "CRM Done Right," *Harvard Business Review*, Nov 2004, Vol. 82 Issue 11, pp.118-129.

Robert, J. Thomas, Silverstone, Y., "How Smart CEOs Use Social Tools to Their Advantage," *Harvard Business Review*, May 9, 2015. https://hbr.org/2015/03/how-smart-ceos-use-social-tools-to-their-advantage.

Sambamurthy, V. and Zmud, R., *Guiding the Digital Transformation of*

Organizations, Legerity Digital Press, 2012.

Sangeet, P. C., "Platform Power," blog 'Platform Thinking' (http://platformed.info) 2013.

Schwertly, S., "How to build credibility with your audience?," Slideshare Blog, Aug 19, 2013.

Scott, S., "How to build credibility with your audience?," Slideshare Blog, Aug 19, 2013.

Sankhe, S., Vittal, I., Dobbs, R., Mohan, A., Gulati, A., Ablett, J., Gupta, S., Kim, A., Paul S., Sanghvi, A., Sethy, G., "India's urban awakening: Building inclusive cities, sustaining economic growth," *McKinsey Global Institute*, April 2010.

Saurin, T. A., Rooke, J., & Koskela, L., "A complex systems theory perspective of lean production," *International Journal of Production Research*, 51(19), 2013, pp.5824-5838.

SERI, 가치창출의 새로운 원천 집단지성, *CEO Information*, 2011.11.3.

SERI. 인문학이 경영학을 바꾼다, *CEO Information*, No. 818, 2011.8.

Thomas, S., *Wealth of Knowledge*. Doubleday, New York, NY, 379, 2001.

Tim, S., "Embracing Complexity," *Harvard Business Review*, Sep 2011. Vol. 89 Issue 9, pp.89-92.

TED, Where's Google going next?, Mar 2014. http://www.ted.com/talks/larry_page_where_s_google_going_next?language=en#t-83607 View interactive transcript

Wartzman, R., "What Peter Drucker Knew About 2020," *Harvard Business*

Review, October 2014.

Westerman, G., Bonnet, D., McAfee, A., *Leading Digital-Turning Technology into Business Transformation*, Harvard Business Press, 2014.

Woo, Hyun J., TaeHyoung K., "Big Data Identity and its Relationship to Decision Confidence," *Decision Science Institute*, 2015 Annual Meeting, November 2015.

Zmud, R., Sambamurthy, V., *Design Guidelines for the Digital Transformation of Organizations*, Tallahassee, FL: Legerity Digital Press, 2012.

Zmud, R., *Information Systems in Organizations*, Scott, Foresman and Company, Glenwood, Ill., 1983.

찾아보기(Index)

주요 인명

내용

[가]

[바]

[사]

[아]

[자]

[차]

[카]

[타]

지은이에 대하여

권태형, 경영정보학(MIS), 비즈니스테크놀로지학부, 한국외국어대 (Univ. of North Carolina at Chapel Hill, Ph.D in MIS)

인포메이션론, 이노베이션론, 에콜로지론을 미국 최고의 MIS저널 에디터 Robert Zmud 그리고 조직생태학의 표상 Howard Aldrich 교수에게 수학하고 이를 영국 경영학의 어머니 Enid Mumford의 Socio-Technical System 디자인과 철학에 담으려고 노력해 왔다. 영국에서 출간된 이 분야 최초의 인포메이션-이노베이션-에콜로지 융합모델논문은 IT경영과 연구의 새로운 지평을 열은 것으로 평가된다. 교수, 연구자, 컨설턴트로 활동했으며 대표적 저서로 『IT경영 the MIS』(2012)와 『IT경영 MIS 세미나 2.0』(2014)가 있다.

우현종, 경영정보학(MIS), 비즈니스테크놀로지학부, 한국외국어대 (한국외국어대, Ph.D in MIS)

한국외국어대에서 경영정보학 박사를 취득하고 한국외국대, 공주대에서 경영정보론, 경영데이터베이스, 통계학을 강의하고 있다. 시스템분석 및 설계 프로젝트 실무 경험 후 참여설계(Participatory Design) 방법론에 많은 관심을 갖게 되었으며, 최근 빅데이터의 질적 속성을 규명하고 이들이 의사결정에 미치는 다양한 전략적 경로 연구가 주요 관심 분야이다. DSI (Decision Science Institute, 시애틀, 2015)로부터 두 편의 논문(Big Data Identity and its Relationship to Decision Confidence; Impact of Information Security Strategy on Information Security Compliance Intention)이 채택되어 발표를 앞두고 있다.

MIS 2.0 **디지털 비즈니스**

초판 1쇄 인쇄 2015년 8월 20일
초판 1쇄 발행 2015년 8월 27일

지은이 권태형 · 우현종
펴낸이 박기남
펴낸곳 **율곡출판사**
08590 서울시 금천구 가산디지털1로 84, 803호
전화 (代) 02) 718-9872/3
팩스 02) 718-9874
홈페이지 www.yulgokbooks.co.kr
이메일 yulgokbook@naver.com
등록 1989.11.10. 제2014-000031호
ISBN 978-89-97428-73-1 93320

정가 20,000원

※ 본서에 수록된 그림과 표, 그리고 기타 오류 정정표는 다음 웹 주소로 찾아오시면 확인 가능합니다.
www.yulgokbooks.co.kr